ARMAND BASCHET
ET SON ŒUVRE

(Extrait des *Mémoires de la Société des Sciences et Lettres de Loir-et-Cher*, Tome XII.)

ARMAND BASCHET

ET

SON ŒUVRE

PAR

LE D^R CH. DUFAY

ORLÉANS

H. HERLUISON, ÉDITEUR

17, Rue Jeanne-d'Arc, 17

1887

AVANT-PROPOS

C'est aux nombreux amis d'Armand Baschet, mon compatriote, que j'adresse ce souvenir d'un ami regretté. Plusieurs d'entre eux ont été, à leur insu, mes collaborateurs dans ce travail où je n'ai mis du mien que le moins possible, ayant conscience que je ne saurais exprimer aussi bien notre appréciation commune.

Dans cette œuvre donc, je ne puis guère revendiquer que la partie biographique, et les détails que je pouvais faire connaître à ce sujet se trouveront épars dans l'analyse de ses livres, l'homme et l'œuvre constituant un ensemble, une personnalité indivisible.

Ce qui m'a déterminé à entreprendre cette tâche, c'est le chagrin que j'ai éprouvé en voyant combien Armand Baschet, si connu et si apprécié dans l'Europe entière, était peu connu dans son pays natal — qui est aussi le mien — où une année seulement après sa mort, son nom était déjà presque oublié.

J'espère que ceux de nos concitoyens qui auront la patience de lire ces pages, reconnaîtront qu'Armand Baschet ne méritait pas cet oubli.

Paris, mai 1887.

CH. DUFAY.

ARMAND BASCHET

ET SON OEUVRE

LA famille d'Armand Baschet était originaire de Mer (Loir-et-Cher), où le grand-père, Jacques Baschet, exerçait la profession de Marchand-commissionnaire, — c'est ainsi que le qualifie le registre de l'état-civil. (1)

Il eut six enfants : trois fils et trois filles, qui quittèrent Mer et vinrent s'établir à Blois vers l'année 1810.

Les trois sœurs, restées célibataires, fondèrent un pensionnat dans la rue Chemonton, à l'ancien hôtel de Guise, n° 18 actuel.

L'aînée, qui a survécu à ses deux sœurs, ainsi qu'à

(1) C'était une de ces anciennes familles protestantes si nombreuses à Mer au XVIIᵉ et au XVIIIᵉ siècles, et dont la conversion ou l'abjuration fut obtenue — on peut voir *comment* dans le *Mémoire* très intéressant de M. Louis Belton, avocat à Blois, composé d'après les documents conservés aux Archives départementales de Loir-et-Cher. (*Notes sur l'histoire des protestants dans le Blésois*, travail inséré dans le Tome XI, 1ʳᵉ partie, des *Mémoires de la Société des Sciences et Lettres de Loir-et-Cher, 1886-1887*).

ses frères, est morte en 1882, dans une maison de la place Louis XII.

Des trois frères, l'aîné, Jacques Nicolas, a été avoué, puis juge de paix à Blois. Il est mort en 1863 dans l'ancienne maison de l'abbé Dubin de Grandmaison, à l'angle du Boulevard de l'Est et de la rue du Haut-Bourg. (1)

Le second, Louis, entra dans les Ordres. L'abbé Baschet s'est fait remarquer à Blois par une certaine originalité. Il est mort du choléra à Paris, en 1849.

Le troisième, Etienne Paulin, embrassa la carrière médicale, qu'il exerçait depuis soixante ans lorsqu'il mourut, en mai 1878, à l'âge de 79 ans, dans la maison de la rue d'Angleterre bâtie par son beau-père, M. Pinault, architecte du département. (2)

C'est du Dr Baschet que Villemessant disait un jour, pour donner une idée de sa grande clientèle, qu'il avait au moins sept arpents de cadavres au cimetière. Armand Baschet était son fils.

⁂
★ ★

Armand Baschet est né à Blois, le 1er décembre 1829, dans la maison située à l'angle de la rue Porte-Côté et de la rue Gallois, ayant une entrée sur la place Saint-Vincent (aujourd'hui place Victor Hugo), et une autre porte dans la rue Chemonton (3).

Il commença ses études classiques au Prytanée fondé

---

(1) L'abbé Grandmaison, chanoine de la Cathédrale, était un homme d'esprit. Pour attirer une assistance plus nombreuse à la messe de midi, dont il était chargé, il l'expédiait en *dix minutes*. Les élégantes de Blois y accouraient en foule.

(2) Voir annexe n° 1.

(3) Cette maison vient d'être démolie, pour l'élargissement de la rue Porte-Côté et l'exhaussement de niveau de la rue Gallois.

à Menars par le prince de Chimay (1) et les termina au collège de Blois. (1847)

C'était un élève qui n'avait d'extraordinaire que sa profonde antipathie pour les mathématiques ; les chiffres étaient ses ennemis personnels : qu'on ne s'étonne donc pas s'il ne sut jamais compter.

Il avait, au contraire, un goût très prononcé pour les lettres et les arts ; mais son père désirait faire de lui un médecin. Dès qu'Armand eut conquis son diplôme de bachelier ès lettres, le Dr Baschet le conduisit à l'École préparatoire de Tours et lui fit prendre sa première inscription de médecine. La seconde, à la date du 16 janvier 1850, fut aussi la dernière : notre étudiant avait été terrifié par quelques opérations chirurgicales dont il avait été témoin ; rien ne put le décider à continuer les études commencées, d'autant plus — peut-être — qu'il avait en perspective le baccalauréat ès sciences qui, tout *restreint* qu'il fût, n'était pas exempt de mathématiques. (2)

Dans une Notice nécrologique publiée par le journal le *Temps*, le 24 mars 1886, M. Colonna-Ceccaldi, ancien élève du collège de Blois, aujourd'hui Conseiller d'Etat et ministre plénipotentiaire, disait qu'Armand Baschet avait pris ses inscriptions « comme élève en médecine à Paris, et que, le grand tablier blanc autour du corps, il avait fait très délibérément son service dans les hôpitaux pendant le terrible choléra de 1849. »

Or, le nom d'Armand Baschet ne figure pas sur les registres de la Faculté de Médecine de Paris. Il fau-

(1) Voir annexe no 2.
(2) On pouvait prendre quatre inscriptions de médecine avant de passer l'examen du baccalauréat ès sciences restreint.

drait donc admettre que notre jeune compatriote eût obtenu de son père l'autorisation d'aller offrir ses services d'*externe bénévole* dans un hôpital de Paris pendant l'épidémie cholérique, ce qui n'est pas impossible.

Quoi qu'il en soit, « l'on peut dire, ajoute M. Colonna-Ceccaldi, qu'en l'envoyant à Paris son père l'avait, au point de vue des attractions littéraires, amené dans la gueule du loup. »

En effet, s'il retourna à Tours au mois de janvier 1850, pour y prendre son inscription, il trouva le moyen de revenir bien vite à Paris, sous prétexte — probablement — d'y continuer ses études médicales, mais, en réalité, poussé par une vocation irrésistible vers la carrière littéraire.

Il se livra à la lecture avec la ténacité et la persévérance qui ne lui firent jamais défaut, fréquenta le monde des lettres et s'y fit des amis nombreux. Voici ce que Monselet disait de Baschet, peu de temps après sa mort :

« Doué d'une activité dévorante et d'une grande souplesse de manières, en moins d'un mois il s'était présenté chez tout le Paris officiel et littéraire. Il avait assisté au petit lever d'une multitude de célébrités. Il avait salué la veste d'Émile de Girardin, contemplé la robe de chambre de Paul de Kock, ramassé la plume d'Alexandre Dumas, admiré le lorgnon de Philarète Chasles, caressé le chien de Terre-Neuve d'Alphonse Karr, vu Jules Janin en bonnet de coton, Théophile Gautier en burnous, Léon Gozlan en pantoufles, Eugène Süe en vareuse. »

Il débuta bientôt, comme nous le verrons plus loin, par des articles de *Variétés* publiés dans un journal de Blois, la *France centrale*, qui lui avait ouvert ses colonnes.

La même année (1850), il envoya au *Journal d'Indre-et-Loire* un feuilleton sur *La petite Fadette*, de G. Sand.

Faut-il juger de ses opinions politiques d'après celle des journaux auxquels il a fourni des articles ? Pas le moins du monde. Très sceptique, il évitait les discussions politiques et respectait toutes les convictions. Son idéal aurait peut-être été le gouvernement représentatif de la Grande-Bretagne, mais tout Pouvoir qui favorisait ses études de prédilection pouvait être assuré de son dévouement.

En 1850, Baschet vivait modestement dans une petite chambre de la rue Jacob, son père, très mécontent de le trouver rebelle à ses désirs, ne lui accordant qu'une fort minime pension.

Au milieu de cette même année, Balzac mourut. Baschet, grand admirateur de ses œuvres, envoya à la *France centrale* un long dithyrambe en l'honneur du chef de l'école réaliste. Ce fut le canevas du premier volume qu'il publia peu de temps après.

Notre ami n'était pas timide, on l'a vu tout à l'heure. Il ne manquait pas d'entregent, — tant s'en faut. Il sut faire de belles et utiles connaissances, parmi lesquelles lord Brougham, l'ancien Chancelier d'Angleterre, — en même temps si français, — qui l'invita, l'année suivante, à sa villa de Cannes, et, plus tard, le baron Sina, banquier grec très parisien, qui fit de lui son secrétaire intime et l'emmena visiter ses immenses propriétés en Autriche, en Bohême, en Hongrie, etc.

Le secrétaire, qui était un curieux et un chercheur, ne manqua pas, chemin faisant, de visiter les bibliothèques ; il avait trouvé là une mine précieuse à exploiter et, au retour, il adressa un Mémoire à ce sujet au Ministre de l'Instruction publique, qui, séduit par les aperçus que notre voyageur faisait briller à ses yeux, n'hésita pas à le charger d'une mission littéraire en Allemagne et en Autriche

Baschet nous fera plus loin le récit de cette mission ; mais nous ne sommes encore qu'en 1852, année où il publia un petit volume : *Années de voyage,* dédié au châtelain de Cannes, en guise de carte de visite, pour l'hospitalité dont il l'avait honoré l'année précédente.

Il acceptait volontiers les invitations de ce genre, non-seulement chez ses amis de France, mais aussi chez des personnages étrangers, en Autriche, en Hongrie, en Angleterre. Nous l'avons vu un jour arrivant de chasser le *grouse* en Ecosse.

Les années se suivent, les publications se succèdent, soit dans la presse périodique, soit sous forme de livres sérieux, et le nom d'Armand Baschet n'est plus celui d'un inconnu (1).

Son père commence à en être fier et ne se fait plus prier pour desserrer les cordons de sa bourse. Et c'était fort nécessaire, car le fils ne savait pas compter, on s'en souvient, et il avait pris dans le monde où il était reçu des habitudes de dépense, de prodigalité, qui

____

(1) Dans un article fantaisiste pétillant d'esprit, Monselet rapportait une conversation entre Armand Barthet et Armand Baschet, le premier demandant au second de lui vendre son nom qui ressemblait tant au sien.

devaient nuire considérablement à l'équilibre de son budget.

Nous nous rappelons avoir trouvé un jour son logement — il demeurait alors rue d'Aumale — encombré de bibelots de prix, parmi lesquels un lustre apporté de Venise et un lot de dentelles qu'il avait achetées là-bas pour orner un costume de bal masqué : total, trois mille francs. Hâtons-nous d'ajouter que dans les dernières années de sa vie il s'était condamné à la plus raisonnable économie. Il avait « renoncé à son faste », disait-il.

* *

Baschet n'était pas homme d'imagination ; il n'avait aucune sympathie pour la légende ; l'histoire seule l'attirait, — l'histoire fondée sur des documents authentiques, — à la recherche desquels il avait consacré sa vie. Et il s'y livrait avec une ardeur incroyable, partageant cependant son temps entre le travail, les visites, la promenade. « A telle heure, disait-il, je pose la plume et me répands par la ville. »

Qui ne l'a rencontré sous les arcades de la rue de Rivoli, la tête en avant, le dos arrondi, la canne sous le bras et les mains dans les poches, faisant méthodiquement sa promenade hygiénique ? Et si joyeux quand il rencontrait à qui parler ! Car c'était un grand bavard et un agréable causeur, d'un tact parfait dans ses conversations avec les femmes, dont il faisait le bonheur par des récits quelquefois légers, mais ne dépassant jamais la limite des convenances ; d'une gaieté un peu bruyante, mais si franche et si communicative, et d'une naïveté tout-à-fait drôle et absolument sincère. Rien n'était amusant comme de lui raconter

des choses invraisemblables, à cause de l'air ébaubi
que prenait sa figure.

Nous parlions tout à l'heure de ses habitudes mé-
thodiques ; rien ne peut en donner une meilleure idée
que la régularité de sa correspondance, le classement
de ses notes, le soin avec lequel il avait formé des
collections d'autographes. Et, à ce propos, nous
donnerons l'appréciation d'un connaisseur, M. Fer-
nand Bournon, ancien Archiviste-paléographe de
Loir et Cher (1).

« Supposez une dizaine de portefeuilles, renfermant
soigneusement classée et reliée sur onglets, la série
complète des lettres reçues par M. Baschet depuis le
jour de son entrée dans le monde littéraire. La plus
riche collection d'autographes pâlit à côté de celle-
ci, où ne figure qu'une correspondance toute personnelle et intime. Rien n'y est banal, on le pense
bien, ni le billet de deux lignes, ni l'épitre de huit
pages ; il suffit de regarder les signatures ; je ne puis
malheureusement en citer que quelques-unes, au
hasard de la mémoire : Monselet, Baudelaire,
Aubryet, Gérard de Nerval, Armand Barthet,
Murger, Alexandre Dumas père ; et les poètes
Alfred de Vigny, Théophile Gautier ; et les artistes
Meyerbeer, Lisztz ; et les hommes politiques Guizot,
Thiers, Mignet ; et les amis d'il y a trente ans qui
sont restés ceux d'aujourd'hui, A. Dumas fils,
Edmond de Goncourt, et tant d'autres que j'ou-
blie. »

Nous pouvons ajouter : Claudius Popelin, Ch.
Yriarte, Paul de St-Victor, de Lescure, Harpignies,
Philarète Chasles, J. Janin, Daudet, Champfleury,
Surville née Balzac, Sand, A. Houssaye, A. Thierry,

(1) *Indépendant de Loir-et-Cher*, 5 janvier 1883.

Roger de Beauvoir, J. Sandeau, Léon Gozlan, Mérimée, E. de Girardin, de Morny, V. Hugo.......

*
* *

Nous venons de parler des correspondances reçues
par Baschet ; nous pouvons aussi faire connaître son
style épistolaire, en reproduisant une lettre qu'il
nous adressa de Venise et dans laquelle il se peint lui-
même, comme s'il avait prévu que nous dûssions un
jour tenter de le faire connaître :

> « Venise, Palais Zucchelli, Corte Barozzi,
> 29 Juillet 1860.

« Mon cher Docteur....... Vous n'imagineriez
pas les excursions désordonnées que fit votre lettre
avant de me parvenir : elle arriva malheureusement
à Venise lorsque j'en étais déjà parti. On fit en sorte
qu'elle me rejoignît dans l'Italie où j'étais, mais si
ce ne lui fut pas difficile, elle y mit du moins un
temps qui dépasse toutes limites supposables Je
voyageais alors dans l'Italie centrale ; j'ai visité
toutes les bibliothèques, les archives, les collections
particulières ; mon voyage fut charmant, mes recherches fécondes. J'ai aujourd'hui des matériaux pour
travailler et produire pendant le reste de mes jours,
en admettant qu'ils arrivent à me compléter quatre-
vingts ans.

« Encore quelques mois et toute ma besogne de
recherches sera terminée ; la carrière aura été longue,
mais au moins le fruit abonde et je me déclare ravi
de m'être ainsi jeté dans cet océan d'histoire. Cette
année, entre autres fantaisies particulières, je me
suis adonné à chercher le vrai sur Madonna Lucrezia
Borgia, la belle duchesse de Ferrare ; depuis quelque
temps déjà, je me sentais envahi par un sentiment
d'extraordinaire curiosité sur cette blonde personne :
j'ai merveilleusement réussi à la découvrir telle

qu'elle fut. J'ai fait beaucoup de chemin pour cela à travers toutes les archives de son temps, mais le résultat est si heureux en curiosités qu'il dépasse de quelques mille mètres la hauteur primitive de mes espérances. Ce sera le sujet d'un de mes premiers ouvrages — et le premier ayant un caractère complet. J'avais d'abord pensé à n'écrire qu'un petit livre-portrait, un profil de Madonna Lucrezia, mais après mes voyages à Ferrare, à Modène, à Bologne, à Mantoue, ma richesse devint telle que je dus reconnaitre que mon livre-portrait ne signifierait absolument rien et aujourd'hui me voici décidé à en faire un vrai gros livre avec ce nom de baptême :

« *Madonna Lucrezia Borgia et les Choses de son temps* (1).

« Toute cette époque de l'Italie est des plus curieuses : ses cours de Ferrare, d'Urbin, de Mantoue étaient merveilleuses comme cours protectrices des choses d'esprit et des choses d'art, et il n'y a point de voyage plus intéressant que le voyage dans le passé de ce monde-là.

« Ferez vous quelque absence cette année ? Où en est Blois ? A la veille de fêtes nombreuses, de bals au Château et de chevaux en course ? C'est du moins l'époque. Je ne crois pas pouvoir être de retour pour tous ces fastes : cela pourtant me ferait grand plaisir. En vérité, l'année dernière, je ne me suis pas du tout déplu à Blois et j'ai toujours trouvé avec qui causer — ce qui pour moi est tout et me rend tout lieu possible. Mais, cher Docteur, la vérité vraie est que j'adore Venise et que difficilement je me ferai à être privé trop longtemps de son séjour : c'est ma vraie ville, celle-là ! J'y ai beaucoup d'amis et d'amies.

(1) Dans un beau volume imprimé par Plon et Cie (in-8º, 1874) : *La vie d'un patricien à Venise au seizième siècle*, M. Ch. Yriarte, parlant du rôle des femmes dans la politique, se hasarde aussi à prendre la défense de Lucrèce Borgia.

Le *vrai gros livre*, que notre ami a eu la douleur de ne pouvoir écrire, sera publié par M. J. Doinel, Archiviste du Loiret, d'après les textes laissés par Baschet.

Ma bonne qualité d'étranger et la manière dans laquelle je m'y suis toujours tenu — pour ce qui est de l'opinion formulée — me permet l'accès et l'intimité des sociétés les plus opposées. Tout ce que je pense et ce que je vois de la politique moderne reste au fond de mon sentiment. Celle dont je m'occupe avec activité et énergie appartient au temps des Médicis et de Richelieu ; elle est magnifique et émouvante sans être dangereuse pour celui qui la discute, l'approuve ou la blâme. Adieu, cher ami, je vous remercie de nouveau pour votre bon billet et vous adresse 10,000 cordialités. Armand Baschet. »

*
* *

On voit combien Baschet aimait Venise. Nous dirons plus loin ce qui l'y conduisit pour la première fois, en 1855. C'était sa patrie d'adoption, et lorsqu'il revenait à Paris ou à Blois, il lui semblait être en pays étranger. La reine des lagunes hantait ses rêves. On le trouvait toujours à la veille de partir pour Venise.

Ainsi, de 1855 à 1857, il y séjourna environ 24 mois. En 1858, quatre mois. En 1859, deux mois. En 1860, quatre mois. En 1861, trois mois. En 1862, une mission de M. Walewski, ministre d'Etat, le retint à Modène, Parme et Mantoue. En 1864 et 1865, il passe de nouveau trois mois à Venise et le reste du temps à Milan, Parme, Florence et Mantoue. En 1866, deux mois, et en 1867, cinq mois. Enfin, il y séjourna de nouveau en 1868 et en 1869.

On ne s'étonnera pas qu'en petit comité nous l'ayons surnommé *le Doge.*

Dans cet espace de quatorze années, à combien de touristes français n'a-t-il pas servi de cicerone ? Tous certainement lui en ont conservé une sincère reconnaissance, à commencer par Mme Louise Colet, dont la magnifique chevelure blonde naturelle excitait la jalousie des blondes artificielles de Venise. Baschet s'était fait son cavalier servant (1859), la conduisant au théâtre, lui faisant visiter les palais du Grand Canal et même celui qu'il habitait, comme elle le raconte elle-même dans son livre : L'*Italie des italiens*.

« Je dînai ce jour-là avec M. Baschet au palais Lorédan, ancienne demeure de Pietro Lusignan, roi de Chypre, — devenu une auberge . . . .

« Plusieurs salles ont été divisées en petites chambres pour les voyageurs. M. Baschet avait là un réduit charmant décoré de meubles splendides, avec un balcon à ogives sur le Grand Canal. Plus d'une fois il regrettera, dans nos bourgeoises maisons parisiennes, cette exquise habitation tranquille, recueillie et toute parfumée de souvenirs historiques et romanesques. »

En 1863, Baschet fit les honneurs de Venise au fils de notre confrère orléanais le Dr de Clinchamps, et le présenta dans la Société cosmopolite où il recevait le plus gracieux accueil.

Peut-être est-ce le moment de commettre à ce sujet une indiscrétion qui ne fera aucun tort à sa mémoire. Bien peu de ses amis ont su qu'en mai 1861, Baschet fut sur le point d'épouser une vénitienne. Il n'avait pu résister aux charmes d'une jeune fille appartenant à l'une des plus grandes familles de l'ancienne République. Bien accueilli par la mère, accepté par la jeune personne, Baschet voyait ses espérances près de se réaliser, lorsqu'un frère, devenu chef de famille par le décès de la comtesse mère, déjà veuve, s'opposa formellement au mariage, déclarant qu'un simple fils de médecin, un roturier, ne pouvait prétendre à la main de sa sœur.

Nous avons sous les yeux la copie d'une correspondance qui nous permettrait de citer le nom de la famille vénitienne, si les convenances ne nous interdisaient cette indiscrétion.

*
* *

Ce n'étaient pas seulement les élégants palais du *Canal grande*, ni les admirables galeries de *Santa-Maria-Gloriosa*, ni le péristyle de Saint-Marc, ni la façade du Palais Ducal, ni les colonnes tyriennes de la *Piazzetta*, ni la tour de l'*Orologio*, ni les arcades des Procuraties, où le badin Président De Brosses prétend qu'on rencontre autant de femmes couchées que debout, ni la façade et les dômes de la *Madonna della Salute*..... ce n'étaient même pas les sorbets du café Florian qui avaient séduit Baschet. C'était surtout le trésor de documents qu'allait lui fournir l'*Archivio generale di Venezia* sur les actes et sur les personnages du seizième siècle.

« Je ne sais, écrivait-il, si le lieu de ma naissance est pour quelque chose dans l'immense attrait que je trouve à connaître le temps des Valois. Les premiers récits que j'ai entendus appartenaient à Catherine et à Marie de Médicis, aux Valois, à Messieurs de Guise. Les fenêtres de la maison où ma mère prit les premiers soins de mon éducation avaient pour horizon les salamandres du roi François Ier, les balcons et les loges à la mode italienne de Catherine et d'Henri III, ces mêmes balcons qui, un matin de décembre 1588, à l'avant-veille de Noël, éclairèrent la scène si dramatique du meurtre du Guise par ordre du Valois. Les premiers monuments enfin dont l'aspect séduisit ma jeune imagination furent ces châteaux, perles du pays de Blois et de Tours, qui ont eu une part, les uns si grande, les autres si intime, aux actions et aux faits de cette époque. »

Cette hypothèse, vague dans son esprit, était une réalité positive. Les premières impressions de l'enfant ont une influence non douteuse — soit directement, soit par association d'idées — sur la nature des goûts, des propensions, des préférences que l'on qualifie habituellement d'instinctifs

Nous savons, d'ailleurs, qu'après avoir satisfait sa passion pour le XVI⁰ siècle, Baschet se proposait de compléter son œuvre en reconstituant toute l'histoire de France d'après les textes diplomatiques. Une trentaine de gros registres in-folio et in-4⁰ contiennent, écrits de la main d'un copiste, sous sa direction, les éléments de ce travail, qu'il réservait pour occuper sa retraite à Blois, *dans ses vieux jours*, disait-il (1).

*
* *

Armand Baschet a écrit de nombreux articles de journaux et de revues :

En 1850, dans la *France centrale* ;
En 1850, dans le *Journal d'Indre-et-Loire* ;

(1) Un certain nombre de ces registres, relatifs aux règnes de Henri III et de Louis XIII, ont été remis par Baschet au Ministère de l'Instruction publique, d'où ils ont été envoyés à la Bibliothèque nationale : Manuscrits du *Fonds italien*. M. de Mas-Latrie a été chargé de la continuation de ce travail de Bénédictin, et l'on peut espérer que le *Département des manuscrits* possédera un jour la copie complète du *Recueil des Dépêches des Ambassadeurs vénitiens en France*.
Une autre partie de ces registres a été acquise par les Archives du Loiret, après la mort de notre ami. Il est regrettable que la Bibliothèque publique de Blois n'ait pas tenu à conserver ces volumes.
Nous en donnons le sommaire aux annexes, n⁰ 3.

En 1853, dans le *Journal de Paris* ;

En 1853 et 1855, dans la *Presse* ;

En 1853, 1854, 1855, dans le *Mousquetaire* ;

En 1854, 1858, 1861, dans l'*Artiste* ;

En 1854, 1856, dans l'*Illustration* ;

En 1855, dans le *Journal de Loir et-Cher* ;

En 1855, 1856, dans la *Revue franco-italienne* ;

En 1856, dans la *Revue des Deux-Mondes* ;

En 1856, dans le *Courrier de Paris* ;

En 1857, 1858, 1859, 1861, 1868, dans le *Monde illustré* ;

En 1859, 1862, 1866, 1867, 1868, dans la *Gazette des Beaux Arts* ;

En 1859, dans le *Moniteur* ;

En 1862, dans le *Journal des Débats* ;

En 1863, dans la *Perseveranza*, de Milan ;

En 1866, dans la *Gazzetta di Mantova* ;

En 1866, 1867, dans la *Liberté* ;

En 1867, dans le *Journal de Genève* ;

En 1867, dans la *Gazzetta di Venezia* ;

En 1880, dans le *Cabinet historique* ;

En 1881, dans le *Livre*.

Notons que plusieurs de ces publications ont inséré des séries d'articles de Baschet (1).

Outre cela, notre compatriote avait, en 1859, promis sa collaboration à Baudelaire pour un journal littéraire extravagant que le poète des *Fleurs du mal* se proposait de créer sous ce titre : *Le Hibou philosophe*, avec le concours de Champfleury et d'André Thomas ; mais le projet ne fut pas mis à exécution (2).

(1) Voir annexes nº 4 et nº 5.

(2) On trouve quelques extraits du plan et du programme du *Hibou Philosophe* dans *le Livre* du 10 Septembre 1884, sous la signature de M. Octave Uzanne.

Enfin, pour compléter ce que nous avons pu découvrir des écrits d Armand Baschet, en dehors de ses livres, mentionnons une préface qui lui fut demandée en 1883 par notre compatriote d'adoption M. Storelli, pour son magnifique album des châteaux du *Blaisois*, avec notice historique sur chacun d'eux. Personne ne pouvait mieux que Baschet présenter au public lettré cette œuvre d'art et d'histoire — que nous avons le regret de ne pas trouver à la Bibliothèque de Blois. (1)

L'auteur de la Préface débute par une observation sur l'orthographe du mot *blaisois* ou *blésois*, la première manière ayant été adoptée par André Duchesne, historiographe du roi en 1645, la seconde par J. Bernier, en 1682, et de la Saussaye dans les temps modernes. Nous ne chercherons pas querelle à M. Storelli pour avoir préféré la plus ancienne façon d'écrire cet adjectif-substantif, mais il nous semble que la plus récente s'accorde mieux avec l'étymologie latine. (2)

Il convient cependant de noter que M. Talbert, notre compatriote, professeur de rhétorique au prytanée militaire de la Flèche, adopte l'orthographe *blaisois : Du dialecte blaisois et de sa conformité avec l'ancienne langue et l'ancienne prononciation française.* (1 vol. gr. in-8°, Paris, Ernest Thorin, éditeurs, 1874).

Il est un dernier ouvrage cependant que nous ne pouvons pas passer sous silence sous prétexte qu'il n'a

(1) NOTICE HISTORIQUE ET CHRONOLOGIQUE SUR LES CHATEAUX DU BLAISOIS, *avec trente-deux gravures à l'eau-forte et une carte,* par STORELLI, *associé-correspondant de la* SOCIÉTÉ DES ANTIQUAIRES DE FRANCE, in-4°. Paris, 1884 (Librairie d'art, L. Baschet, 125, boulevard Saint-Germain).

Les notices et les eaux-fortes de M. Storelli sont consacrées aux châteaux de *Chambord, Blois, Chaumont, Villesavin, Herbault-en-Sologne, Talcy, Diziers, du Moulin, Cheverny, Fougères et Gué-Péan.*

(2) *Pagus blesensis,* pays blésois.

pas été publié en France, ouvrage de longue haleine, car il a exigé dix années de travail assidu. C'est le *Répertoire général de toutes les 'Dépêches et autres documents appartenant aux correspondances des Ambassadeurs de France successivement accrédités en Angleterre depuis le règne de Henry VIII jusqu'au règne de Georges Ier (1509-1714); inventaire formé d'après les textes conservés dans les différents dépôts de manuscrits tels que Bibliothèques et archives en France.*

Baschet avait été chargé de ces recherches par le gouvernement anglais, probablement d'après la recommandation de M. Rawdon Brown qui avait rempli une mission analogue à Venise, où les deux confrères s'étaient liés d'estime et d'amitié.

Ses rapports successifs ont été publiés dans les 42e, 43e, 44e, 45e, 46e, 47e *Reports of the Deputy keeper of the public Records.* (1)

Ses relations avec le *Master of the Rolls* l'obligèrent à faire plusieurs séjours à Londres, de sorte que la langue anglaise lui devint assez familière.

Quant à l'italien il le parlait et l'écrivait comme le français.

Il avait aussi quelque connaissance de la langue allemande, mais superficielle seulement.

De tout cela peut-on conclure qu'Armand Baschet fut un paresseux et un ignorant ?

*_**

Baschet avait été nommé Chevalier de la Légion d'honneur le 1er mai 1863. Un article publié à

(1) Nous devons ces indications à M. Maxwel, directeur du *Public Record Office,* par l'entremise gracieuse de l'ambassade de France à Londres.

cette occasion dans un journal dont nous n'avons sous les yeux qu'un fragment, sans le titre ni la signature, contient l'appréciation suivante de l homme de lettres et de l'historien :

« M. Armand Baschet, qui vient d'être signalé au public par une distinction méritée, se mêla d'abord aux hommes et aux choses de la littérature militante. Il s'est dérobé bientôt à cette arène frivole pour s'enfoncer dans le sanctuaire poudreux de l'histoire inédite.

« Pendant cinq années, chargé tour à tour de missions par le Ministre de l'Instruction publique et par le Ministre d'État, il a vécu de la vie obscure du bénédictin. C'est à peine si, de temps en temps, violant le silence claustral, il est revenu rompre dans le petit journal quelques lances profanes. Il passait de salon en salon, recueillant au vol quelques encouragements et quelques félicitations parfois ironiques, et, saturé de nouveau de cet air parisien qui enveloppe son homme d'une sorte d'alacrité vivace et le conserve frais et dispos au milieu des déceptions hypochondriaques de la curiosité, il se perdait de rechef, la lampe de la critique moderne à la main, sous les sombres voûtes de ce couvent des *Frari*, à Venise, immense nécropole de manuscrits.

« Au bout de cinq années de ce travail de furetage passionné et d'investigation ardente, Armand Baschet s'est trouvé à la tête d'un fonds de découvertes historiques à faire venir l'eau à la bouche aride de nos compilateurs. Il possédait, classés, annotés, les éléments d'une résurrection authentique des mœurs et des coutumes de Venise, à jamais chère au moraliste et au poète, et en même temps, d'une Histoire de France vivifiée par le détail, animée par les caractères, dramatisée par la connaissance approfondie des petites causes ; une Histoire de France par le menu, en portraits, en vignettes, d'après les confi-

dences de ces immortels chroniqueurs, les ambassadeurs vénitiens.

. « C'est là le caractère unique, privilégié, original,
des travaux historiques d'Armand Baschet. Il est
parti du petit journal pour arriver au livre. Il est
parti de l'intime pour arriver au public, de l'anec-
dote, de l'épisode pour arriver à la notion des caractères et à l'intelligence des événements. Et avec ces
miettes historiques, groupées et enchâssées dans un
récit érudit en même temps qu'élégant, il est par-
venu, à force d'art, à élever un monument solide et
durable, une de ces grandes synthèses historiques,
fondées, non plus sur des inductions arbitraires et
passionnées, mais sur l'étude minutieuse, patiente et
désintéressée des faits........ »

Nous sommes bien tenté d'écrire le nom de M.
de Lescure au-dessous de ces lignes.

Dans un autre journal M. Marius Topin s'exprimait comme suit :

« M. Baschet appartient à cette classe d'historiens
qui ne laisse le lecteur étranger à aucun de ses travaux, lui présente toutes les dépositions dont il
s'autorise, discute avec lui la confiance plus ou
moins grande que peuvent inspirer les témoins,
l'initie scrupuleusement aux mœurs, aux usages du
pays dont il parle, en un mot l'introduit partout et
ne lui laisse rien ignorer. Ce n'est pas à dire que
l'auteur ne prenne point souvent la parole lui-même ;
et M. Baschet est beaucoup trop modeste quand il
déclare que son livre « est plutôt fait pour *renseigner*
que pour *instruire* ». Tantôt il expose rapidement
les faits que sa sagacité et sa patience lui ont permis
de surprendre au milieu de matériaux infinis, re-
butants, arides. Tantôt, mais plus fréquemment, il
s'efface devant les témoins qu'il invoque, et son
œuvre est alors un développement judicieux, mais
détaillé de tous les documents réunis. Il y a, dans

cette méthode. moins d'éclat et d'art que dans celle par laquelle l'historien rejette du récit, tout en les lui donnant pour bases indiscutables, les témoignages et les preuves, et est le narrateur continu des scènes dont il a recueilli les éléments chez les contemporains, mais auxquelles seul il redonne en réalité la vie. En revanche, la première méthode, moins brillante et parfois un peu sèche. a plus de charme pour certains lecteurs curieux et délicats qui peuvent ainsi se rendre compte des plus insignifiants rouages comme des plus importants, et qui, pénétrant en quelque sorte dans le cabinet de l'écrivain, assistent avec lui à la mise en œuvre des matériaux et participent presque à la construction de l'histoire.

« M. Baschet excelle dans ce procédé de composition, pour lequel il possède les plus précieuses qualités : l'aptitude aux recherches patientes, le tact et le discernement du critique, la science des manuscrits, un vaste savoir, une sagacité pénétrante, et surtout le don des proportions qui lui permet d'assigner à chaque épisode, son rang, sa place, son degré d'intérêt, et qui l'empêche de s'attacher à un détail au détriment de l'ensemble. »

Enfin, dans le cahier du 1er janvier 1883 de la *Revue historique*, nous lisons :

« On critique parfois son style, mais à tort, ce me semble. Ce mélange de protocole et de madrigal, cette préciosité mêlée à la sécheresse des procès-verbaux donne une saveur particulière, un ragoût piquant à des études qui parfois paraîtraient bien arides. On peut ne pas goûter M. Baschet, mais on ne peut nier qu'il ne soit lui-même et qu'il ne soit quelqu'un. J'ajouterai que tout ce qu'il a publié, a sa place marquée dans les bibliothèques historiques, porte le cachet de la conscience et de l'exactitude, et a enrichi nos connaissances de faits importants nouveaux et bien prouvés. »

Armand Baschet reçut les palmes académiques le 6 février 1877. Lorsqu'il devait paraître le soir dans un salon officiel, il recommandait plaisamment à son groom de ne pas oublier d'attacher ses *Ordres* à la boutonnière de son habit.

* *
*

Aux apppréciations qu'on vient de lire, nous nous associons de tout cœur ; mais il y avait déjà plus de dix ans que Baschet était entré dans la carrière littéraire lorsqu'elles ont été écrites. Nous allons tâcher de faire de ses ouvrages une analyse qui permette au lecteur de juger l'écrivain à ses débuts d'abord, puis à la période de maturité.

Les essais publiés par A. Baschet pendant l'année 1850 étaient signés du pseudonyme *Gabriel Dumon*, lorsque parut sous son vrai nom une plaquette in-8° de 24 pages, dont 10 remplies par des notes biographiques empruntées à M. Champfleury, plaquette imprimée par Morard, rue Pierre-de-Blois. Ce volume était la reproduction presque littérale d'un article Variétés, inséré dans les numéros des 25 et 27 août 1850 du journal la *France centrale*, sous le titre : *Revues contemporaines.* — Honoré de Balzac (1).

Balzac venait de mourir dans la nuit du 18 au 19 août ; c'était donc un article nécrologique. Il était encore signé Gabriel Dumon, et ce fut la dernière fois que Baschet se dissimula sous ce nom d'emprunt, car son article lui ayant valu les félicitations de ceux de nos concitoyens qui étaient dans le secret du pseu-

---

(1) Ces deux numéros de la *France centrale* — et d'autres encore — manquent à la collection de la Bibliothèque de Blois. Nous ne les avons trouvés qu'à la Bibliothèque nationale.

(La *France centrale* a cessé de paraître à la fin de l'année 1869.)

donyme, il signa fièrement désormais : Armand Baschet.

C'est que — il faut avouer la vérité — les lecteurs de la *France centrale* n'étaient pas habitués à trouver irréprochable le style des *Variétés littéraires* de Gabriel Dumon. On va juger s'ils avaient tort. Les citations que nous allons copier permettront d'ailleurs d'apprécier les progrès que notre ami ne tarda pas à faire, une fois lancé.

Nous trouvons, par exemple, dans un article sur *Chambord*, les phrases suivantes :

> « Nos yeux n'étaient pas *dans leur cercle* et *demandaient leur chemin*.... »
>
> « Et ne pouvant pas, *muselé* que nous sommes par les limites du feuilleton, nous étendre..... »
>
> « Aspect qui lui reste encore (à Chambord) et qui le rend *seul*, et qui en fait un *être* à part.... »
>
> « Et de toutes ces jeunes femmes qui, rieuses et légères, aimaient *à se pencher sur les seins de la vie*, et à n'en exprimer que les voluptés. »
>
> « Des courtisanes et des comédiennes, *augmentées* de la Pompadour, vinrent se mêler à cette foule soldatesque. *Sales* étrangères qui *salirent* les *salles*.
>
> « Aujourd'hui Chambord est en voie de réparation. Pourvu qu'on ne passe pas le *râteau* sur les teintes grises que le temps lui a données, c'est tout ce que nous demandons. »

Et plus loin, *Matinée musicale au château de Villelouet* :

> « Nous ne savons *duquel* préférer, ou du Sylphe ou de l'Harmonie du soir. »

(Peut être ici l'imprimeur est-il le coupable).

Et ailleurs : *Les artistes béarnais* :

> « Sans orchestre, sans soutien, sans *point de mire*

ni de timbales *pour couvrir ou donner de l'expression
à leurs accents, ils* chantaient, tantôt *seul*, tantôt
en chœur, et c'était avec joie et plaisir qu'on les
écoutait, car leur voix se soutenait ferme et douce
jusqu'à *la dernière ombre de la note suprême.* »

Enfin : *Lettres d'Etretat :*

« L'air vif de la mer, la silhouette des falaises dont
les pointes *lointainent* dans l'azur *à titre* d'ai-
guilles..... vous annoncent le terme du voyage. »

En voilà assez pour donner une idée des efforts, de
l'opiniâtreté de travail, auxquels Gabriel Dumon a dû
se livrer pour devenir Armand Baschet et arriver à se
faire une place distinguée dans la littérature contemporaine.

*
* *

Balzac, lui aussi, avait commencé par écrire un
grand nombre de mauvais romans sous divers pseudo-
nymes, avant de signer de son nom *Le dernier
chouan*, en 1827.

Baschet du moins garda son nom roturier, tandis
que Balzac après la révolution de 1830, se donna le
ridicule de faire précéder le sien de la particule nobi-
lière. Il affectait des opinions légitimistes et supposait
que la Noblesse ferait meilleur accueil aux livres de
M. H. de Balzac qu'à ceux de M. H. Balzac. Pré-
tendait-il se faire passer pour le descendant de l'auteur *des Lettres de la Charente*, M. de Balzac, mort
en 1654 ? Ce n'eût été là qu'une apparence, car
l'académicien du XVIIe siècle, Jean-Louis Guez, avait
cru lui-même ennoblir son nom, en le faisant suivre
de celui de sa propriété de Balzac. Mais les Actes de
l'Etat civil de Tours n'ont pas été brûlés et voici ce
qu'on y trouve :

« Aujourd'hui deux prairial an sept de la République française, a été présenté devant moi, Pierre-Jacques Duvivier, officier public soussigné, un enfant mâle par le citoyen Bernard-François Balzac, propriétaire demeurant en cette commune, rue de l'Armée d'Italie, section du Chardonnet, n° 25 ;

« Lequel m'a déclaré que ledit enfant s'appelle Honoré Balzac, né d'hier à onze heures du matin, au domicile du déclarant ; qu'il est son fils et celui de citoyenne Anne-Charlotte Laure Sallambier, son épouse, mariés en la commune de Paris, huitième arrondissement, département de la Seine, le onze pluviôse an cinq....etc. »

Son frère, Henri-François, né le 20 décembre 1807, est inscrit sous le même nom de famille.

Baschet n'a pas mentionné ce petit travers de son héros.

La reproduction en volume de l'article de la *France Centrale* eut un certain succès, car six mois plus tard paraissait une seconde édition, de 250 pages, dans le format in-12, sortant aussi de l'imprimerie de la rue Pierre-de-Blois. (1)

« Ce petit succès inespéré encourage vivement l'auteur, écrit Baschet dans un Avertissement, et lui prouve une fois de plus qu'il fait toujours bon s'occuper des maîtres quels qu'ils soient. L'auteur annonce donc que toute la série de ses *Essais littéraires*

(1) *Bibliothèque de fantaisie* (Art et Littérature).
Les physionomies littéraires de ce temps,
Honoré de Balzac.
Essai sur l'homme et sur l'œuvre,
par Armand Baschet.
Avec notes historiques par Champfleury.
(Imprimerie Morard et Bergalien, Blois, 1852).
Le premier titre appartient aux Éditeurs Giraud et Dagneau qui, sous cette dénomination, publiaient à cette époque les œuvres de nos meilleurs écrivains fantaisistes.

sur les Coloristes, les Pittoresques et les Réalistes en
l'art d'écrire et de penser au XIXe siècle, paraîtra
successivement aux intervalles les plus rapprochés
autant que faire se pourra........ Voici donc une
seconde édition, au grand bonheur et à la grande
joie de l'auteur qui s'occupe en ce moment du
prochain *Essai*, ainsi nommé : *Théophile Gautier*,
et ainsi divisé : *Du style en couleurs, — Ecrivains
coloristes, — les Maîtres, — Procédés, — Fantaisies, — Pages bibliographiques, — les Débuts
dans la Bohême, — Essais littéraires, — Révolution dans les préfaces, — Mademoiselle de Mau-
pin, — Essai sur le feuilleton critique, — les
Feuilletonistes en géneral.* »

Ce projet est resté à l'état de Sommaire, mais nous
pouvons certifier que les éléments en ont été recueillis
et nous avons vu entre les mains de Baschet une
lettre de Théophile Gautier lui envoyant les renseignements qu'il lui avait demandés pour l'aider dans
son travail. Il en a été de même d'un second volume
sur Balzac annoncé par Baschet, sous le titre de
Documents inédits, et devant contenir : *Un recueil
de lettres de M. de Balzac, — Ses rapports avec les
artistes, — avec Boulanger, — avec David, — avec
Delacroix, — La question des éditeurs, — Notes sur
ses voyages, — Excentricité, — Conversations, —
Séjour au Château de Saché, en Touraine, — à
Frapesle, dans le Berry, — Sa maison des Jardies,
à Ville d'Avray, — Sa maison à Passy, — Journal
des dernières années de M. de Balzac.*

Cette seconde édition, très augmentée, marque
déjà un progrès dans le style de l'auteur, quoiqu'on y
trouve quelques expressions risquées, comme, par
exemple, « les *abnégatives* et aristocratiques résigna-
tions de la duchesse de Langeais. »

Plus de vingt pages du livre sont consacrées à la bibliographie des œuvres de Balzac, tant de celles publiées que de celles projetées qui étaient tout aussi nombreuses Baschet est un admirateur sincère et sans réserve de Balzac :

« Profond par la pensée, confiant dans son œuvre, Honoré de Balzac est un des plus grands esprits littéraires du XIXᵉ siècle. . . . .

« Ce qui est fait dans la *Comédie humaine*, les chants qu'on peut compter dans ce poème, les assises qui se détachent de l'édifice, les cariatides qui le soutiennent, grandissent assez l'œuvre pour dire ce qu'était le génie du maître.

« Que d'autres d'ailleurs aussi impétueusement frappés dans ce qu'ils édifiaient ! M. de Balzac ne fut pas le seul terrassé ainsi par la main gauche du Dieu fatal. J'en appelle aux Vinci, à Raphaël, à Chenier, à Byron, à Molière....., à tous ceux, frères de Moïse, qui, pareils au vieux prophète étendu mourant sur les versants de la montagne, n'ont pu voir que dans les lointains les gazons verts de Chanaan..... le pays rêvé, la contrée favorite, image de la réalisation du rêve. (A. B.). »

On voit que le style de notre auteur devient lyrique — nous allions dire emphatique — lorsqu'il s'agit de glorifier son personnage.

Voici un passage où il exprime probablement ses propres impressions, tout en les attribuant à Balzac :

« Contemplez la foule des grands esprits *dès la petite jeunesse* de leur œuvre : quelles rêveries ! quels rêves ! quels projets ! quelles vues d'avenir ! et pendant que sous la pression du premier courage, ils pensent et méditent avec une sève toute-puissante, songez de combien de flatteuses chansons ils doivent charmer, les uns leurs plumes, les autres leurs pinceaux ! Le jour où l'homme de génie voit *l'enfant de son cerveau* ouvrir l'œil et regarder, plein de vie et de chaleur, le soleil qui le doit éclairer, n'est-il pas le jour de la plus magnifique sensation ! »

Abordant la question du rôle que Balzac fait jouer aux femmes dans la *Comédie humaine*, Baschet s'exprime ainsi :

« La société, compliquée ainsi qu'elle l'est au XIXe siècle, présente à son peintre d'extrêmes difficultés sous le rapport des *ménagements* lumineux..... La femme, dans le cercle social français. joue le plus grand rôle, mais ce rôle est secret ; c'est ce qui explique l'influence si caractéristique de la *vie intime* sur la *vie publique*.

« Combien de désastres ont eu pour principe soit une moue féminine, soit une crise nerveuse, soit un coup-d'œil lancé avec audace et adresse ! Combien d'orages bouleversent de grandes machines administratives, dont la cause est une femme qui peut-être, à l'heure où tout se remue selon son rêve, est posée devant la glace d'un boudoir, se coquettant les cheveux et combinant de provocantes allures ! La femme qui, dans la comédie de ce monde, pourrait, d'après les apparences, ne sembler qu'un personnage secondaire et simplement comparse, me représente un foyer d'où partent soit des lueurs soit des rayons. L'homme s'agite, la femme le mène ! C'est ce qu'il faut comprendre, c'est ce qui ne peut souffrir de débat contradictoire. Il serait facile de prouver que de grands mouvements politiques sont souvent dûs aux habiletés, aux élans et aux stratégiques menées d'une femme, dont la passion est plus ou moins vraie, plus ou moins naturelle.

« Tout dans la vie se rapporte ou à l'intérêt, ou à la passion, ou au dévouement : ces trois mots disent tout, dévoilent tout, et sont la clef précieuse. Ce sont les lettres qui, selon qu'elles sont combinées, ouvrent la serrure secrète et révèlent les petitesses et les grandeurs du manège qui s'est tramé dans la maison. Il n'y a donc pas d'erreur à dire que la comédie humaine au XIXe siecle n'est que l'histoire de la vie intime — et j'étends ce mot jusqu'au sens le plus général. »

Rappelons-nous que c'est un philosophe de vingt ans qui écrit ceci, et si nous faisons quelques réserves relativement à la forme, nous ne pouvons refuser notre approbation à la pensée qui a guidé la plume.

Poursuivons :

« Balzac avait la jalousie d'un grand artiste ! c'était un artiste avec toutes les passions et les illusions habituelles ! Il aimait son œuvre.

« On a reproché à l'écrivain une immense abondance de style, un trop grand développement dans les détails, une sorte de complaisance souvent ridicule, à s'arrêter devant un futile objet, pour en décrire la couleur, le teint, la longueur, l'âge, les qualités, le but, la place ; on lui a fait observer combien il y avait de ce qu'on appelle *de la délayure* dans la phrase et de ce qu'on pourrait nommer aussi *de l'embonpoint* dans les mots. Je ne nie pas la justesse de certaines de ces critiques ; M. de Balzac commettait un peu l'erreur du parti pris et du système ; il prenait trop pour base le côté descriptif ; cette résolution d'être ainsi partout et en tout l'a jeté peut-être dans quelques errements ; quoiqu'il en soit, je défendrai vivement ce remarquable peintre, ce *voyant*, comme l'a appelé très spirituellement M. Philarète Chasles ; je le défendrai contre les amertumes d'une critique poussée trop loin par ceux qui l'ont soulevée, critique dont on a abusé et que chacun a répétée presque à plaisir. »

On a donné, en effet, à ses tableaux de la société le nom de *Musée Dupuytren*. Il est vrai qu'il a peint les scélérats de toute espèce : ceux du monde et ceux de la bohême, ceux du bagne et ceux de l'espionnage, ceux de la banque et ceux de la politique. Mais, répond Baschet :

> « M. de Balzac ayant donné pour titre à son œuvre *la Comédie humaine*, était d'accord avec lui-même en n'omettant ni Vautrin, ni les filles du père Goriot, ni Grandet, ni le général Hulot, ni Philippe Bridau, ni Gobseck, ni Rastignac, ni madame Marneffe, ni Dutillet, ni Nucingen. Le malheur veut qu'il n'y ait pas chez l'homme que de la candeur et de l'innocence. »

Il fait une analyse à vol d'oiseau des œuvres de Balzac, en commençant par la *Physiologie du mariage* :

> « Balzac débute ouvertement, sans fausse allure, dans la *Physiologie du mariage*. Plein d'une confiance hardie, mais nullement téméraire, il arrive diaboliquement avec *Pantagruel* dans une main et l'*Ecole des femmes* dans l'autre. C'est là son emblême !

> « L'origine de la *Physiologie du mariage* est assez curieuse : c'est à un mot criminel qu'est dû l'ouvrage. Balzac, que la nature de son esprit a toujours porté vers une appréciation peut-être souvent trop minutieuse des choses, qui dans un objet découvrait un monde, dans une ligne des volumes, dans trois syllabes toute une science, arrête un jour son esprit sur le mot : *Adultère !* C'était au temps de ses études de droit français :

> « Immense dans le code, jamais ce mot n'apparessait à son imagination sans traîner à sa suite un lugubre cortège. Les larmes, la honte, la haine, la terreur, des crimes secrets, de sanglantes guerres, des familles sans chef se personnifiaient devant lui et se dressaient soudain quand il lisait le mot : *Adultère !*

« Ainsi ce serait d'après une observation sentimentalement rêveuse, philosophique à la manière de Novalis, qu'aurait été écrite cette œuvre de haute et savante raillerie : c'était du reste ainsi que procédait le curé de Meudon, le bon curé de grande mémoire ! »

Qu'on nous permette ici un souvenir rétrospectif. Lorsque parut la *Physiologie du mariage*, en 1830, nous étions élève de troisième au vieux collège de Vendôme et nous couchions dans une cellule grillée — qu'on appelait alcôve — à l'intérieur de laquelle était sculpté dans le bois, avec la pointe d'un canif, le nom de Balzac. 1813.

C'était là, en effet, que Balzac avait fait ses premiers rêves d'avenir, dix-sept ans auparavant. (1)

Aussi lorsque le nom gravé derrière la porte de l'alcôve brilla sur la couverture jaune d'un livre exposé à l'étalage d'un libraire de la ville, un conciliabule eut lieu dans la division des *Grands*, à l'effet de chercher le moyen de faire pénétrer *intrà muros* ce livre écrit par un ancien vendômois et portant un titre si *alléchant*. Voilà où en étaient les collégiens de 1830. Ceux d'aujourd'hui sont-ils bien différents ? Un maître d'étude fut circonvenu et — comptant sans doute lire le volume à son tour — nous l'apporta dès le lendemain. Dans l'intervalle on avait tiré au sort pour régler l'ordre de succession des lecteurs. Inutile de dire que l'enthousiasme qui inspira A. Baschet, vingt

(1) Quatre Blésois se sont trouvés en même temps que Balzac au collège de Vendôme : M. Lemaignen-Barault, âgé aujourd'hui de 80 ans ; M. Poulvé, mort depuis plus de vingt ans déjà (1865) ; M. de Périgny, mort en 1886, et M. Asselin, qui termina ses études à Pontlevoy. M. Dufaure, de la Charente-Inférieure, (qui fut un grand politique), amené au collège de Vendôme en 1810, à l'âge de 12 ans, y commença aussi ses études trois ans avant que Balzac n'en sortit.

ans plus tard, nous eût semblé de l'indifférence et de la froideur.

Deux ans après parut *Louis Lambert*, qui ne nous intéressa que parce que Balzac y faisait son autobiographie de collégien vendômois et que certains incidents se passent dans le département de Loir-et-Cher ; les rêveries mystiques de *Louis Lambert* paraissaient obscures à de simples rhétoriciens.

Mais revenons aux appréciations de Baschet sur la *Comédie humaine* :

> « Le *Lys dans la Vallée* est une admirable étude de l'amour platonique parvenu à ses derniers élans. Rien n'est plus harmonieusement fini que l'analyse de l'âme adolescente s'ouvrant aux premiers mouvements du plus pur amour, concentré sur une femme déjà mère, mais encore jeune. L'exaltation lyrique, le délire de l'âme, le voyage de l'imagination dans des sphères idéales, toutes les phases de voluptés suprêmes que donne la contemplation de la personne aimée, tous les symptômes enfin particuliers au platonisme dans l'amour y sont exprimés, dépeints, analysés avec cette sorte d'attention que le médecin dépense pour un cas morbide aussi rare qu'étrange. »

Ce cas morbide est-il réellement si rare et si étrange ? S'il semble ainsi, n'est-ce pas parce qu'il se cache ?

Mais passons, et laissant dans les nuages les *Etudes phylosophiques*, comme *La peau de chagrin*, *La recherche de l'absolu*, *Séraphita*... etc, arrivons à l'une des créations les mieux réussies de Balzac : *La femme de trente ans*.

> « Depuis Madame d'Aiglemont, écrit Baschet, que de charmes ne furent pas découverts chez les femmes

de trente ans ? M. de Balzac, tout le premier, loin de se lasser de les mettre à l'étude, prenait bonheur à en créer de nouvelles, à les mettre dans les demi-jours les plus favorables, les plus exquis. Il les étoffa de riens aimables, il les remplit de capricieux sentiments et de fantasques idées, choses si bien faites pour plaire quand elles sont bien décrites. On prit d'autant plus au sérieux ces tableaux physiques que l'artiste semblait mettre à l'exécution de ses pages une conscience de savant : voyez quelle habileté et quelle sûreté d'esprit ! M. de Balzac, en effet, négligeait rarement d'accompagner ses portraits de femmes de quelques sentences tout à la fois romanesques et prises à la philosophie médicale. Il entrait dans tels détails, il s'ouvrait des portes si dérobées avec une telle aisance de distinction et de sérieux que ses devises sur les délicates questions féminines prenaient force de loi. Il y eut un moment où ce fut la mode d'être femme de trente ans. Les très jeunes femmes se plaignirent, se trouvèrent dolentes et incomprises ; elles aspirèrent à perdre la suave fraîcheur de leur âge, pour gagner en pâleur et en mélancolie. On s'habilla, on se coiffa à la femme de trente ans. »

Ceux qui avaient vingt-cinq ans en 1830 ne contesteront pas la vérité de cette observation.

Encore un coup de pinceau au portrait de l'écrivain tourangeau :

« M. de Balzac est arrivé à la perfection des peintres flamands pour le fini de ses tableaux : chose assez curieuse, il use plus fréquemment de sobriété et par cela même d'exactitude dans les esquisses des choses de la vie intime que dans un portrait ou un type. S'il lui arrive de raconter la maison avant l'habitant, on devine à coup sûr l'âme qui doit l'animer et quel souffle l'agite.

« Parle-t-il d'un bureau d'employés au ministère, des habitudes privées de la ville d'Issoudun, d'un whist hebdomadaire chez une marquise de vieille roche, du boudoir d'une lorette, de la chambre d'un gendelettre, du salon d'une actrice, d'une boutique et entr'autres de celle de la *Maison du chat qui pelote*, il en observe toutes les proportions descriptives avec une admirable justesse. Il y a de l'érudition dans sa science des intérieurs, il n'y a jamais de pédantisme. M. de Balzac eut constamment horreur de ce défaut. (A. B.). »

Théophile Gautier a raconté à Baschet un détail assez comique sur l'habitude qu'avait Balzac de tout classer : l'un des rayons de sa bibliothèque était consacré à la kyrielle de ses œuvres. Des reliures de couleurs variées distinguaient les ouvrages. Quand on suivait depuis le *Dernier chouan*, par exemple, jusqu'aux *Contes drôlatiques*, l'œil était ébloui par les teintes d'un maroquin rouge soutenu ; aussitôt après les *Contes drôlatiques* apparaissait, seul de son espèce et fort d'embonpoint, un volume tout relié en noir, privé de dorures et de reliefs, orné seulement d'un titre, — lequel était celui-ci : *Comptes mélancoliques*. C'était un manuscrit, qu'on aurait pu classer dans l'œuvre général sous le nom de *Scènes de la vie de Dépenses ;* amas de notes et de factures, quelques-unes payées, d'autres à payer — hélas ! Il serait étonnant que les *Comptes mélancoliques* n'eûssent rempli qu'un seul volume, car Balzac était un homme d'affaires qui, dans l'espoir d'acquérir la fortune colossale qu'il jugeait indispensable aux artistes et aux hommes de lettres, se livrait à des spéculations de toutes sortes. On sait que ce n'est que fort tard qu'il arriva à une aisance relative, malgré un travail incessant de jour et de nuit qui n'a pas peu contribué sans doute à abréger ses jours (1).

Quiconque savait lire, de 1830 à 1850, a lu avec avidité les œuvres du chef de l'école réaliste moderne. Lamartine, Victor Hugo, Léon Gozlan, Sainte-Beuve, Gérard de Nerval Th. Gautier, Champfleury, Louis Ulbach, Arsène Houssaye, — pourquoi n'ajouterions-nous pas Armand Baschet ? — ont chanté sa gloire ; et cependant, depuis une vingtaine d'années, les *jeunes* semblaient ignorer qu'il eût existé. Ou, si l'on en parlait, c'était pour tourner en ridicule la minutie de ses descriptions, qui n'étaient pas œuvre de peintre, mais inventaire de commissaire-priseur, ou pour citer quelques phrases emphatiques de ses compositions mystiques, ou enfin pour rire de certaines idées ou expressions — bizarres à la vérité, comme lorsqu'il s'aventure à dire que les bossus sont des anges et que eur bosse est *l'étui de leurs ailes.*

Mais la génération actuelle lui rend enfin justice et n'hésite pas à le regarder comme un maître et un précurseur. L'Académie française — qui ne lui ouvrit pas ses portes — se laisse aller à ce regain de juste admiration, et vient de proposer pour sujet du concours d'éloquence dont le prix sera décerné en 1888, une Etude sur l'œuvre d'Honoré de Balzac.

Le rapport de M. Camille Doucet à l'Académie peut déjà être considéré comme une approbation indirecte de l'enthousiasme de Baschet vis-à-vis de Balzac, à qui sa ville natale se prépare à élever une statue (2).

(1) Après la Révolution de février 1848, Balzac était allé en Russie et y avait fait un mariage riche.
Voir le récit de ses derniers moments dans le livre posthume de Victor Hugo : CHOSES VUES.
(2) Voir Annexe n° 6.

*
* *

LES ANNÉES DE VOYAGE. — A. Baschet avait 22 ans
lorsqu'il écrivit sous ce titre général un petit volume
auquel il donna comme nom de baptême, dit-il, celui
de : *De Sainte-Adresse à Bagnères-de-Luchon, itinéraire humoristique.*

Le style en est jeune, comme l'auteur, facile quoiqu'un peu prétentieux et visant à une certaine érudition littéraire.

Armand Baschet est *parisien* et n'avoue pas qu'il
est *blésois.* Lorsqu'il traverse sa ville natale, au cours
de ce voyage, il en parle comme s'il la voyait pour la
première fois :

« Le lendemain, on me dit que j'étais à Blois,
petite ville sise entre Orléans, où l'on fait du vi-
naigre, et Tours où naquit Balzac. Blois est un
escalier ; les blésois passent le jour soit à le monter
soit à le descendre : ils n'y trouvent pas plaisir.
Hugo avait déjà dit :

« *Montez à travers Blois cet escalier de rues*
« *Que n'inonde jamais la Loire au temps des crues..... »*

Cependant l'amour du pays prend notre voyageur ;
il faut montrer d'ailleurs qu'on connaît son histoire.
Aussi ajoute-t-il :

« La physionomie de Blois me plaît ; le château,
les souvenirs du quinzième et du seizième siècle, la
figure d'une Médicis ou d'un M. de Guise qui, de
temps à autre, vient se poser devant l'esprit, des
touffes de bois dans les lointains, deux ou trois
vieilles rues, le site, l'horizon du fleuve du côté de
la Touraine........ En bonne conscience, cette
ville est quelque chose. »

Suit une énumération des personnages historiques

qui ont habité le château, jusqu'à « Marot qui y chantait et Triboulet qui y faisait le mot. »

Puis, la bouderie humoristique reparaît :

« Aujourd'hui qu'est devenu Blois ? Une ville agonisante. Peu d'habitants, pas de mouvement, pas de jeunesse. — On compte dans ses murs dix hommes aimables tout au plus et sept ou huit femmes gracieuses tout au moins..... »

Saluez, Messieurs ; faites la révérence, Mesdames. Quoi qu'il en soit, certains épisodes du voyage sont réellement et spirituellement comiques. Quelques descriptions ne manquent ni de poésie, ni de pittoresque, et, en somme, ce livre de jeunesse est d'une lecture agréable. Dans l'article nécrologique dont nous avons déjà parlé, M. Colonna-Ceccaldi l'apprécie d'une façon charmante :

« Petit livre plein de verve et d'humour ; c'était comme un écho prolongé de romantisme et de jeune France, un peu audacieux d'expression parfois, avec cette pointe de gaieté rabelaisienne due à ses origines de la Loire ; quelque chose, en tout cas, de sain, de jeune, de vivant, qui respirait une sympathique compréhension de la nature, l'*alma parens* qui préserve ou guérit de toutes les nervosités et de tous les pessimismes. »

Pour les Blésois qui ont connu M. Baschet, l'ancien Juge de paix, lequel se lamentait sur le dévergondage littéraire de son neveu, il est bon de se rappeler comment ce neveu parlait, — précisément dans ce petit volume — de l'oncle qui le maudissait :

« La caravane se composait de..... et d'un petit jeune homme (c'était lui-même) assez gai, riant beaucoup, et qui s'estimerait heureux sur terre s'il avait un oncle moins *brumeux* que celui qu'il a. »

Depuis lors, à l'oncle *brumeux* ce surnom fut conservé, ce qui ne fit que le rendre plus brumeux encore (1).

*
* *

En novembre 1854, Baschet donnait à la *Revue contemporaine* un article intitulé : *Gœthe et Werther*, qu'il publia l'année suivante en plaquette de 60 pages in-8º, sous le titre : *Origines de Werther*. Cette jolie bluette aurait pu être placée, comme le *Voyage humoristique*, dans la série des *Années de voyage*. On y ajouterait aussi le *Voyage en Dalmatie, en Albanie, au Monténégro* (1856), et même l'*Etude sur le prince Danilo*, parue dans la *Revue des Deux-Mondes* (2).

C'est, en effet, une excursion dans la vallée de la Lahn, au-delà du Rhin, qui remit sous les yeux de notre compatriote les lieux si poétiquement décrits par Gœthe et qui furent le théâtre de l'idyle dramatique de Werther.

Gœthe, à l'âge de 23 ans, avait quitté Francfort où résidait sa famille, pour aller s'isoler dans la petite ville de Wetzlar, afin d'y poursuivre tranquillement ses études........ ; mais une rencontre le mit en présence de Charlotte........

Relisez les amours de Werther, car c'est l'histoire de son propre cœur que Gœthe a écrite là. *Albert*

---

(1) Il nous revient en mémoire qu'Armand Baschet avait ainsi qualifié son oncle un jour que cet oncle avait déchiré, de ses propres mains, des affiches collées sur les murs de Blois, annonçant la publication d'un roman intitulé : *Les morts de l'esprit*, par ARMAND BASCHET. La famille réussit à empêcher cet ouvrage de sortir de l'imprimerie.

(2) Nous en parlerons plus loin, sans suivre l'ordre des dates de publication.

n'était autre qu'un *M. Kestner*, bourgeois de Wetzlar, fiancé à une demoiselle *Charlotte Buff*, qui devint sa femme, sans que fut rompue leur liaison amicale avec Gœthe, quoique tous deux connûssent l'attachement passionné qu'il avait conçu pour *Lolotte*.

La seconde partie du roman est calquée aussi sur un événement véritable : le suicide d'un compatriote de Kestner, — jeune pessimiste qui était secrétaire d'ambassade, portait le nom bizarre de *Jérusalem* et ne se doutait guère que le récit de sa folie la rendrait contagieuse, comme on l'a vu après la publication de Werther.

Au point de vue littéraire, cette nouvelle œuvre de Baschet montre un progrès sensible sur les précédentes. Son sujet l inspire et en parlant du grand poète allemand, il subit la contagion de la poésie.

On le verra tout autre dans ses études historiques où le *positif* et le documentaire joueront le principal rôle.

*
* *

Nous commencerons l'analyse des travaux vénitiens de Baschet par celle d'un volume qui n'a été publié qu'en 1870, mais qui peut être considéré comme une espèce d'introduction à ses précédents ouvrages, — no·tamment à celui de 1862 : *La Diplomatie vénitienne et les Princes de l'Europe au seizième siècle*. Dans le volume de 1870, *Les Archives de Venise*, Baschet fait un tableau très instructif de la *Chancellerie secrète, du Conseil des Dix et des Inquisiteurs d'Etat*, et fait . connaître les sources fécondes auxquelles il a puisé si abondamment déjà, et où il se propose de chercher de nouveaux documents pour des études ultérieures dont les sujets étaient d'avance arrêtés dans son esprit : *Les*

Audiences de Catherine de Médicis, les Œuvres se-
crètes du Conseil des Dix, l'Emprunt de la France
à Venise sous Charles IX, Henri III à Venise (1),
Guise, Sixte-Quint et Philippe II d'après les Véni-
tiens, Henri IV et la République sérénissime, les
Princes de l'Europe au XVIIᵉ siècle, et enfin les *Au-*
diences et les Conversations politiques du Cardinal de
Richelieu, ouvrages que la multiplicité de ses occupa-
tions ne lui a pas permis de publier. Disons cependant
qu'au sujet de Richelieu le hasard lui a mis un jour
sous les yeux un manuscrit de ce grand politique dont
il n'a pas manqué de prendre copie et sur lequel nous
reviendrons plus loin.

Les Archives de Venise avaient pour Directeur
M. le Commandeur Tommaseo Gar, érudit de premier
ordre dont les conseils ont été d'une grande utilité à
Baschet. C'est à lui que notre ami dédie son livre, en
témoignage de sa reconnaissance (2). Il exprime en
outre ses sentiments de gratitude envers les Directeurs
des Archives de Florence, de Mantoue, de Parme, de
Modène et de Milan, et rend hommage à la courtoisie
de la Grande-Bretagne qui lui a permis de puiser à

(1) La réception d'Henri III à Venise a été magistralement
décrite par M. Ch. Yriarte, dans l'ouvrage que nous avons déjà
signalé.

Notons en passant les autres œuvres de M. Charles Yriarte :
BOSNIE ET HERZÉGOVINE, *souvenirs de voyage*. 1876.
VENISE, in-4°, avec gravures. 1877.
LES BORDS DE L'ADRIATIQUE ET LE MONTÉNÉGRO, avec gravures.
1877.
De plus, M. Yriarte s'est fait connaître comme artiste de talent
aux Expositions de 1867-1868.

(2) *Les Archives de Venise.* HISTOIRE DE LA CHANCELLERIE
SECRÈTE. *Le Sénat, le Cabinet des Ministres, le Conseil des*
Dix et les Inquisiteurs d'État dans leurs rapports avec la
France, d'après des recherches faites aux sources originales,
pour servir à l'étude de l'histoire de la politique et de la
diplomatie, par ARMAND BASCHET. Grand in-8°, VI — 708 pages.
Paris, Henri Plon, Imprimeur-Éditeur. 1870.

Londres, dans la *Correspondance diplomatique anglaise*, des renseignements précieux sur les mœurs politiques et privées de la Sérénissime République.

Pénétrons, d'après les indications de notre compatriote, dans le pittoresque et immense cloître de *Sainte-Marie-Glorieuse des Frères mineurs*, où sont rassemb'és tous les papiers d'Etat qui ont échappé à neuf ou dix incendies : Délibérations des Conseils, Traités de paix et d'alliance, Correspondances et Relations des Ambassadeurs de cette République dont la durée fut de quatorze siècles, — de l'an 421 jusqu'au Traité de Campo-Formio (1797), par lequel elle fut déclarée province autrichienne.

Nous n'avons pas besoin d'autorisation spéciale si nous nous bornons à *parcourir* les 264 salles consacrées aux Archives, mais une boussole ne serait pas inutile pour nous diriger à travers cet enchevêtrement de pièces, quoiqu'elles soient numérotées (1). Il n'en était pas de même — jadis — pour ceux qui avaient à consulter des documents, car la Direction ne se prêtait qu'avec regret à la curiosité des chercheurs. Une trentaine d'autorisations seulement avaient été accordées à des historiens de diverses nationalités, lorsqu'en 1841 notre compatriote d'origine, M. Eugène de Rozière, aujourd'hui Sénateur de la Lozère, se trouvant en Italie, et ayant appris que l'Académie des Inscriptions et Belles-Lettres — dont il est membre actuellement —

---

(1) On trouve dans le numéro du 29 août 1868 du *Monde Illustré* une description détaillée de l'ancien Monastère de Santa-Maria-Gloriosa dei Frari, par A. Baschet. On y voit que les 264 salles contiennent, pour la partie antérieure à 1797, cent-vingt-et-une archives, comprenant 100.752 cartons et registres, et pour la partie moderne cent-dix autres archives, comprenant 102.462 cartons et registres ; qu'enfin, pour les documents sur parchemin en feuilles détachées, il en a été reconnu 52.878.

venait de proposer pour sujet de prix l'*Histoire de l'Ile de Chypre, sous la dynastie des Lusignan*, résolut de prendre part au concours. Il voyageait avec un ami, le Docteur Théophile Roussel, maintenant Sénateur de la Lozère comme lui, lequel en traversant la Lombardie, conçut la première idée de ses recherches sur la *Pellagre*, et qui fut son collaborateur pour la rédaction du Mémoire en réponse au programme de l'Académie. Les Archives de Venise pouvaient leur fournir de précieux documents : ils coururent frapper à la porte des *Frari*. « Mais, à cette époque, cette porte ne s'ouvrait qu'avec une permission de Vienne ; un homme qui avait réussi à pénétrer dans les Archives de Venise était considéré dans le monde des savants comme un privilégié ; on se le montrait et on l'enviait. » (1).

La réponse de Vienne se fit attendre un mois. L'autorisation accordée rejoignit nos voyageurs au moment où ils arrivaient à Rome. Ils purent cependant obtenir par correspondance quelques communications importantes et leur Mémoire remporta le prix.

En 1845, M. Paul de Musset, chargé par M. de Salvandy, Ministre de l'Instruction publique, d'une mission analogue à celle qui fut confiée plus tard à Armand Baschet, rencontra des obstacles dont il ne put triompher qu'à force de persévérance et d'opiniâtreté.

Pourtant, en 1850, les portes s'ouvrirent plus facilement. M. Rawdon Brown put obtenir communication des textes diplomatiques relatifs à l'Histoire d'Angleterre, et il passa là quinze années à recueillir

(1) **Extrait d'une lettre de M. de Rozière.**

des documents qui ont été publiés par le *Record Office*, ou Archives nationales anglaises.

*
* *

C'est en août 1855 qu'Armand Baschet fut libéralement autorisé à examiner les différentes séries de la Chancellerie secrète d'abord, du Conseil des Dix ensuite et, en dernier lieu, des Inquisiteurs d'Etat ; et voici comment il obtint cette faveur.

M. Fortoul, Ministre de l'Instruction publique, avait, par un Arrêté du 22 mars précédent, chargé Baschet d'une mission littéraire en Allemagne et en Autriche.

Il débuta par Spire Worms, Mayence, Bonn, Dusseldorf, Hanovre, Brunswick, explorant les bibliothèques publiques, secouant la poussière des vieux parchemins ; arriva à Gœttingue, dont la célèbre Université excita son plus vif intérêt, et fit route pour Weymar, où il fut pendant quelques semaines l'hôte d'un grand artiste — qui ne lui a survécu que quelques mois — Frantz Listz. De là il gagna Cobourg, Bamberg, Magdebourg et enfin Berlin. Dix jours après, il traversait Prague et arrivait à Vienne où, l'année précédente, revenant d'une simple excursion de touriste au lac de Côme, il avait rencontré MM. Feuillet de Conches et Mérimée.

Plus d'une fois Baschet nous a exprimé la joie qu'il éprouva en découvrant dans la Bibliothèque de la *Burg*, à Vienne, un bel in-folio en magnifique parchemin, contenant le *Catalogue des livres composant la bibliothèque du roi François Ier en son Château de Blois*. Quel sujet de curiosité pour un Blésois ! Nous en donnons la copie aux Annexes (1). Mais une chance plus heureuse attendait notre voyageur.

M. de Bourqueney était alors ambassadeur de France à Vienne. Baschet ne manqua pas de se présenter à sa villa de Hitzing, où il reçut le plus gracieux accueil. Comment en eût-il été autrement ? Mme de Bourqueney appartenait à une famille blésoise dont le Dr Baschet était le médecin (2). Sur la recommandation de M. Drouyn de Lhuys, ministre des Affaires étrangères et depuis quelque temps propriétaire aux environs de Blois (3) — connaissant par conséquent Baschet père, — M. de Bourquency se fit le protecteur d'Armand, l'encouragea dans le projet que ce dernier lui manifesta de visiter les Archives de Venise, et obtint pour lui du ministre de l'Intérieur autrichien, M. de Bach, l'autorisation nécessaire. (La Vénétie appartenait encore à l'Autriche.)

Voilà donc Armand Baschet installé dans les vastes salles du cloître des *Frari*. Laissons-le dire lui-même ce qu'il y fit :

> « Dans l'intervalle du mois d'août 1855 à la fin de mars 1856, je fis ainsi l'étude, — je puis dire jour par jour — des faits et des personnes de la Cour de France, par la lecture attentive et annotée des dépêches excellentes de ces sages et prudents observateurs vénitiens (les ambassadeurs), depuis le

(1) Voir Annexe n° 7.

(2) M. le Baron de Bourqueney, alors ambassadeur près la Porte Ottomane, avait épousé en 1845, à l'âge de 44 ans, Mlle Alix-Charlotte-Camille-Fanny Leclerc de Juigné, âgée de 24 ans, qui mourut à Vienne, le 31 octobre 1858.

M. de Juigné père, ancien préfet, est mort à Blois, le 15 novembre 1871, à l'âge de 88 ans. Il était veuf depuis peu de temps.

(3) M Drouin de Lhuys avait acheté en 1851 une propriété nommée *la Gendronnière*, située près de Fresne, canton de Contres (Loir-et-Cher).

temps où Catherine de Médicis apparaît dans les négociations jusqu'à l'époque de la mort du Roi son troisième fils. Aux heures où les Archives étaient fermées, en de certains jours, je hantais la Bibliothèque de Saint-Marc, où de grandes choses sont aussi amassées pour éveiller, nourrir et charmer la curiosité. Je m'engageai dans l'examen attentif des Diarii (notes quotidiennes) de Marin Sanudo, signalés à l'histoire par M. Rawdon Brown, et qui comprennent la période politique si remplie, si active, pour l'Italie et la France, depuis 1494 jusqu'en septembre 1533.

« Par cet emploi de mon temps, j'acquis rapidement la connaissance familière des anciennes coutumes, des expressions et formules en usage dans la vie politique de Venise sérénissime. Je m'initiai à ce que je pourrais appeler la *science* de ses magistratures, science indispensable à **tout** curieux qui voudra profiter autrement qu'en passant, et pour ainsi parler, à vol d'oiseau, des amas de manuscrits réunis aux *Frari*. Les papiers du séminaire de la *Salute* et les manuscrits du Musée *Correr* me furent aussi communiqués. Cicogna, Sagredo, Lazari, Rawdon Brown (les rares *studiosi*, numismates et historiens que Baschet trouva installés avant lui au dépouillement des volumes, liasses et cartons) m'honoraient de leur amitié bienveillante, et soutenaient par la perfection et l'érudition de leurs conseils les premiers efforts et les tendances avouées de mon goût pour étudier et manifester l'histoire par l'usage presque exclusif des documents diplomatiques (1). Ce fut mon année

(1) MM. Cicogna, Sagredo et Lazari faisaient aux Archives de Venise, pour ce qui avait rapport aux Cours de Rome, de Constantinople et d'Espagne, les mêmes recherches que MM. Rawdon, Brown et Baschet pour ce qui regardait l'Angleterre et la France. Le chevalier Emmanuele Antonio Cicogna est mort à Venise le 22 février 1868, dans sa 79ᵉ année. A. Baschet lui a consacré un article nécrologique dans le numéro de la " Gazette de Venise " du 10 avril suivant (*Feuilleton*). Nous en donnons **un** extrait..... Annexe nᵒ 8.

d'école vénitienne. Le cours en fut interrompu au printemps de 1856 par une absence de plusieurs mois en des pays qui, bien qu'européens, sont rarement explorés. Je visitai la Dalmatie, l'Épire, la Macédoine, la Thessalie, et revins par le Montenegro et l'ancien territoire des Uscoques. Venise, dans ses grands jours et avant l'invasion du Turc, avait dominé sur ces contrées, postes avancés du monde oriental qu'elle regardait et qui la regardait sans cesse.

« Avec la fin de juin, je retrouvai libre la même place que j'avais occupée auparavant dans la *camera di studio*. Ayant terminé l'examen des dépêches de France sous les Valois, j'entrepris celui des dépêches venues du même royaume sous le Bourbon. Les affaires de Henri IV avec Venise jusqu'au traité de Vervins, surtout celles qui furent traitées pour lui en Cour de Rome par les Vénitiens avant son couronnement, et par lui pour les Vénitiens, en la même Cour, à l'époque de leur différend avec le Saint-Siège, sont choses absolument neuves en histoire. Il y avait en cela matière à une campagne d'érudition politique, sillonnée de pièces très nombreuses. Elle m'occupa tout l'automne. »

Une conversation avec l'Empereur d'Autriche, qui visitait un jour les Archives, ne contribua pas peu à faire ouvrir pour Baschet les armoires les plus secrètes.

L'occasion se présente de dire un mot de cette excursion au Montenegro dont notre ami parlait tout à l'heure. Il en a raconté un épisode comique dans la *Revue des Deux Mondes*, livraison du 1er octobre 1856, sous le titre : *Une visite au prince Danilo.*

Au mois d'avril, Baschet quittait Scutari, en compagnie du Consul de France qui se rendait auprès du

Prince du Montenegro. Après avoir traversé le lac, notre voyageur arrive à Rieka, première ville monténégrine, où il reçoit l'hospitalité chez un Sénateur qui, avec toute sorte de bonne grâce, lui présente « une gousse d'ail pour tout rôti, et un morceau de fromage pour tout supplément. » Aussi se trouvait-il dans les meilleures conditions, le lendemain, pour faire honneur au dîner du Prince Danilo, que sa femme, appartenant à une riche famille de Trieste, avait initié aux usages occidentaux. Baschet a oublié de nous donner le menu de ce repas, tant il fut ébloui par le costume de son hôte :

> « Sa veste de dessous était rouge, fermée à l'épaule par une agrafe et toute brodée de l'or le plus fin. Le reste du costume était blanc. Ses pistolets d'argent repoussé et incrusté de pierreries brillaient à sa ceinture. Le seul détail qui ne fut pas suffisamment national était une paire de gants *paille* qu'il avait cru devoir mettre par raison d'étiquette. »

La princesse portait une robe noire à la mode française — moins la crinoline (1856).

La conversation roula sur la *question d'Orient*, bien entendu, et sur la haine réciproque des Turcs et des Monténégrins. « Il y a 400 ans que le Turc tient pour heureux l'instant où il a tué un Monténégrin ; il y a 400 ans que le Monténégrin tient pour sacrée l'arme qui a tranché la tête d'un Turc. »

* *

Pendant la troisième année d'un séjour presque ininterrompu à Venise, Armand Baschet a publié un Mémoire, sorte d' « atrium » de son œuvre historique sous le titre : *Souvenir d'une mission. Les Archives de la Sérénissime République de Venise* (1), brochure devenue fort rare, où l'auteur, avant d'aborder l'histoire des relations extérieures de la République, fait connaître Venise chez elle, donnant une analyse rapide de ses principales magistratures, toujours d'après les documents des Archives.

Ainsi il y a des magistrats chargés de déterminer les dépenses à faire pour la réception des grands personnages ; celles nécessaires pour les frais de représentation des Ambassadeurs ; d'autres ont pour mission de réfréner le luxe, ou de surveiller la santé publique, ou de réprimer le blasphême, etc. Quant à la Jurisprudence qui, à la vérité, encourageait la dénonciation, ce n'était qu'après de nombreuses formalités qu'elle admettait les correspondances anonymes ou signées, et le jugement n'avait lieu qu'après enquête (2).

Les documents relatifs aux affaires extérieures ne se bornent pas aux *dépêches* des Ambassadeurs, mais comprennent encore les rapports — *relazioni* — lus devant le Sénat par les Ambassadeurs, à l'expiration de leur mission, véritable tableau de la Cour et de l'Etat qu'ils avaient dû observer et apprendre à

---

(1) *Souvenirs d'une mission. Les Archives de la Sérénissime République de Venise, par* M. ARMAND BASCHET, *envoyé en mission dans les Etats de l'Allemagne, dans l'Empire d'Autriche et dans le royaume Lombard-vénitien par S. E. le Ministre de l'Instruction publique.*

Grand in-8°, 112 pages. Venise, établissement typographique de Joseph Antonelli. 1857 (Paris, Amyot, Editeur).

(2) Une des magistratures les plus importantes était la *Quarantia* (la Quarantie), sorte de Commission élue et composée de quarante membres chargés de la sécurité publique : police, justice civile et creminelle.

Baschet, résumant les magistratures et emplois non politiques, en cite :

Douze pour la Justice, quatre pour la Législation, trois pour le Culte, dix-huit pour les Finances, six pour le Commerce, deux pour l'Agriculture, une pour l'Instruction publique, sept pour la Marine et la Guerre, sept pour l'Administration intérieure.

bien connaître pendant le temps de leur résidence.

Les *Dépêches* indiquent le cours graduel et journalier des événements, les récits immédiats des faits, les interprétations momentanées, les impressions subites, les conversations avec les Ministres, les audiences des princes, les anecdotes courantes.

Dans les *Relations* on trouve l'image méditée de la Cour, le tableau politique largement fait et judicieusement exposé des questions qui ont défrayé et animé l'esprit du Gouvernement pendant la durée de la mission de l'ambassadeur. On y voit les portraits fidèlement étudiés des chefs ainsi que l'attitude et les sentiments des peuples. Baschet résume ainsi cette différence caractéristique :

> « Dans les *dépêches*, l'ambassadeur est un narrateur esclave des circonstances ; dans sa *relation*, il est l'historien des hommes et des choses politiques et, selon la mesure du talent que lui a départi la nature ou qu'il a acquis par l'étude, il est aussi un artiste et un philosophe. »

Pour que Venise qui, réduite à elle-même, n'eût été qu'une place de commerce — importante il est vrai — soit devenue le centre d'un grand Etat, exerçant sur les affaires générales une influence parfois considérable, il lui a fallu suppléer à la force par une adresse toujours en éveil, par d'étonnantes combinaisons de mise en scène, par une prudence constante, une hardiesse opportune, enfin par l'ensemble harmonieux des plus hautes vertus diplomatiques. Aussi les Vénitiens avaient-ils compris qu'on n'improvise point des diplomates, et qu'il faut à un homme intelligent une étude très longue des affaires. La confiance de Venise ne se donnait pas plus à des gens dont le seul mérite était un grand nom qu'à des intrigants dont toute la valeur eût été une vaine faconde. Pour entrer dans la Chancellerie où l'Etat prenait non seulement ses diplomates, mais encore la plupart de ses hauts fonctionnaires, il fallait subir un examen des plus sérieux devant les chefs du Conseil des Dix et un Conseiller du Doge. Les hommes éminents de l'aristocratie vénitienne s'exerçaient dans leur jeunesse aux affaires d'Etat, et c'est ainsi que cette oligarchie a pu dominer la société pendant tant de siècles. Dès l'enfance leur éducation était dirigée de manière à leur donner une maturité précoce. On ne saurait donc être surpris de de la supériorité que la diplomatie vénitienne avait acquise sur toutes les Chancelleries de l'Europe. Les correspondances des ambassadeurs sont des modèles incomparables des qualités nécessaires à l'agent d'un gouvernement.

Rien n'échappe à ces investigateurs patients et perspicaces ; les détails intimes, les traits de mœurs, de caractère, le sens des événements les plus mystérieux comme des paroles les mieux voilées, sont étudiés, pénétrés, commentés avec une justesse merveilleuse, une puissance de déduction que rien ne trouble. Ces hommes savaient tout de leur métier ; placés au milieu d'une Cour étrangère qu'ils avaient mission d'observer, ils ne laissaient rien passer auprès d'eux sans se rendre un compte exact de la vraie valeur des choses, et il n'y avait pas un personnage de marque dont ils ne parvînssent en peu de temps à connaître le fort et le faible.

Et notez que l'Ambassadeur de la Sérénissime République ne se tenait pas enfermé dans sa résidence officielle, au siège du Gouvernement, mais qu'il suivait la Cour dans ses déplacements. Sous Louis XII, par exemple, il habite Blois plus que Paris. Le diplomate vénitien savait capter la confiance du souverain et de son premier ministre qui n'avaient pas de secrets pour lui. Il vivait dans la familiarité des hommes — et des femmes — d'Etat.

L'un d'eux, Andrea Gritti, racontant l'audience que lui a donnée François Ier, à Milan, peu de temps après le combat de Marignan, et peu de jours avant que ce prince se rendît à l'entrevue de Bologne avec le pape Léon, écrivait :

> « Sa Majesté s'est exprimée avec une telle confiance qu'on n'en saurait trouver une semblable de la part du plus intime ami. »

A Venise, c'était tout le contraire. Les ambassadeurs de France, comme ceux des autres pays, étaient tenus à l'écart. Il était interdit à tout patricien d'avoir aucune affinité ou aucun rapport social avec un représentant de Puissance étrangère. Les cérémonies publiques seules leur étaient accessibles. Il est vrai que nos ambassadeurs trouvaient dans les coutumes vénitiennes un moyen d'éluder la sévérité jalouse de cette sorte de bannissement sur place. C'était le masque, le petit manteau et le tricorne, qui faisaient que tout le monde se ressemblait et qui permettaient les rapprochements les plus compromettants, — si l'on n'eût pas été en carnaval. Or, il y avait deux saisons de carnaval, dont l'une durait des mois et l'autre des semaines. Combien de causeries prohibées, combien d'indiscrétions, combien d'informations intéressantes, pendant ces périodes de tolérance !

Les investigations d'Armand Baschet lui ont révélé

que les ambassadeurs vénitiens, outre leur correspondance ordinaire avec le Sénat, adressaient aussi des
dépêches au Conseil des Dix dans les circonstances
graves, lesquelles dépêches restaient souvent *secrètes*,
en tout ou en partie. Inutile de dire que les communications secrètes étaient chiffrées. A cet effet, il existait auprès du Conseil des Dix une Commission de
Secrétaires députés aux chiffres, chargés de la surveillance et du renouvellement de ces *inventions*, pour
dérouter le mieux possible la curiosité des Cabinets
étrangers et mettre en défaut l'habileté de ceux qui
s'exerçaient à en découvrir le secret dans l'intérêt des
ministres qu'ils servaient (1).

On sait que les *Inquisiteurs d'État* étaient les exécuteurs des arrêts prononcés par le Conseil des Dix.
Ils avaient des espions parmi les patriciens même et en
entretenaient à l'étranger. Leur ministère a toujours
été considéré avec terreur. Le plus absolu mystère dominait en sa procédure. Baschet a découvert dans
leurs Archives un document qui fait supposer que les
Inquisiteurs d'Etat avaient été renseignés sur le personnage désigné sous le nom de Masque de fer. Les
curieux y feront ample moisson.

Mais quelle était l'organisation *politique* de la République vénitienne ? Très démocratique à l'origine,
la Constitution devint, à la fin du XIIIe siècle, abso-

---

(1) Un certain nombre de dépêches d'ambassadeurs vénitiens
— précisément les plus intéressantes — contiennent des passages
chiffrés qui n'avaient pu être compris lorsqu'un employé des
Archives, M. Luigi Pasini, employa toute sa patience et son intelligence à rechercher le chiffre depuis longtemps oublié et y
réussit complètement, pendant le séjour de Baschet à Venise.

lument aristocratique, tout en restant dominée par le patriotisme le plus ardent.

Le *Grand Conseil* (*maggior Consiglio*) comprenait toute la noblesse ; le nombre de ses membres était donc variable ; il a toujours été au moins de douze-cent-cinquante. Tous les pouvoirs émanaient de lui. Il choisissait dans son sein les membres du Sénat, faisait les lois et nommait à toutes les magistratures de l'Etat, depuis celle de Doge, laissant cependant au Sénat l'élection des Ambassadeurs et des Ministres.

Le *Doge* n'était que la personnification de la Seigneurie Sérénissime En se soumettant au grand honneur qui lui était fait, il abdiquait toute initiative et toute liberté, et s'abandonnait à tous les soupçons jaloux, dissimulés sous les plus respectueuses apparences.

« Un vieillard illustre, chargé d'ans et de gloire, un nom vénéré, le souvenir vivant encore d'une grande victoire ou d'une négociation heureuse, une fin de carrière bien remplie, appuyée d'une haute naissance, et dont on peut même entrevoir le terme rapide à une assez courte échéance » : telles étaient les conditions qui paraissaient au *Grand Conseil* convenir le mieux à la dignité suprême ; (1) encore cette dignité pouvait-elle être retirée au Doge par le Sénat.

Le *Sénat* était, en réalité, une délégation du Grand Conseil qui en choisissait les membres dans son sein. Les sénateurs n'étaient élus que pour un an, mais rééligibles. Leur nombre était de soixante — lesquels siégeaient toujours — auxquels soixante autres étaient adjoints dans certains cas déterminés, et alors la réu-

(1) Ch. Yriarte. Ouvrage déjà cité.

nion des deux séries formait la *χonta*. Mais en outre, certaines magistratures donnaient à leurs titulaires le droit de siéger au Sénat, ce qui portait à trois cents environ le nombre des membres de cette Assemblée.

Le Sénat délibérait sur toutes les affaires d'ordre politique, financier, administratif ; il déclarait la guerre, débattait les traités, signait la paix. L'établissement d'impôts nouveaux était seul soumis à la ratification du Grand Conseil.

« Il était naturel que la grande variété des matières traitées dans le Sénat eût pour résultat une non moins grande variété d'écritures ; de là ces Archives importantes, proprement dites *del Senato*, et divisées en deux parts absolument distinctes, les unes secrètes, les autres non. » (A. B.).

Les Archives du Sénat comprennent diverses séries de papiers d'Etat.

Deux collections, *Terra* et *Mare*, renferment ce qui regarde les affaires de Terre ferme et les affaires maritimes. Les *libri pactorum*, ou *Patti* contiennent les Traités. Les *Commemoriali* forment un recueil de faits mémorables. Les *Registri secreti* renferment les *Deliberaχioni secreti* et leur *Rubricario generale*, ou sommaire général, dont la partie consacrée aux affaires extérieures prend le nom de *Corti* (les Cours). Une partie aussi n'est représentée que par les *Indici*, ou Répertoires. Enfin les *Dispacci* (Dépêches) et les *Felaχioni* (Relations), dont il a été parlé plus haut.

La première Dépêche dont le texte soit connu a été envoyée de Constantinople par l'ambassadeur Jacopo Tiepolo au Doge Pietro Zani, au mois de décembre 1219.

Le *Collegio* ou Cabinet des Ministres se composait de vingt-six membres :

Le *Doge*,

Les six *Conseillers du Doge* (élus, un par quartier).

Les trois *Chefs de la Quarantie criminelle* (les plus anciens de la *Quarantia*).

Les six *Sages Grands* (élus par le Sénat pour six mois).

Les cinq *Sages de Terre-ferme* (chargés des affaires de Guerre).

Les cinq *Sages aux Ordres* (jeunes nobles désirant s'instruire des affaires pour entrer dans les emplois. publics).

Les Archives du *Collegio* sont formées : des *Lettere del Collegio*, des *Commissioni* ou *Sindicati*, des *Rubricarii*, ou analyses sommaires des documents originaux, des *Esposizioni Principi*, ou narration des audiences données par les ministres aux ambassadeurs étrangers.

Le premier Ambassadeur de France qui ait laissé des traces à Venise est Geoffroy de Villehardouin (1199), député du Comte de Blois avec Jean de Friaise et Gautier de Gandouville. Baschet donne la liste des ambassadeurs français jusqu'au Directoire. Un certain nombre ne sont pas désignés par leur nom dans les *Esposizioni*, mais seulement comme *Envoyés de France*. Un grand nombre d'Evêques figurent sur cette liste.

Les Archives du Cabinet des Ministres contiennent encore les *Lettere Dominorum*, lettres des rois, princes, seigneurs et chefs d'Etat. Pour ce qui regarde la France, notre ami a compté : 2 lettres de Louis XII,

8 de François Ier, 2 de Henri II, 26 de Charles IX, 68 de Henri III, 23 de Catherine de Médicis, 82 de Henri IV, 25 de Marie de Médicis, 94 de Louis XIV, 65 de Louis XV, 23 de Louis XVI et 6 au nom de la République française.

Mais cette correspondance n'a d'intérêt que pour les amateurs d'autographes, ce sont pour la plupart des lettres d'introduction ou de recommandation.

*
* *

Le magnifique volume de 1862 a pour titre :

LA DIPLOMATIE VÉNITIENNE

LES PRINCES DE L'EUROPE AU XVIe SIÈCLE

François Ier. — Philippe II
Catherine de Médicis
Les Papes. — Les Sultans
etc., etc.

d'après les Rapports des Ambassadeurs vénitiens (1).

Il contient des *fac-simile* de nombreux autographes empruntés pour la plupart au Cabinet de M. Feuillet de Conches, si riche de curiosités artistiques et historiques, et se divise en trois parties.

La première est consacrée à *l'historique* des *Relazioni*, ou Rapports des ambassadeurs vénitiens, dont il a été question tout à l'heure.

La seconde a pour objet de mettre en relief les pages les plus intéressantes de ces documents relatives aux Cours d'Angleterre, d'Italie en général et de Rome en particulier, de Constantinople, d'Espagne, de toute l'Europe hormis la France.

---

(1) (Paris, H. Plon, grand in-8° de 616 pages, avec nombreux *fac-simile*).

La troisième a rapport à la France seule, à l'Etat et à la Cour de France, selon que les avaient vus et compris les regards intelligents, fins et pénétrants des Vénitiens.

Ce travail s'arrête au lendemain de la mort de Catherine de Médicis, l'auteur se réservant de publier plus tard l'appréciation d'Henri IV et de Richelieu par les ambassadeurs du XVIIe siècle.

Cette troisième partie est pour nous Français d'une importance considérable (1).

C'est au treizième siècle que fut promulgué le décret prescrivant à tous les ambassadeurs de la Sérénissime République de déposer par écrit, dans les quinze jours qui suivent leur retour, les réponses qui leur auront été faites pendant leur ambassade, ainsi que tout ce qu'ils auront noté et ce qu'ils auront entendu dire à l'honneur et dans l'intérêt de Venise. Mais, dit Baschet, « les premières marques de la célébrité acquise en dehors des Etats de la République par les *relations* des ambassadeurs de Venise remontent à cette époque vaillante où trois hommes, Léon X, Charles Quint et François Ier, donnèrent aux affaires du monde une impulsion si nouvelle par leurs luttes et par leurs instincts Il est certain qu'alors l'esprit politique changea de forme et agrandit singulièrement son cercle par le développement de ses moyens de raisonnement et de discussion ; ce fut le temps où la pensée prit un immense essor vers la liberté. Une chose et un homme l'encouragèrent singulièrement : l'imprimerie et Luther. »

Un nombre considérable de copies manuscrites des

(1) Voir Annexe n° 9.

relations avaient été faites pendant la première moitié du XVIe siècle. En 1589 seulement des *relazioni* furent imprimées et publiées sous le titre collectif de *Tesoro politico*, et il n'y a guère qu'un demi-siècle que ces documents historiques ont été appréciés à leur haute valeur. Cette publication n'a certainement pas été sans influence sur la création moderne du recueil connu sous le nom de *Collections de documents inédits de l'histoire de France*, sous l'inspiration de M. Guizot et avec la collaboration de Mignet, de Fauriel, de Champollion-Figeac, de Michelet, de Cousin, de Prosper-Mérimée, de Tommaseo, vénitien résidant en France, etc.

En même temps, un travail analogue se publiait à Florence, sous la direction de M. Eugenio Alberi, qu'on doit honorer à la fois comme homme de lettres, comme homme de science, comme historien et comme soldat.

La très grande importance des Archives de Florence a porté Baschet à décrire leur installation au palais des Offices dans un article publié par le *Courrier Franco-Italien* du 16 décembre 1858. Nous en reproduisons quelques passages aux Annexes (1).

En Belgique, les *Relazioni* ont fourni à M. Gachard les éléments d'un ouvrage remarquable sur Charles-Quint et Philippe II.

*
* *

Les *Relazioni* connues sur le royaume de la Grande-Bretagne pendant le seizième siècle sont des plus rares. Les ambassadeurs de Venise en Angleterre ont été peu nombreux. Celui dont les *Relations* ont laissé

(1) Voir Annexe n° 10.

les documents les plus précieux est Sebastian Giustinian, qui a fourni à M. Rawdon Brown la matière de son intéressant ouvrage : *Quatre années à la Cour de Henri VIII*. Les portraits du roi et de son ministre le Cardinal Wolsey — un Richelieu anglais — y sont peints avec un talent remarquable.

L'un de ses successeurs, Daniele Barbaro (1548), homme d'un esprit rompu aux sciences gouvernementales, eut peu à s'occuper du roi Edouard VI, encore trop jeune pour exciter les préoccupations politiques des ambassadeurs ; il tourna ses habitudes d'observation et étendit ses vues très larges sur le caractère des institutions du pays, rendant compte du mode d'administration de la justice, de la composition de l'armée, traçant un tableau exact de la marine, de la position des forteresses, fixant l'ordre d'hérédité dans les familles, décrivant l'institution des Parlements.....

Barbaro fut remplacé en 1551 par Giacomo Soranzo, lequel rapporte en ces termes devant le Sénat vénitien le programme qu'il s'était imposé :

« Par ordre de Votre Sérénité et de vos Illustrissimes Seigneuries, j'ai été envoyé comme Ambassadeur auprès du Sérénissime roi Edouard VI d'Angleterre ; et, après sa mort, j'ai été confirmé dans cette charge auprès de la Sérénissime reine Marie...

« Dans ce discours, je dirai les qualités de la Sérénissime reine, avec quelles difficultés elle est parvenue au trône, et en même temps je parlerai de ses parents les plus proches. J'exposerai ensuite sa puissance, les forces de terre et de mer, les revenus et les dépenses ; je présenterai son mode de gouvernement dans les choses de la religion et dans celles de l'Etat ; enfin, après avoir touché à quelques points de ses rapports de voisinage ou commerciaux avec les princes étrangers, je résilierai mes fonctions, selon le bon plaisir de Vos Seigneuries et mettrai fin à mon discours. »

Et ce programme, Soranzo le remplit avec honneur. Nous ne citerons pas dans ce sommaire rapide le portrait qu'il fait de Marie Tudor, mais nous ne pouvons résister au plaisir de reproduire sa description de la nation et des mœurs anglaises, tant elle est encore aujourd'hui, après plus de trois siècles, frappante d'exactitude et de vérité :

« Les Anglais, dit-il, sont d'une belle stature et d'une carnation blanche et rouge avec les yeux gris. Ils s'habillent chacun selon sa condition, à peu près comme partout ; le costume des hommes tient beaucoup du costume italien, et celui des femmes suit particulièrement la mode des Françaises. Les nobles sont par nature d'une grande courtoisie, surtout envers les étrangers. C'est le contraire dans le peuple, qui est plein d'orgueil et se montre très hostile à tout ce qui n'est pas Anglais, persuadé qu'il est que les avantages que tirent les marchands en dehors de son île sont autant de pertes pour lui........ Les nobles, sauf ceux qui ont des charges à la Cour, ont l'usage de ne point élire résidence dans les villes, mais d'habiter leurs châteaux, où ils font fort grande figure, en raison de l'abondance de leur table et de la quantité de leurs gens. Ils surpassent en cela toutes les nations, et pour prendre un exemple, entre autres, je citerai le comte de Pembroke, dont les gens, au nombre de plus de mille, sont tous vêtus à sa livrée. Dans leurs campagnes, ils se livrent aux chasses de toute sorte et à tout ce qui peut leur être de quelque agrément ; bref, ils s'y arrangent de manière à faire croire qu'ils n'ont d'autre but que celui de vivre allègrement........ Les Anglais ne se plaisent pas beaucoup au métier des armes, n'ayant aucun moyen de s'y exercer, sauf en temps de guerre ; la guerre finie, ils oublient manœuvres et discipline. Il faut cependant dire que dans tous les combats ils montrent un grand courage et dans les dangers beaucoup de présence d'esprit, mais il faut qu'il soient accompagnés d'un grand nombre de vivres ; et on reconnaît à cela qu'ils ne peuvent résister longtemps à la fatigue. »

A ce propos Baschet fait justement remarquer que, pendant la guerre de Crimée, les journaux de Londres et de Paris énonçaient sur les armées anglaises des opinions semblables à celles de Soranzo. L'abondance de leurs *impedimenta* mettait un obstacle continuel à leurs mouvements.

En 1554, arriva en Angleterre Giovanni Michieli, l'un des diplomates les plus actifs et les plus expérimentés du seizième siècle, et qui fut plusieurs fois ambassadeur en France Celui-ci fait, à son tour, le portrait de Marie Tudor, arrivée à l'âge de 43 ans, petite, maigre et délicate, montrant quelques rides résultant plutôt des tourments que des années, d'une instruction très étendue, habile aux travaux d'aiguille et musicienne de talent. Il la montre souvent emportée et dédaigneuse, mais forte dans l'adversité et courageuse devant le danger. Il fait ressortir l'énergie de sa foi, qui l'a poussée aux persécutions religieuses et lui a attiré la haine de ses peuples. Il dissèque même son sujet jusqu'à faire connaître au Sénat que « la reine a beaucoup à souffrir d'un engorgement utérin ; » seulement — il n'est pas médecin — il ne signale pas cette affection chronique comme une cause — la principale peut-être — de son caractère fantasque, qui l'a rendue jalouse de sa sœur Élisabeth et qui a éloigné d'elle son époux, plus tard Philippe II.

Puisque nous venons de nommer Elisabeth, plaçons ici le portrait que fait d'elle Michieli :

« Elle naquit, dit-il, en 1533, au mois de septembre ; elle vient donc d'atteindre à ses vingt-trois ans. Cette jeune fille passe pour être non moins belle d'esprit que de corps, bien que réellement on la puisse dire plus gracieuse que jolie, quant à la figure. Elle est grande et bien faite, d'une fort belle peau, bien qu'olivâtre ; elle a de beaux yeux, mais pardessus tout une belle main ; et, pour le dire en passant, elle fait profession de l'avoir belle. Elle est d'un esprit et d'une pénétration surprenants, et elle en a bien sû donner des preuves par la direction qu'elle a prise alors qu'elle était en butte aux soupçons et aux dangers dans lesquels elle s'est trouvée. Elle surpasse encore la reine dans la connaissance des langues ; outre la langue latine, en effet, elle sait passablement la langue grecque ; elle parle aussi l'italienne, — ce que ne fait pas la reine — et cette langue lui plaît tellement qu'avec les Italiens elle met son amour-propre à n'en pas vouloir parler d'autre. Elle est hautaine et altière ; et bien qu'elle se sache née d'une favorite, cependant elle ne s'estime pas moins que ne le fait la reine et ne se tient pas pour moins légitime........ »

Il est regrettable que la Cour d'Elisabeth, lorsqu'elle fut reine à son tour, n'ait point eu d'ambassadeur vénitien, dont la *Relation* eut permis de comparer la jeune fille de vingt-trois ans à la femme de quarante-huit ans. Nous l'aurions vue là ardente dans ses persécutions contre les catholiques comme sa sœur l'avait été contre les protestants : — tant il est vrai que la religion adoucit les mœurs.

Ici viendrait à sa place le portrait de Philippe, mari de la reine, image vivante de Charles-Quint, son père ;

mais Michieli déclare avec franchise ne l'avoir pas assez vu à l'œuvre pour pouvoir former sur lui un jugement bien profond.

Nous ne perdrons rien pour attendre, mais passons d'abord d'Angleterre en Italie, et commençons par la Toscane qui joua un si grand rôle à cette époque.

**
* **

L'Etat dont Florence était la brillante et séduisante capitale a été, dit notre auteur, l'objet de cinq *Relations*.

Marco Foscari et Antonio Suriano le décrivent pendant cette mouvante période qui suivit le troisième départ et précéda le troisième retour de la Maison de Médicis.

Après eux vint Capello, en 1529, qui fut un chroniqueur au jour le jour. Mais une des plus intéressantes *Relations* est celle de Vincenzo Fedeli, qui n'était pas Ambassadeur, mais simple résident, de l'ordre des Secrétaires, ce qui ne l'empêche pas de sculpter d'une plume habile la statue de Cosme Ier, qui fut la tige de cette seconde famille des Médicis, dont le gouvernement, tantôt médiocre, tantôt détestable, pesa sur la Toscane pendant deux siècles.

Baschet, analysant sa *Relation*, nous dit que Fedeli n'oublie aucun des traits qui contribuent à animer la statue de Médicis ; il nous montre ce prince dans ses créations, dans ses institutions, dans ses goûts, jusque dans cette officine où il demandait aux herbes rares et aux simples leurs secrets, comme aux alambics leur secours pour tromper la nature en inventant des métaux. Il nous dit aussi l'emploi d'une journée de Cosme Ier, cet homme qui positivement s'était com-

posé un rôle de souverain tout-à-fait personnel. Elève
de Machiavel, Cosme savait le besoin d'un tel rôle,
fait pour étonner les masses, toujours si faciles à se
laisser séduire par les dehors habiles d'un prestige qui,
s'il est artificiel, n'en est pas moins puissant.

Donnons un instant la parole au Secrétaire-Résident ;

> « Ce prince aime et estime les hommes d'art et
> d'habileté (*i virtuosi*) dans toutes les professions, et
> se plaît à toutes les branches des études ; il aime la
> sculpture et la peinture .... Il recherche les bijoux,
> les statues, les médailles anciennes........ Il fait
> écrire en langue toscane et latine l'histoire de son
> temps, et ordonne aussi que les commentaires de sa
> vie soient écrits dans l'une et l'autre langue par des
> hommes supérieurs........ »

Ce portrait a été complété plus tard par Priuli, envoyé en ambassade extraordinaire à Florence, à l'occasion du mariage du duc François, fils aîné de Cosme,
avec Jeanne d'Autriche, mariage dont est issue Catherine de Médicis.

Andrea Gussoni, ambassadeur chargé en 1576 de
porter à Florence les condoléances de la Sérénissime
République au sujet de la mort de Cosme, et ses compliments au duc François pour son avènement au
trône, ne manque pas de dépeindre le nouveau souverain, lequel, loin de consacrer son esprit aux choses de
la politique, comme l'avait fait son père, ne s'occupait
absolument que d'industrie artistique, inventant des
procédés pour fondre le cristal de roche, le verre, pour
imiter la porcelaine de l'Inde. Il prenait plaisir à fabriquer de faux bijoux, à composer des philtres destinés
à la guérison de toutes les maladies. Connaisseur en

peinture, en sculpture, en médailles, comme son père, il savait en outre préparer des feux d'artifice.

Ajoutons qu'il fut le fondateur de la fameuse galerie de Florence, le tyran de son peuple et le père de Catherine de Médicis, comme nous le disions tout à l'heure, laquelle hérita plutôt de son grand-père que de lui, au point de vue des aptitudes gouvernementales.

Nous ne nous arrêterons pas aux *Relazioni* concernant les duchés de Savoie, de Milan, de Ferrare, d'Urbin, de Mantoue, etc., etc.

* *

Transportons-nous à Rome et, chemin faisant, écoutons les observations préliminaires de Baschet :

« Le Pape, au quinzième et au seizième siècle, et jusqu'à la moitié du dix-septième, était en réalité le souverain duquel les intérêts publics et privés du gouvernement de Venise avaient le plus à redouter les volontés et les mécontentements. Rarement le souverain pontife, comme prince spirituel, comme potentat du monde catholique, eut beaucoup à se louer des procédés restrictifs de la politique vénitienne à son endroit. Ainsi l'éloignement constant du clergé dans les affaires publiques était une des lois fondamentales de la République........ Les ambassadeurs vénitiens avaient donc, entre tous les autres représentants des puissances à Rome, la position la plus difficile ; ils devaient, à force de souplesse, d'habileté et d'ingéniosité respectueuse, tempérer les susceptibilités papales, toujours si grandes et si promptes ; leurs ménagements et leurs façons d'être devaient varier à l'infini, car ils devaient en savoir user sans pour cela se montrer ni serviles ni arrogants. Que de fois la bonhomie la plus admirable et la mieux jouée leur a été utile ! Il n'y a donc pas lieu de s'étonner si les plus beaux et les plus remarquables documents écrits de la diplomatie vénitienne sont ceux qui ont reçu leurs inspirations des affaires romaines et des intrigues redoutables qui entouraient le Saint-Siège. »

Alexandre VI — un Borgia — occupait le trône pontifical lorsque Francesco Capello fut envoyé à sa Cour en qualité d'ambassadeur. Ce dernier raconte dans la forme la plus dramatique l'assassinat du roi de Naples, Don Alphonse d'Aragon, troisième mari de Lucrezia Borgia — fille du pape — par le Duc de Valentinois, son beau-frère -- fils du pape ; puis il ajoute :

« Une autre fois le duc tua, aux côtés même du Pape, Messer Pierrotto, si bien que le sang sauta à la face du pontife, de qui Messer Pierrotto était le favori. Il tua aussi son frère le duc de Candie, et, tué, il le fit jeter dans le Tibre ; .... et, chaque jour, dans Rome, il se trouve que la nuit on a tué quatre ou cinq seigneurs, évêques, prélats ou autres. C'est à ce point que Rome entière tremble à cause de ce même duc, chacun craignant pour sa vie..... »

Quant au pape, voici son esquisse en quelques lignes :

« Le pape a soixante-dix ans, mais il rajeunit tous les jours ; ses soucis et ses inquiétudes n'ont d'autre durée qu'une nuit ; il est d'une nature peu sérieuse et n'a de pensées que pour ses intérêts ; son ambition absolue est de faire grands ses enfants ; d'autres soins, il n'en a pas (*ne d'altro ha cura*). »

Il avait donc au moins le sentiment de la paternité. Compensation.

Plus tard, Léon X cherche aussi à pousser sa famille. L'ambassadeur Marin Giorgi parle de sa volonté de dépouiller le légitime duc d'Urbin de son duché, pour le donner à son propre neveu, Lorenzo de Médicis, — projet qu'il mit à exécution, malgré les supplications de son frère Julien. Celui-ci, en effet, au moment de son trépas, lui rappela les marques de bienveillance qu'il avait reçues de La Rovère lorsque lui-même avait dû fuir Florence :

« Julien suppliait le Pape de lui faire grâce, et sa Sainteté répondait seulement : *Julien, pense à guérir*, et jamais le pontife ne voulut donner cette promesse au moribond ; il ajouta : *ce n'est point le temps de parler de ces choses.* »

Léon X, à son avènement, avait dit à Julien :

« Profitons de la papauté, puisque Dieu nous l'a donnée. (*Godiamoci il papato, poichè Dio ci l'ha dato*). »

Là était vraiment sa mission, ajoute Baschet : jouir de la papauté dans toutes les aises de l'intelligence et les satisfactions du goût ; il n'était point politique et plutôt *Athénien* que catholique : Athènes d'abord, Jérusalem ensuite.

« Il est savant, dit Marco Minio, qui le vit en 1517, et ami des savants ; pas mauvais religieux, mais voulant vivre et se tenir dans les distractions et les divertissements, particulièrement ceux de la chasse. Il va souvent à la Magnana, son palais, à cinq milles de Rome, lieu des plus délectables. »

Dans la *Relazione* de Luigi Gradenigo on trouve l'emploi du temps de Léon X :

« Le pape dormait très tard, et quand il s'éveillait, le premier qui avait accès dans sa chambre était Giovan Matteo, secrétaire du cardinal de Médicis, auquel il expédiait les affaires importantes ; puis

entrait le Datario, pour questions de bénéfices ;
venaient ensuite les camériers, et il allait à la messe,
donnait audience, passait à table, puis jouait volontiers à la prime. Il faisait jeûne trois fois la se-
maine et mangeait une fois le jour, à vingt et une
heures ; le mercredi et le samedi, il mangeait *cose
quadragesimali ;* le vendredi, on ne lui servait que
des légumes, des fruits et des pâtes, et rien autre
chose ; il disait souvent, après avoir bu : *Un grand
verre fait bien répondre, donnez m'en un autre.*
Son revenu temporel était de trois cent mille ducats
à l'année, le spirituel de cent mille, et par des arrangements cent mille et plus.

« Il était d'une fort belle taille, avait la tête fort
grosse, mais la plus belle main ; son geste habituel
était de tenir continuellement la main sur son nez ;
c'était un causeur admirable : il promettait énormément, mais ne tenait guère. »

Son goût pour les arts, son infini sentiment du beau
s'étendaient à tout. Il avait un culte pour la musique :

« Le pape est amant des belles-lettres, savant en
humanités et en droit-canon, et pardessus tout ex-
cellentissime musicien, et quand il chante avec
quelqu'un, il lui fait donner cent ducats et plus. » (1).

Mais nous avons bien peur de céder trop à notre
goût personnel en citant si souvent des extraits des
Relazioni vénitiennes, alors que c'est Baschet lui-
même que nous nous sommes proposé de faire connaître. Il est vrai que les citations ont été cherchées
et choisies par lui, et qu'elles peuvent faire juger de
l'énorme travail auquel il s'est livré. Cependant c'est

---

(1) Il a, en effet, rétabli l'Université et fondé la Bibliothèque
Laurentienne, et c'est à cette époque brillante qu'ont vécu l'A-
rioste, Fracaster, Machiavel, Guichardin, Michel-Ange, Raphaël,
André del Sarte, Caravage, Jules Romain...... ..

pour ceux qui n'ont connu ni l'homme ni son œuvre
que nous avons entrepris cette tâche ; nous devrions
donc lui céder plus souvent la plume, d'autant plus
que ses œuvres commencent à se faire rares. Voici ce
qu'il écrit à propos d'Adrien, successeur de Léon X,
lequel fut pieux et sage et ne fit guère parler de lui :

« A ce pontificat se rattache une *relazione* sinon
des plus importantes au point de vue politique, du
moins des plus intéressantes pour les mœurs, les
coutumes, les aspects de Rome à cette époque : je
veux parler de la *relazione* des ambassadeurs vénitiens qui allèrent donner l'obédience au nouveau
pontife. Cela se pratiquait à chaque élection nouvelle. La cérémonie de l'obédience, c'est-à-dire de
l'hommage rendu au Saint-Père par la Sérénissime
République de Venise était toujours chose de grande
pompe. Quatre ambassadeurs des plus célèbres et
des plus dignes de la République étaient élus : leur
entrée à Rome, le cérémonial de leur entrée au
Vatican, étaient de grands spectacles. Dans cette
occasion du pontificat d'Adrien, Marco Dandolo,
Antonio Giustiniano, Luigi Mocenigo et Pietro
Pesaro furent les élus du Sénat ; leur *relazione* mériterait bien l'honneur d'une publication spéciale,
et donnerait lieu aux annotations les plus intéressantes de la part des archéologues et des érudits. Ce
n'est pas le pape seulement qu'ils montrent dans sa
personne et ses qualités au Sénat réuni pour entendre leurs impressions ; c'est Rome, c'est Rome
avec les vestiges des temps où on sacrifiait non pas
à Dieu, mais aux Dieux ; c'est la ville avec les
ruines antiques des Césars et les embellissements
contemporains du pape artiste Léon X ; ce sont les
fêtes, les fortunes, les splendeurs de tels cardinaux
somptueux dont l'opulence contraste singulièrement
avec la simplicité du pontife. Voici des chasses avec
les meutes et les mules du cardinal Corner ; voici
les repas somptueux, les grandes hospitalités de ces

seigneurs richissimes princes de l'Eglise ; voici l'audience secrète, la digne figure du Pape, sa conversation. C'est une lecture attachante : ils disent éloquemment leurs impressions de voyage, ils parlent aux sénateurs, on les croirait en famille ; les voilà parlant du Colisée, du Forum, des objets d'art récemment retrouvés et qui depuis ont acquis une renommée d'incomparable perfection ; ils ne sauraient oublier l'Apollon, le Laocoon, la Vénus et les autres chefs-d'œuvre de l'art athénien. Ils vont au Belvédère, c'est là que le Pape leur donne audience de congé ; rien ne leur échappe : ils redisent la beauté du site, la grandeur de l'aspect ; ils sont éminemment artistes dans leur récit, et bien qu'ils aient été saluer et révérer le moins artiste des pontifes, ils s'expriment et parlent comme s'ils avaient été à même de respirer ce parfum d'art qui ressortait d'une conversation privée avec Léon X.

« Clément VII (Jules de Médicis, cousin de Léon X) qui vint après, rappelle de durs souvenirs : le pape prisonnier et la ville saccagée. Pontificat très affairé : il valait mieux n'être que pape *au spirituel* comme cet Adrien, que pape *au temporel* comme ce Clément. Le temporel lui coûta cher ; ce pontificat ne fut en vérité qu'une longue amertume ; il dura près de huit ans. Sa politique du monde, les grandes passions des grands princes ont secoué et agité Clément VII comme peu de papes l'avaient été auparavant ou le furent depuis. Il y a de longs rapports sur lui et ses affaires ; il eut à faire de grandes étapes sur le chemin périlleux de la politique où combattaient deux vaillantes têtes, François Ier, Charles-Quint. Pour de telles gens, il eût fallu un Jules II, un pape lutteur et sanguin, énergique et actif : celui-ci était irrésolu..... »

Suivant l'ambassadeur, depuis qu'il est pontife, on ne l'a vu sortir de Rome que deux fois pour aller à la Magnana, villa de Léon X. Il n'en fut pas toujours ainsi, car il se rendit au Congrès de Bologne en 1529, et à Marseille en 1533, pour porter son consentement au mariage de Catherine de Médicis avec le second fils du roi de France.

Paul III succéda à Clément VII, un Farnèse à un Médicis.

Le contraste est frappant. Dans le second l'irrésolution, la froideur, l'abattement ; dans le premier la véhémence, l'emportement, la volonté rapide. Son pontificat fut long, ayant duré quinze années ; un grand fait s'y rattache : le Concile. L'ambassadeur Antonio Suriano le dépeint en quelques traits :

> « Il est bien vrai que la nature de Sa Sainteté est toute pleine de colère, et son âge avancé (il a soixante-huit ans), loin de le rendre plus calme, semble l'avoir accrue au niveau de son autorité et de son pouvoir. Ce pape est romain de naissance ; d'un esprit des plus osés ; il se promet beaucoup, pèse et considère les injures qui lui sont faites et a l'ardent désir de faire grands tous ses neveux...... »

Encore un bon parent, qui pourtant mourut d'un accès de colère contre son neveu, à l'âge de 83 ans.

Jules III, son successeur, et Marcel II, furent insignifiants.

Paul IV (Caraffa), d'un fanatisme ardent, fut le promoteur de l'Inquisition romaine. Son successeur, Pie IV, fut, au contraire, doux et tolérant ; mais Pie V ne fut qu'un Grand Inquisiteur, et Grégoire XII une pieuse nullité.

A sa faiblesse et à sa mélancolie succédèrent l'énergie et la grandeur de Sixte-Quint.

> « Peu de pontifes, écrit Baschet, pendant une

aussi courte durée de règne, ont rempli comme Sixte-Quint le monde et l'histoire de leur nom. Sixte eut les qualités les plus contraires à son origine. De la plus petite et la plus obscure naissance (il était fils d'un jardinier), il fut grand homme et grand pontife. Sans marque d'ambition pendant sa carrière, il porta la pourpre sans intrigue ; mais, pontife, il eut tous les grands vouloirs de la puissance qui a conscience de sa valeur. Son pontificat dura cinq ans ; pendant la seconde moitié, il lui fut donné de participer aux violents orages de la politique européenne, qui éclatèrent alors de tant de manières diverses. Ce fut le temps où le roi d'Espagne, tourmenté par les menées de la reine d'Angleterre, décida, pour la défense de ses Etats, d'entreprendre cette lutte si sérieuse où, pour ainsi dire, en peu d'heures, il perdit la plus florissante et la plus imposante armée navale qui jusqu'alors ait jamais été formée par un des puissants de ce monde ; ce fut le temps où le roi de France fut chassé de Paris par ses sujets, où le Duc de Savoie osa lui surprendre le marquisat de Saluces, auquel le roi tenait si particulièrement ; où ce même roi, pour sauvegarder sa vie, son honneur et celui de son royaume, crut devoir consentir à la mort du duc et du cardinal de Guise, source de tant de troubles dans ce royaume malheureux ; le temps enfin où la mort d'Etienne, roi de Pologne, entraîna la discorde et la guerre entre le roi de Suède et l'Archiduc, guerre et discorde qui ne furent apaisées qu'à grand peine par l'autorité du Pontife. Ajoutez les hérésies triomphantes........ Avec la plus vive ardeur, avec la passion la plus violente, Sixte-Quint fut mêlé à bien des vicissitudes. Non-seulement pour les affaires mêmes de Rome, si troublées sous Grégoire XIII, mais pour celles du monde, un pontife à idées hautes et magnifiques, inébranlable dans ses résolutions, homme d'action, fait pour la puissance sans la tyrannie, de nature robuste, était devenu nécessaire à l'Eglise..... Tel fut Sixte-Quint.

« Tel fut l'homme qui a rendu au Saint-Siège la grande tournure politique dont il lui restait si peu de traces, et qui, par les magnificences extérieures qu'il a restituées à Rome, en a refait une seconde fois la ville éternelle. »

Sous le pontificat du dernier pape du seizième siècle, Clément VIII, deux ambassadeurs vénitiens ont écrit chacun une *Relation*, la première en 1595, la deuxième en 1598 : Paolo Paruta, un des historiographes de la République Sérénissime, et Giovanni Dolfin. Mais avant eux, en 1592, avait été envoyé en ambassade d'*obédience* Leonardo Dona, appartenant à l'une des familles les plus illustres de Venise, et dont les Archives sont pleines de registres et de recueils, importants par les impressions, les mémoires, les notes de chaque jour qui s'y trouvent consignés. Le descendant actuel de cette grande famille a permis à Armand Baschet de copier dans ces Archives les documents qui pouvaient l'intéresser. Il a vu par les carnets de Leonardo Dona comment un ambassadeur de sa qualité travaillait et se rappelait ; il a pu observer par quels soins immédiats, par quels moyens de précision pour la sûreté des jugements à porter et pour la garantie des impressions éprouvées, dans un ordre de choses d'une politique aussi importante, un ambassadeur formait ce qu'on pourrait appeler le canevas de la *relazione* qu'il devrait faire à son gouvernement, lors . de son retour.

Baschet reproduit quelques-unes de ces notes écrites en italien mêlé de latin, et qui peuvent remplacer la *Relation* de Dona, qui manque aux Archives de Venise ; exemple :

« Le pape Clément, très soupçonneux, s'en rapporte à lui-même, ne communique chose aucune à aucun des cardinaux. Interrogé, il ne répond guère. Il en est qui disent que lorsqu'on traite avec lui, on le croirait toujours *armé*. Il est beaucoup plus intelligent que ne le croient certains. Si quelquefois il hésite à faire telle chose, c'est que son intelligence lui fait connaître qu'il n'en a pas le pouvoir. Il n'en est pas moins d'un esprit plein de courage et de volonté. Certains disent qu'il n'est pas un cheval de course, mais un timonnier. *Simulator maximus*. Ambitieux par caractère. Il désire l'équilibre du monde. Il n'aime pas la guerre........ »

Aux *Relazioni* concernant les États Ottomans, Baschet ne consacre qu'un court chapitre, indiquant suivant son habitude les sources auxquelles les curieux pourront puiser, — et elles sont nombreuses, car au cours du seizième siècle, Venise fut représentée auprès des Sultans par trente-trois ambassadeurs, portant le titre de Baïli (protecteurs des personnes et des biens des nationaux en pays étranger) (1), sans compter les ambassadeurs extraordinaires au nombre de vingt-sept.

Les rapports étaient fréquents et importants, en effet, entre Venise et la Porte Ottomane, que des intérêts commerciaux divisaient souvent.

D'ailleurs, fait observer Baschet, de tout temps, du moins depuis son installation à Constantinople, l'empire du Sultan fut l'ennemi-né de la République Sérénissime. Sur mer, ce fut cette République qui, par l'active surveillance et la valeur alors incomparable de ses flottes, arrêta et fatigua la fougue souvent dange-

---

(1) En langage lombard *Baïlo* signifie *Juge-consul*.

reuse et trop souvent victorieuse de ces peuples nouveaux venus et établis à l'un des flancs de l'Europe.

Les sultans furent Bajazet II, Sélim Ier et Soliman Ier.

Le chevalier Vincenzo Lazari a réuni dans le troisième volume du *Recueil Albéri* les *Relazioni* lues devant le Sénat et complétées par des notes empruntées aux *Diarii* de Marin Sanudo.

« A ces *Relations* sur l'empire même des Sultans viennent se joindre des documents vénitiens de toute nature sur l'Orient, parmi lesquels les journaux de voyages occupent une place notable. C'est une source féconde surtout en ce qui touche les provinces de la Turquie d'Europe et les grandes îles de la Méditerranée. La collection de Florence en contient un spécimen important dans la reproduction du voyage de Jacopo Soranzo, ambassadeur extraordinaire en 1582. Les moindres lieux sont cités, les mœurs décrites, les usages observés. On peut, du reste, dire que les Archives de l'Orient sont à Venise. Le curieux et l'historien, en parcourant les salles des Archives de l'ancienne République, ne verront pas sans admiration ces longues et imposantes séries de recueils manuscrits où, depuis les temps très anciens jusqu'aux plus modernes, sont renfermées tant de notes précieuses appartenant au multiple domaine du commerce, de la politique, de l'industrie et de la science. » (A. B.)

*
* *

Mais si le chapitre de la *Diplomatie vénitienne* relatif à la Porte Ottomane a été — avec raison — abrégé, il n'en est pas de même de celui où sont analysées les *Relations* des ambassadeurs vénitiens en Espagne près des deux monarques qui l'ont gouvernée pendant toute l'étendue d'un siècle, et ont imprimé un mouvement si personnel à la politique de leur temps par des moyens et des qualités contraires. Qui peut rester indifférent à l'étude des caractères de Charles-Quint et de Philippe II ?

« Physionomies d'une originalité puissante, l'une par son activité vaillante, l'autre par sa mélancolie profonde, un guerrier et un négociateur dans l'une, un moine politiqueur et astucieux dans l'autre, toutes les deux sont bien faites, sinon pour séduire, au moins pour mériter l'attention la plus grave. » (A. B.)

Aussi combien d'écrivains distingués se sont appliqués à refaire l'histoire vraie de ces deux règnes, tant en France qu'en Angleterre, en Allemagne, aux États-Unis qu'en Belgique, depuis Mignet jusqu'à M. Gachard qui s'est aidé exclusivement des *relazioni* vénitiennes.

Voici une esquisse de Charles-Quint au Congrès de Bologne, en 1532, par Gasparo Contarini :

« L'Empereur, au 24 février dernier, a accompli sa trentième année. S'il n'est pas d'une très forte complexion, sa santé est bonne. Il a le corps parfaitement proportionné ; une seule chose lui gâte la figure : c'est le menton. Il est prudent, réservé, et s'occupe avec la plus grande sollicitude de ses affaires. Il n'est très adonné à aucun plaisir. Il va quelquefois à la chasse, surtout au sanglier........ Il est religieux plus que jamais. ... .. Quant à ses intentions, elles me paraissent être excellentes, et tendre surtout à la conservation de la paix. »

Vingt-quatre ans plus tard, un autre ambassadeur, Federico Badoer, le dépeint ainsi :

« Sa taille est moyenne et son extérieur grave. Il

a le front large, les yeux bleus et d'une expression
énergique, le nez aquilin et un peu de travers, la
mâchoire inférieure longue et large, ce qui l'empêche de joindre les dents et fait qu'on n'entend pas
bien la fin de ses paroles. Les dents de devant sont
peu nombreuses et cariées ; son teint est beau, sa
barbe est courte, hérissée et blanche. Sa complexion
est flegmatique. Il souffre presque continuellement
des hémorroïdes, et souvent, aux pieds et au cou, de
la goutte qui lui a entièrement roidi les mains.
Actuellement il se fait chaque jour lire la Bible ; il
se confesse et communie quatre fois par an........ »

Une chose me frappe après ce portrait, ajoute Baschet, c'est combien dans la vieillesse de Charles-Quint
on retrouve la jeunesse même de Philippe II !

Philippe II, en effet, fut-il jamais jeune ? Le premier, comme tous les hommes faits pour les grandes
choses, n'avait pas toujours été le même ; il avait eu
ses *saisons* avec les signes qui les caractérisent ; le
second n'eut qu'une saison : elle dura toute sa vie.
Une uniformité implacable préside au mobile de ses
actions comme au mouvement de ses pensées. Philippe II semble être né vieillard ; il attriste et assom-
brit ; sa grandeur et sa puissance étonnent, mais ne
plaisent point. Cet habillement noir, tout élégant
qu'il soit, et qu'il semble avoir préféré à tout autre, est
l'emblême du moral du Roi : pour lui l'habit fait bien
le moine.

Au physique :

« Petit de taille, dit Badoer, avec les membres
grêles, ayant le front large et beau, les yeux bleus et
grands, les sourcils épais et peu séparés l'un de
l'autre, le nez bien proportionné, la bouche grande
et la lèvre inférieure grosse, ce qui lui messied un

peu. Il porte la barbe courte et pointue. Il est blanc de peau et a la chevelure blonde, ce qui le fait ressembler à un Flamand ; mais son air est altier, parce qu'il a les manières espagnoles. »

Extrêmement religieux, il faut cependant reconnaître qu'il n'a jamais fait au Pape l'honneur de confondre sa puissance temporelle et sa puissance spirituelle : cette remarque est de Baschet.

L'ambassadeur Suriano, dit plus loin notre auteur, convient que tout en ressemblant à son père par la figure, le langage, l'accomplissement des devoirs religieux, le fils diffère de lui par telles de ces qualités qui font la grandeur des princes. Il montre l'Empereur se plaisant aux choses de la guerre et y étant fort entendu, le Roi s'y entendant mal et ne les aimant point ; le premier s'engageant avec ardeur dans les grandes entreprises, le second les évitant ; l'un aimant à projeter de grandes choses, desquelles, avec le temps, il venait à bout fort à son avantage et par son adresse ; l'autre — et ce trait est des plus remarquables — l'autre ayant moins en vue de travailler à sa grandeur que d'empêcher celle d'autrui.

Etait-il bon mari, au moins ? Tant s'en faut. Etait-ce pour ménager sa troisième femme qu'il la tenait réléguée dans ses appartements, n'ayant pas même la liberté de choisir qui bon lui semblait pour son service ? (1) Il est certain que la pauvre Elisabeth (fille aînée de Catherine de Médicis), toute charmante qu'elle fût, souffrait de l'abandon de son mari qu'elle aimait. L'ambassadeur Paolo Tiepolo en fut témoin :

____

(1) Sa première femme avait été dona Maria de Portugal ; la seconde, Marie d'Angleterre, fille d'Henry VIII.

« La Reine a un peu plus de dix-sept ans ; elle est d'un esprit vif, mais pas trop belle ; elle n'a donné encore aucun signe de grossesse ; à dire vrai elle est encore fort jeune, et les signes de féminilité ne lui sont apparus que depuis dix mois environ, ainsi que me l'a dit son médecin. Le Roi, en apparence, lui fait toutes sortes d'offices d'honneur et d'amour, mais, au fond, il lui donne bien peu de satisfaction, car, outre ses fréquentes et longues absences, même quand il est à la Cour, il va tout exprès la trouver la nuit à des heures extraordinaires, et si par hasard il la trouve dormant, comme s'il voulait prendre garde de l'éveiller, content d'avoir fait tout bonnement cette démonstration, il se retire : aussi la Reine, pour ne pas être ainsi privée de sa compagnie, a plus d'une fois prolongé ses veilles pendant la plus grande partie de la nuit. Elle sait que le Roi se livre à de grands débordements avec les femmes, mais comme elle a appris la tolérance auprès de sa mère, elle supporte patiemment tout, sans jamais qu'il lui échappe une parole de ressentiment. »

Elle n'était pas *trop belle*, dit l'indiscret Tiepolo ; deux ans plus tard, Giovanni Soranzo emploie les mêmes expressions, seulement il les adoucit en ajoutant : « Mais tout son corps est dans de belles proportions, et il règne en elle la plus grande grâce. Elle est douée du plus rare esprit, d'une infinie politesse........ » Rien ne peut donc faire excuser les *débordements* du dévot mari.

Il est vrai qu'il ne se borna pas toujours à la *démonstration* racontée par Tiepolo, car il eut d'Élisabeth une fille, Isabelle d'Autriche, *delizia del suo padre,* dont l'ambassadeur Matteo Zane dit qu' « elle est vraiment née heureuse, car si des enfants du Roi elle est celui que son père aime le plus tendrement, elle a aussi l'amour et les bonnes grâces de l'Espagne tout entière. »

De Marie de Portugal il avait eu deux fils, Don Carlos, l'aîné, qui mourut trente ans avant son père, et Philippe qui lui succéda au trône d'Espagne et fut d'une débilité complète à tous égards.

La mort de Don Carlos, à l'âge de vingt trois ans, donna lieu à des soupçons que le temps n'a pas encore éclaircis. D'après une légende romanesque, son père l'aurait fait empoisonner par jalousie, le croyant amoureux de sa belle-mère Elisabeth. Sa mort fut-elle violente ou naturelle ? se demande Baschet :

« L'histoire, jusqu'à présent, n'a pu connaître la vérité ; ce que l'on peut avancer sans hésitation c'est qu'à en juger par les pronostics de sa jeunesse, il était le plus triste prince de son temps, et il faut estimer que la mort, si cruelle qu'elle ait pu être pour lui, en lui enlevant l'hérédité du trône, a rendu un grand et signalé service au royaume... »

Et plus loin :

« Don Carlos avait en lui l'étoffe d'un de ces princes fous de la Rome des Césars, telle que Caligula et Néron ; c'était une âme mauvaise et méchante, cruelle, capable d'actions perverses, n'ayant d'autre génie que celui de la perversité. Si sa mort fut le résultat d'un crime, ce fut un crime heureux. »

L'ambassadeur Tiepolo donne des exemples de l'aimable caractère du prince royal, dès son enfance et dans son adolescence :

« Enfant, non-seulement il mordit, mais il mangea même les seins à trois de ses nourrices, qui faillirent en mourir. Il ne parla point avant cinq ans révolus, et la première parole qui fut remarquée comme venant de lui fut *non*.... Devenu plus âgé, il n'a pris nul plaisir aux lettres, aux armes, aux chevaux et autres choses valeureuses et honorables, mais il ne se plut qu'à faire mal aux autres ; à tels ou tels qu'il rencontrait sur son chemin et qui lui paraissait de peu de qualité, il voulait faire donner des bastonnades... »

Baschet raconte le drame de son emprisonnement et de sa mort, puis il revient à Philippe II, à son gouvernement et aux hommes remarquables qui furent ses conseils et ses auxiliaires ; il expose — après Mignet — la lutte politique entre ses deux principaux ministres Don Ruy Gomez et le duc d'Albe, auxquels le Roi partageait sa confiance dans le but de s'éclairer de leurs opinions contradictoires et d'être servi avec plus d'émulation.

Après la mort de son fils. Philippe perdit aussi sa troisième femme (1), la douce Elisabeth. C'est à cette époque qu'il se livra plus que jamais à l'étude de la politique et se fit, suivant l'expression de Baschet, « le teneur d'écritures imperturbable qu'il s'est montré ensuite jusqu'à la fin de son règne. »

Plusieurs années avant sa mort il devint de moins en moins visible, évitant les audiences, ne se montrant plus au peuple ; mais « s'il continue avec une ténacité que rien ne peut ébranler à travailler trois et quatre heures pour revoir et apostiller les suppliques, s'il ne ralentit en rien son zèle pour la religion si exécrable-ment appuyée sur l'office de la *sainte Inquisition*, à laquelle il donne toutes protections et faveurs, il n'en

(1) Baschet a écrit *sa seconde femme*, mais c'est une erreur, puisqu'avant Elisabeth de France Philippe avait épousé — d'abord Marie de Portugal, et ensuite Marie Tudor d'Angleterre.

a pas moins les regards assidûment tournés sur les cours et les cabinets de l'Europe, dont il convoite les secrets avec cette ardeur particulière à une sénilité tyrannique. »

Philippe II mourut le 13 septembre 1598, à l'âge de 71 ans, dans ce palais de l'Escurial qu'il avait mis trente-deux ans à élever, et « où il avait pali dans les labeurs de la plume et dans les inquiétudes de la dure politique dont on se demande s'il fut le maître ou l'esclave. »

De la *relazione* de l'ambassadeur Soranzo nous extrayons ce qui suit :

> « Sa majesté avait laissé dans son testament les ordres les plus détaillés, parmi lesquels la délivrance de cinq cents esclaves, le mariage de cinq cents filles, et l'exercice de trente mille messes, avec des legs au monastère, pour le repos de son âme, et la volonté d'être enseveli sans pompe funèbre. Le Roi avait nommé héritier de ses Etats le Prince son fils, et pour ses successeurs, à défaut de descendance, l'infante Isabelle.... Il ordonna l'accomplissement du mariage de l'Infante avec l'archiduc Albert, en vertu de la donation qu'il lui faisait des Pays-Bas... »

*
★ ★

La troisième partie forme à elle seule la moitié du volume, et l'on ne s'en étonnera pas puisqu'elle traite des rapports de la diplomatie vénitienne avec la cour de France au seizième siècle, c'est-à-dire avec Charles VIII, Louis XII, François Ier, Catherine de Médicis, Charles IX et Henri III, sous les règnes desquels s'accumulent les événements les plus dramatiques de l'histoire de France avant la Révolution.

Armand Baschet, d'après ses recherches aux Archives

de Venise, fait remonter aux Croisades les premiers rapports entre le Roi de France et la République. Ne fallut-il pas, en effet, dès la première Croisade, ouvrir des négociations pour obtenir le passage des vaisseaux destinés à transporter aux lieux saints ces bandes d'hommes de foi — et d'aventuriers — enrôlés sous le nom de *Croisés* ? Des relations plus ou moins fréquentes s'établirent ensuite entre les deux gouvernements, mais elles avaient trait spécialement aux affaires de commerce. Ce n'est qu'à l'avènement de Louis XI que s'ouvrit l'ère de la diplomatie politique (1), et Antonio Lorédan, praticien de distinction, fut envoyé pour porter au nouveau Roi les félicitations de la République Sérénissime. Puis, un nouveau mandat lui fut adressé, après la mort de ce Roi, pour l'accréditer auprès de son successeur Charles VIII.

« Les deux derniers mois de l'année 1491 virent de grands avantages pour la France. Charles VIII, en prenant Anne pour épouse, mettait le fameux Duché de Bretagne dans la corbeille de ses noces royales. Ce double coup de fortune, qui couronnait par une victoire si précieuse l'œuvre d'une guerre déjà trop longue, était de nature à mettre les puissances amies dans l'obligation d'adresser des

(1) Ce sont les petits États italiens, plus civilisés et plus faibles que les grands États européens, ce sont surtout les Vénitiens, qui fixèrent les principes de la politique moderne. Le droit nouveau qui réglait les rapports d'États à États s'appela le DROIT DES GENS *(jus gentium)*, c'est-à-dire le droit des nations. D'abord, auprès de chaque monarque ou de chaque république, les Vénitiens entretinrent un agent à poste fixe, chargé de les renseigner sur les dispositions de ces gouvernements, de s'entretenir fréquemment avec leurs chefs, de dissiper les malentendus et de prévenir les conflits. Bientôt, auprès de chaque Cour européenne il y eut un représentant attitré de toutes les autres Cours. L'art de conduire les négociations, de discuter les traités, de maintenir la paix, s'appela dès lors la DIPLOMATIE. *(Histoire de la Civilisation française, par Alfred Rambaud, 1885).*

félicitations au jeune couple qui, de sang valois et
breton, occupait le trône de France. Le gouvernement de Venise ne fut pas en retard ; dans le mois
même qui suivit les noces du Roi, au château de
Langeaïs (en Touraine) — 1491, 16 décembre —
la Seigneurie écrivit à Charles VIII et à la Reine
Anne des lettres grâcieuses, et, au printemps, elle lui
dépêcha comme ambassadeurs extraordinaires chargés du solennel office des compliments, les illustres
praticiens Zaccaria Contarini et Francesco Capello... (1).

« Le récit de leur entrée, la qualité des personnages qui les vinrent rencontrer, l'audience qu'ils
eurent du Roi, les cérémonies grâcieuses de son
accueil, la visite de la Reine, leur promenade
dans Paris, leur dîner à la Cour, défrayent les
points les plus intéressants de la première partie de
leur *relazione*...

« Les Vénitiens furent en tout temps d'une
jalousie très prononcée pour les honneurs de l'entrée : aussi ne faut-il pas s'étonner du plaisir qu'ils
éprouvent à détailler le plus au long possible cet
événement d'étiquette dont ils font généralement
le sujet de leurs premières dépêches. » (A. B.)

Nous ne reproduirons pas cette description pom-
peuse qu'il faut lire dans le livre de Baschet ; mais
nous copions les portraits du roi et de la reine écrits
par les ambassadeurs :

(1) L'ambassadeur élu par le Sénat n'avait pas le droit de
refuser l'honneur qui lui était fait. Son traitement était presque
toujours inférieur aux dépenses qu'il était obligé de faire. Il
s'adjoignait un secrétaire, qui devait être agréé par le Sénat, et
souvent plusieurs attachés, jeunes patriciens des plus érudits ou
des plus riches.
Le voyage de Venise à Lyon durait, en moyenne, un mois.
On compte :
Au XVIᵉ siècle, 20 ambassades ordinaires et 8 extraordinaires.
Au XVIIᵉ siècle, 31 ambassades ordinaires et 10 extraordinaires.
Au XVIIIᵉ siècle, 23 ambassades ordinaires et 1 extraordinaire.

« Sa Majesté le Roi de France est âgé de 22 ans, petit et mal bâti de sa personne, laid de visage, ayant les yeux gros et blancs et beaucoup plus aptes à voir mal que bien ; le nez aquilin, plus grand et plus gros qu'il ne le devrait, les lèvres grosses aussi, et continuellement il les tient ouvertes ; il a certains mouvements de main nerveux qui ne sont point beaux à voir, et est *tardus in locutione* (lent dans son mode de parler.) A mon jugement, qui d'ailleurs pourrait bien être faux, je retiens que, de corps et d'esprit, il ne vaut pas grand-chose ; cependant ils en font tous l'éloge à Paris comme étant fort gaillard à jouer à la paume, à chasser et à jouter, exercices auxquels, à tort ou à raison, il consacre beaucoup de temps. »

Pour pendant voici le portrait de madame Anne de Bretagne, la Reine :

« La Reine a dix-sept ans ; petite, elle aussi est maigre de sa personne, boiteuse d'un pied et d'une façon sensible, bien qu'elle s'aide de chaussures à talons élevés (zoccoli), brunette et fort jolie de visage, et, pour son âge, fort rusée, de sorte que ce qu'elle s'est une fois mis dans l'esprit, elle le veut obtenir de toutes les manières, qu'il faille rire ou pleurer pour cela. Elle est jalouse et désireuse de Sa Majesté outre mesure, si bien que depuis qu'elle est sa femme, il s'est passé peu de nuits qu'elle n'ait dormi avec le Roi, et en cela elle s'est aussi très bien conduite, puisqu'elle est grosse de huit mois (*ed in questo ha anche fatto buona operazione, rispetto che la si trova gravida in mesi otto.*) »

Quant au royaume et à l'État de France proprement dit, l'ambassadeur en avait une très bonne opinion. Mais ces relations amicales ne furent pas de longue durée. Pendant les guerres en Italie pour la conquête de Naples, il y eut interruption des rapports diplomatiques entre Charles VIII et les Vénitiens qui même prirent part à une ligue des divers États italiens, y compris ceux du pape, pour chasser l'armée française de la péninsule. Cette coalition venait d'être définitivement conclue, lorsque la Seigneurie reçut cette nouvelle : Charles VIII venait de mourir à Amboise, dans sa vingt-neuvième année, le 14 avril 1498.

Les relations se rétablirent entre la France et la République à l'avènement du nouveau roi. Quatorze ambassadeurs, dont sept ordinaires et sept extraordinaires furent envoyés de Venise en France pendant le règne de Louis XII, quoique tous rapports aient été suspendus pendant les quatre années que dura la ligue de Cambrai — dont Venise triompha par sa dextérité merveilleuse. Un traité de paix fut signé au Château de Blois le 23 mars 1513.

Moins de deux ans après, le 1er janvier 1515, le Roi mourait, à l'âge de 53 ans, d'une dysenterie, — à la suite d'excès amoureux, dit-on. Des ambassadeurs vénitiens venant pour le complimenter sur son récent mariage avec Marie d'Angleterre, sœur de Henri VIII, apprirent à Lyon la nouvelle de sa mort (1) Les compliments de troisième mariage qu'ils apportaient au roi se transformèrent en compliments d'avènement au trône pour son successeur, François d'Angoulême.

Baschet n'a pu découvrir aucune des *Relazioni* se rapportant à ce temps de trouble entre les deux gouvernements de France et de Venise, et qui doivent

____

(1) Louis XII avait épousé en premières noces Jeanne de France, fille de Louis XI, qu'il répudia en 1499 ; en secondes noces, Anne de Bretagne, veuve de Charles VIII, et en troisièmes noces Marie d'Angleterre.

pourtant avoir été de grande importance. D'autres chercheurs seront peut-être plus heureux.

« François Ier inaugura fastueusement et avec ces marques de galanterie et de bonne humeur qui étaient l'ornement de sa personne, les rapports entre la république et le royaume..... Jusqu'à lui la France n'avait point connu de roi de cet aspect et de cet air ; il semble être l'indice, par sa personne, par ses goûts, par son élégance, par son regard vif et curieux, intelligent et lumineux, de l'élan de civilisation dont le monde était alors si plein....(1)

« Bien vite, dès la première heure de sa royauté, et toujours au nom et par la tradition de Valentine Visconti, François Ier regarda à l'Italie, au Duché de Milan, cet appât et cette nourriture des ambitions puissantes dans tous les siècles. (2) Il eut bien garde de s'en cacher ; aussi dans la manière la plus loyale fit-il part de ses projets belliqueux à ses amis les ambassadeurs vénitiens. » (A. B.)

Et, en effet, dès la première année, il remportait une grande victoire à Marignan et entrait triomphalement à Milan. Mais bientôt commença la lutte du roi avec Charles-Quint, où, après cinq ans de combats, François Ier fut fait prisonnier à Pavie et emmené en Espagne.

Sur toute cette période agitée où l'on vit les divers Etats de l'Europe appuyer un jour l'Empereur et un autre jour le Roi, on ne trouve — comme au temps de Louis XII — aucune *relation* d'ambassadeur

(1) Voir *Histoire de la Civilisation française*, par ALFRED RAMBAUD, Tome 1er, Livre 3, p. 476 et suivantes.

(2) Valentine, fille de Jean-Galéas Visconti, avait été mariée au duc d'Orléans, frère de Charles VI, et lui avait apporté en dot le Comté d'Asti, qui faisait partie du Duché de Milan ; ce fut là l'origine des prétentions de la maison royale de France sur le Milanais.

au Sénat de Venise. Mais sur la capture du roi et sur l'impression qu'elle causa à Venise, les *Diarii* de Marin Sanudo contiennent quelques considérations que Baschet reproduit dans la langue où elles ont été écrites, et que nous allons tâcher de traduire exactement :

« Voici la seconde fois qu'un roi de France est fait prisonnier ; et dans quelles circonstances ! Un roi de trente et un an, heureux et aguerri, à la tête d'une très puissante armée, vaincue par une armée moins puissante que la sienne, et dans laquelle ne se trouvait contre lui aucun prince couronné, et mis en déroute et pris, on peut le dire, par des fusiliers (schiopetieri) et des arquebusiers, avec l'astuce espagnole. Voici donc le Roi pris et conduit dans Pavie avec un grand nombre de gentilshommes français, et cette capture me fait prévoir des conséquences de la plus haute importance, pour lesquelles les Impériaux attendent une réponse d'Espagne, et qu'ils doivent se tourner vers une des trois entreprises suivantes, pour laquelle ils conservent toutes leurs troupes : soit contre le Pape et les Florentins, dont ils sont mécontents parce qu'ils ont fait alliance avec le Roi de France, et déterminé notre République à se soumettre à sa volonté ; soit contre nous, parce que nous n'avons pas acquiescé aux articles de la Ligue et que nous ne lui avons pas fourni les troupes promises ; soit contre la France, pour mettre le Duc de Bourbon à son rang en le faisant Roi de France. »

Un traité, signé à Madrid l'année suivante (1526), rendait à la liberté le valeureux prisonnier de l'Empereur qui, de son côté, venait d'annoncer son mariage. De là une discussion assez comique au Sénat de Venise. Il s'agissait de complimenter le roi de sa libération et l'Empereur de son mariage ; devait on les traiter de même façon ? La République avait-elle intérêt à se montrer plus cérémonieuse envers l'un qu'envers l'autre ? Un membre du Gouvernement proposa l'envoi de deux ambassadeurs à l'Empereur et d'un seul au Roi de France.

« Les débats à ce propos furent très vifs ; cette différence trop marquée dans l'hommage fut jugée blessante pour le roi de France, et comme dans les assemblées des hommes d'Etat à Venise les choses se passaient à peu près comme dans tout parlement où la tribune est libre ; comme, en fait de politique extérieure, il y avait des *partis*, des sentiments opposés, le parti qui inclinait au roi de France, ou qui même n'inclinait à autre chose qu'au désir de ne mécontenter personne, était loin d'approuver la direction que la Sérénissime Seigneurie, c'est à dire le ministère, voulait donner au vote dans cette circonstance. Nous avons le texte du discours prononcé par celui des Sénateurs qui se montra dans cette séance beau partisan des intérêts et de l'honneur de la France.

« La forme en est curieuse, le fond piquant, incisif et plein de bon sens........ Quel fut l'orateur si beau partisan de l'honneur du royaume ? Ce fut ce même Marin Sanudo........ l'honnête et fidèle chroniqueur. » (A. B.)

Et Baschet cite une partie du discours de l'éloquent sénateur. Il est d'une dialectique serrée et empreint des plus nobles sentiments de justice et de patriotisme. (Pages 384, 385, 386, 387).

Marin Sanudo a pris soin de faire connaître dans ses *Diarii* le résultat du vote : Nombre des votants : 215 , *pour* le projet ministériel 95 ; *contre* 115 ; votes douteux 5. Et il ajoute :

« On vota ainsi *contre* à mon plus grand éloge,

et le *Collegio* (le ministère) resta tout surpris ; ils ne savaient que faire, et peut-être me suis-je attiré grande haine auprès d'eux. »

Ne croirait-on pas lire le compte-rendu d'une séance parlementaire de nos jours ? et cette discussion avait lieu le 15 avril 1526.

Qui l'élection du Sénat désigna-t-elle pour l'ambassade à la Cour de France ? Deux des plus illustres de ses membres : Sebastiano Gustinian et Francesco de Pesaro. Le premier resta en qualité d'ambassadeur ordinaire près de François Ier jusqu'en 1529, accompagnant le Roi dans ses diverses résidences. C'est ainsi qu'il habita longtemps Blois qui, depuis Louis XII, avait été le centre des plus grandes affaires diplomatiques.

« Rarement, même jamais, jusqu'alors un roi de France n'avait réuni près de lui des hommes d'Etat aussi éclairés et aussi illustres ; un nombre considérable de dépêches sont ainsi datées de Blois et signées par les noms les plus célèbres de la diplomatie italienne. Après Sebastiano Giustinian, en 1529, la Cour reçut à Blois Andrea Navagero. Ce grand esprit, à cette époque n'était pas seulement l'un des plus expérimentés diplomates, il était aussi un excellent écrivain et un lettré distingué ; mais arrivé à Blois, et après quelques semaines de travail dans les négociations et dans les conseils, la mort le surprit dans toute la vigueur de son talent, et la République et le Roi perdirent ainsi un négociateur émérite dans des circonstances politiques où il pouvait rendre les services les plus signalés. » (A. B.)

Son corps fut transporté à Venise et inhumé dans la petite église de San-Martino, dans l'île de Murano. La légende de l'inscription qui orne son tombeau fut

faite dans les termes les plus dignes et les plus honorables. Elle rappelle les missions du Diplomate auprès
de Charles-Quint et de François Ier, ainsi que le lieu
de sa mort à Blois (*Blœsio in Oppido ad Ligerim*).
Baschet en donne la copie, qu'il aurait certainement
reproduite dans l'*Histoire de Blois* qu'il espérait
écrire un jour (1).

Dix ambassadeurs vénitiens se succédèrent à la
Cour de François Ier après la mort de Navagero. Tous
se plaignent des déplacements continuels du Roi et
déplorent le surcroît de dépenses et l'excès de fatigues
auxquels les entraînent ses caprices. Les ambassadeurs
étaient dans cette étrange situation de ne jamais
savoir à l'avance le lieu et la durée des séjours. Ils ne
résidaient pas, dit Baschet, ils campaient. Matteo
Dandolo, l'un d'eux, estime qu'il n'est pas resté trois
mois sans voyager à la suite de la Cour, et, parlant du
Roi, il le montre *vagando sempre per tutta la Francia*.
Il fait de lui, en passant, le portrait suivant :

> « Le roi est beau, plutôt brun qu'autrement, très
> grand, large des épaules et de la poitrine, et si
> ardent et courageux que j'assure à Vos Seigneuries
> que je l'ai vu entrer en lice, lors du mariage de la
> princesse de Navarre, par la plus grande chaleur
> que j'aie ressentie en France, franc et aussi délié
> qu'aucun chevalier de ce monde ; la mine toujours
> joyeuse, le visage long et plein, et le tout à l'ave-
> nant ; la vue seulement est un peu courte, et il est
> toujours si bienveillant que je n'ai jamais entendu
> dire que quelqu'un l'ait quitté mécontent. Il s'ha-
> bille splendidement Ce mois de septembre, il ac-
> complit sa quarante huitième année, comme me l'a
> dit la Sérénissime Reine de Navarre. »

(1) Voir Annexe n° 11.

Et Baschet ajoute :

« Le Roi chasseur n'est pas oublié, et je rencontre de curieux et piquants détails sur ses prouesses et ses hauts faits........ Il court le cerf et les femmes, c'est là son humeur........ Aussitôt son dîner fini, il court aux grands bois, soit à Chambord, soit à Blois et à Bury, soit à Fontainebleau, et, revenu, il se met à souper, sans penser même à se reposer......

« Les ambassadeurs vénitiens ont parlé fort peu des maîtresses du Roi, du moins dans les *Relazioni;* sans doute ont-ils été plus explicites sur ce galant chapitre dans leurs *dépêches.* Dans les premières, je n'ai vu citée qu'une fois madame d'Étampes, à propos d'argent reçu par elle pour favoriser une affaire ; toutefois le goût du Roi pour les dames y est souvent mentionné, ne serait-ce que par des allusions au sujet des dépenses. Le Roi aimait les dames pour l'agrément de sa Cour, et il aimait les femmes autant par instinct que par tempérament.....

« Je n'ai rien dit jusqu'à présent de la sœur du Roi, la reine Marguerite, cette belle et sérieuse figure à la Cour ; homme d'Etat plutôt que femme, sans avoir rien perdu de ce privilège de grâce et de charme attaché à la condition de son sexe ; tous les ambassadeurs l'ont admirée ; tous l'ont montrée sage conseillère, esprit délicat et sûr, cœur dévoué ; plus sérieusement lettrée encore que le roi chasseur, son glorieux frère. » (A. B.)

Nous appelons l'attention du lecteur sur le passage suivant. véritable tableau d'histoire peint par Baschet sous l'inspiration de son enthousiasme artistique et de son amour pour le sujet qu'il traite :

« Il était réservé à l'ambassadeur et sénateur Marin Cavalli de former le plus beau et le plus remarquable portrait de François Ier qui assurément nous soit resté. La page qu'il a consacrée à la figure

7

du Roi et au détail de ses qualités est une œuvre de maître. L'art de bien dire égale ici l'art de bien peindre. Il me semble qu'à une telle audition à l'issue de cette belle période oratoire, Marin Cavalli a dû entendre s'élever de tous les bancs de cette grave assemblée d'hommes vieillis au service des grandes affaires, le murmure flatteur des plus dignes éloges. Reportez-vous à ce noble endroit de la salle des séances du Sénat vénitien ; voyez cette belle salle toute illustrée des splendeurs de l'école vénitiennne. Les plafonds, les murailles, rappellent par les œuvres des grands maîtres qui y sont peintes les gloires de la patrie ; de tous côtés sont les images mémorables de glorieux ancêtres. Le Doge, revêtu de la riche tunique de brocart qui le distinguait, les Sages et les Conseillers avec leurs tuniques violettes, tous les Sénateurs en toge pourprée, les Chefs des Dix en tunique d'un rouge plus clair, sont présents : on a parlé la veille d'une séance d'un intérêt peu commun pour le lendemain ; l'ambassadeur Marin Cavalli est de retour de sa légation de France ; sa réputation est grande parmi les Sénateurs, c'est un homme d'Etat, un beau diseur aussi, on sait déjà comment il parle, il a fréquenté plus d'une Cour, il a accompli plus d'une légation, la renommée le précède. Comment peindra-t-il le Roi de France en cette année 1546, où ce prince a atteint l'apogée de sa gloire séduisante ? Le Sénat est sans doute au complet puisqu'il sait que Cavalli doit prononcer sa Relation.

« Cavalli se présente, le voici à la tribune ; il fait d'abord un tableau de la France, il dit l'état de ses finances, l'état de l'armée, il parle des coutumes du pays, de la politique qui a été soutenue, il fait part aussi de ses prévisions. Mais le voici au moment de parler de la Cour elle-même ; comme tout ce qu'il a dit précédemment forme une période bien complète, il doit nécessairement s'arrêter un instant pour reposer sa voix ; puis, comme il va reprendre la parole, le plus grand silence se fait de nouveau parmi tous ces illustres patriciens, tous les regards des *porporati* sont portés sur lui, Cavalli va parler de la personne du Roi, et ses premiers mots mêmes sont un trait de belle éloquence. »

Passons sar les qualités et les louanges — qui sont assez connues — mais retenons les quelques lignes qui suivent :

« Vraiment, continue l'Ambassadeur, lorsqu'on voit que, malgré son savoir et ses beaux discours, tant d'exploits de guerre lui ont mal réussi, on est disposé à dire que sa sagesse est plutôt sur ses lèvres que dans son esprit. Franchement, je pense que les adversités de ce Roi viennent du manque d'hommes capables d'exécuter ses desseins. Quant à lui, il ne veut jamais prendre part à l'exécution ni même la surveiller aucunement ; il lui semble que c'est bien assez de savoir un rôle, qui est celui de commander et de donner les plans ; le soin pour le reste, il le laisse à ses subalternes. Ainsi, ce qu'on pourrait donc désirer en lui, c'est un peu plus d'attention et de patience, et non pas plus d'expérience et de savoir. »

Enfin Baschet résume comme suit le caractère du roi :

« François Ier, malgré ses grandes fautes politiques, est une des belles figures de roi que la France puisse regarder et dont elle se puisse souvenir avec de vaillants sentiments d'orgueil. Belliqueux, lettré, artiste, beau courtisan des dames, spirituel, curieux du nouveau tout autant que du passé, il fut l'expression vivante et incarnée de l'époque franco-italienne de notre histoire qu'on a baptisée du nom de renaissance. A lui, à ses désirs magnifiques, à son goût admirable, le royaume a dû la présence de maîtres aussi grands que Léonard de Vinci et Andrea del Sarto ; à lui seul le royaume doit la possession des plus belles toiles de l'immortel Raphaël ! S'il a compris et admiré les Italiens, il n'a pas moins compris les saines et intelligentes aspirations de l'école française, et il a admiré et encouragé Clouet, aujourd'hui l'une des gloires primitives de la peinture française. Soyons glorieux de ce prince, et n'oublions jamais que l'éternel effort de notre politique nationale doit être dirigé contre l'ennemi qui a fait le Roi prisonnier à la journée de Pavie......»

Voilà qui est bien dit, sans doute, mais les panégyristes nous semblent oublier un peu trop l'affaire Semblançay, et les persécutions contre les Protestants, et le massacre des Vaudois, événements qui pèsent si lourdement sur la mémoire du roi gentilhomme. Ce qui ne l'empêcha pas, du reste, de mourir pieusement, *muni des sacrements de l'église*, le 31 mars 1547, à l'âge de 52 ans et demi, après 32 ans de règne, en donnant à son fils de sages conseils — que celui-ci se garda bien de suivre. Mort à Rambouillet, il fut transporté pour être inhumé à Hautes-Bruyères, couvent de l'Ordre de Fontevraud, dans le diocèse de Chartres (1).

« L'avènement de Henri II est en même temps celui de personnages nouveaux, et sa mort mit le pays de France dans les mains de l'incarnation politique la plus curieuse qui ait jamais agi direc-

(1) Sa première femme, Claude, *la bonne Reine*, née à Romorantin en 1499, était morte à Blois en 1524, laissant sept enfants (trois fils et quatre filles) dont deux seulement lui survécurent : Henri et Marguerite, laquelle épousa en 1559 le Duc de Savoie Emmanuel Philibert.

Sa seconde femme, Éléonore d'Autriche, veuve du roi de Portugal Emmanuel le Grand, et sœur de Charles-Quint, n'eut pas d'enfants du roi de France, et retourna en Espagne après sa mort. François I" l'avait épousée après le traité de Madrid qui lui avait rendu la liberté.

tement sur nous. je veux dire Catherine de Médicis. Quatorze ambassadeurs, dont un seul, Michieli Giovanni, représenta quatre fois la République près la Cour de France, ont parlé d'elle et ont décrit ou ses traits ou ses qualités. Et y eut-il jamais pour un pinceau habile, pour un esprit capable d'observation, des sujets de portraits, des études de caractères plus singuliers que ceux qui nous sont offerts par cette nombreuse, étrange, mais rapide descendance de Catherine ?

« Le mélancolique et malade François II, cet agité Charles IX, cet efféminé Henri III, dont on ne peut dire s'il est Italien, Français, Asiatique, ou s'il tient à la fois de ces trois natures, nous sont représentés *ad vivum*, chacun dans ses originalités individuelles. Nous avons tous les portraits de cette famille exceptionnelle, sur l'ensemble de laquelle règne toujours, soit d'une manière ouverte, soit d'une façon mystérieuse, cette Reine *mère de nos rois*, comme l'appelle Brantôme, cette Italienne, cette Médicis qui, tant que le monde aura des historiens, fera parler d'elle et jettera les opinions humaines dans ce *flot ondoyant et divers* dont parle le plus original des philosophes, son contemporain Montaigne.

« Mais regardons d'abord le chef de la famille, l'époux de Catherine et l'amant de Diane, le roi Henri II.

« Sous le règne de Henri II, l'historien trouve encore en France une certaine harmonie ; les luttes intestines ne se sont point encore tant déclarées ; les *Lorrains* se comptent déjà, mais, à les bien prendre, ils font un peu comme Catherine, ils méditent et prévoient. Le Roi est donc encore *le Roi !* Et malgré la double influence si personnelle de la Sénéchale sa maîtresse, et du Connétable son ministre, la figure royale de Henri domine les autres et n'autorise pas les sombres ambitions à se montrer, la main armée, courant le Louvre et la rue. D'ailleurs, c'est encore un beau Roi, plein de noblesse et doué de majesté ; il est loin de la grande allure gauloise, ironique, voluptueuse, souriante et vaillante du roi François son père, liseur de Bocace et tueur d'ennemis tout ensemble ; mais il a de beaux goûts, de belles ambitions, et il a dans tous ses airs un certain reflet de dignité et de calme, d'autant plus attachant que le soleil qui se leva sur la France au lendemain de sa mort, ne se leva que pour éclairer le commencement de cette longue chaîne de misères humaines à laquelle nous fûmes attachés jusqu'au triomphe du Bourbon, vrai grand homme qui devait, en douze ans de règne, nous donner douze ans de gloire et d'autorité parmi les peuples.

« Les Vénitiens connurent beaucoup le roi Henri II, et j'ai vu, d'après les audiences qu'il accorda à leurs ambassadeurs, à quel degré de familiarité charmante il les autorisait. » (A. B.)

Voyons donc comment ces ambassadeurs parlaient de lui. Voici un extrait de la *Relation* de Lorenzo Contarini :

« Henri est âgé maintenant de trente-deux ans et huit ou neuf mois, de grande stature, gros à proportion, poil noir, beau front, les yeux noirs et vifs, le nez grand, la bouche commune et la barbe tirant en pointe de la longueur de deux doigts ; tout l'ensemble donne une figure des plus avenantes et respirant un bel air de majesté. Il est d'une très robuste complexion et grandement adonné aux exercices du corps, au point que, chaque jour, deux heures après dîner jusqu'au soir, il dépense ce temps à jouer à la paume, ou au ballon, ou au tir de l'arc.... Ajoutez qu'il se plait infiniment à la chasse de tous les animaux, comme faisait le père.... Il est très sain de corps ; ses dents seulement le font parfois souffrir. Il est d'une bonté naturelle si reconnue qu'il n'y a point à lui opposer à cet égard un autre prince. Il

veut le bien et y travaille ; il est accueillant et ne
refuse d'audience à personne. Il écoute tout et
répond à tout de la façon la plus courtoise ; on ne le
voit jamais en colère, sauf quelquefois à la chasse ;...
aussi peut-on dire que par son caractère il est réellement très aimé... Il est d'une certaine tempérance, car pour les plaisirs charnels, si nous le
comparons au Roi son père ou à quelques rois dé-
funts, on le peut dire très chaste, et il a cela de
plus qu'il fait ses affaires de façon que personne ne
puisse trop parler, ce qui n'était pas le cas pour le
roi François ; aussi la Cour, qui était alors des plus
licencieuses, est maintenant assez régulière... Sa
Majesté mange et boit modérément.... Elle ne
manque pas aux devoirs religieux... Elle n'est pas
lettrée, et sait tout bonnement lire et écrire... »

Ainsi voilà un roi qui ne manquait pas de certaines
qualités et qui ne serait pas capable d'obtenir aujour-
d'hui le certificat d'études primaires.

François Ier avait eu peu d'affection pour lui ; non
seulement il avait négligé son instruction, mais il
l'avait ensuite tenu à l'écart des affaires, de sorte que
Henri, étranger à la politique et au gouvernement
lorsqu'il arriva au pouvoir, fut facilement accaparé
par le connétable de Montmorency son ministre, et
subit sans résistance l'influence de Diane, qui fut
autant son Egérie que sa maîtresse.

« L'unique maîtresse du Roi, madame la Duchesse et Sénéchale, est si bien alors la seule femme
influente à la Cour, dit Baschet, elle est si hautement l'héroïne des conseils et la dispensatrice des
bienfaits et des sourires de Henri, que la Reine
n'est pour rien dans l'histoire de ce temps. Alors il
ne faut point, en effet, s'enquérir de la Reine
Catherine, mais seulement de Diane la Sénéchale.
La Reine, alors, n'était vraiment autre chose qu'un

moule à enfants, la *génitrice* de la Cour, mais non point la *Reine*. Elle s'en dédommagea plus tard. »

La Sénéchale est donc un personnage important ; aussi Contarini ne la laisse-t-il pas dans l'ombre :

« La personne dit-il, que sans nul doute le Roi aime et préfère, c'est madame de Valentinois. C'est une femme de cinquante-deux ans, autrefois l'épouse du grand Sénéchal de Normandie, et petite fille de M. de Saint-Valier, laquelle restée veuve jeune et belle, fut aimée et *goutée* du roi François et d'autres encore, selon le dire de tous ; puis elle vint aux mains de ce roi lorsqu'il n'était que dauphin. Il l'a beaucoup aimée, et l'aime, et elle est sa maîtresse, tout âgée qu'elle est. (*Il quale l ha amata ed ama e* GODE *cosi vecchia come è.*) »

Le Connétable voyait d'un œil amer cette femme qui avait une telle puissance sur le Roi ; de son côté la Sénéchale voulait violenter la confiance qu'avait le Roi dans ce vieux serviteur du royaume.

« Ces deux personnages, écrit l'ambassadeur, sont ennemis déclarés, mais la guerre n'éclata ouvertement que l'année dernière, lorsque madame la Duchesse s'aperçut que le Connétable avait tramé de détourner le Roi de la passion qu'il avait pour elle en le faisant s'éprendre d'amour pour la gouvernante de la petite Reine d'Ecos-e, fort jolie petite femme. La chose alla même si avant que cette gouvernante devint grosse par l'œuvre du Roi. Le Roi eut beaucoup à s'en excuser, et pendant longtemps le Connétable et Madame ne se parlèrent même pas. Enfin, aux instances de sa Majesté, ils firent la paix en apparence, mais au fond, leur haine est aussi grande que jamais : de là maintenant ces deux partis qui sont comme deux factions à la Cour. Qui s'approche d'un côté sait assurément qu'il n'aura à trouver que défaveurs de l'autre ; et comme le Connétable n'est pas trop aimé à la Cour, presque tous les grands vont sous le drapeau de Madame, et parmi eux la maison de Guise, tant parceque M. d'Aumale est gendre de Madame que parce que le Cardinal voudrait être seul à gouverner. »

Cette page de Contarini pourrait servir d'épigraphe au récit des histoires futures et prochaines dont les héros seront les Guise, autrement dit les *Lorrains*.

Armand Baschet analyse rapidement les *Relazioni* de Giovanni Capello, de Giacomo Soranzo, de Matteo Dandolo, puis il ajoute :

« Mais ces mêmes hommes de Venise, ces mêmes plumes politiques qui faisaient et décrivaient ainsi le tableau de la France sous des couleurs saillantes, pendant les deux règnes de François Ier et de Henri II, n'usèrent plus de la même encre ni de la même plume pour la sombre période qui suivit la mort de Henri et qui dura près de quarante ans ; non pas que sous François et Henri, le royaume ait manqué de vicissitudes, mais du moins les pouvait-on appeler magnanimes et glorieuses. Celles qui vinrent après, pourrait-on les estimer telles, leurs coups n'ayant été que des coups affreux, pendant des guerres civiles où l'ambition prit couleur de religion, et où, tant d'une part que d'une autre, il y eut des représailles qui mirent la France dans l'opprobre !

« La curiosité pour les textes vénitiens doit alors redoubler de soin et d'intérêt : nuls ambassadeurs ne virent mieux les choses ; ils les virent constamment en concialiateurs, en médiateurs ; ils approchèrent Catherine de Médicis en familiers, ils approchèrent tous les partis sans se mêler à aucun ; ce fut une période diplomatique tout-à fait à l'honneur de Venise, et comme il nous manque peu de leurs *Relazioni*, nous pouvons dire sans crainte que, pour juger et parler des navigations politiques de cette Reine-mère qui mena la barque du royaume de tant de manières et par tant de courants, c'est d'après eux surtout, d'après leurs dires, leurs souvenirs et leurs impressions qu'il faut le faire. »

Baschet, dans cette étude, cherche surtout la figure, les différents aspects de ce personnage, depuis le jour où Antonio Suriano, ambassadeur de Venise à Rome, en 1529, vit Catherine petite fille — elle avait dix ans, — très chétive enfant, orpheline échappée aux tempêtes populaires de Florence, et abritée à l'ombre incertaine du trône pontifical de Clément VII, son oncle, jusqu'au jour où Alvise Mocenigo, ambassadeur de Venise en France (1588), la voyait vieillie, autant par les épreuves que par les années, et qu'il traitait avec elle à Blois, pour la dernière fois, des affaires du monde, le 5 décembre, 14 jours avant le meurtre de Guise par le Roi son fils, et 33 jours avant sa propre mort.

*
* *

L'histoire de l'enfance de Catherine était peu connue en France, et Baschet, séduit par les documents qu'il avait rencontrés dans les Archives de Florence, avait résolu de lui consacrer un volume spécial, lorsque parurent presque simultanément deux ouvrages ayant pour sujet *La jeunesse de Catherine de Médicis*, l'un en Allemand par M. Reümont, ancien ministre de Prusse à Florence, l'autre en anglais, par M. A. Trollope, qui avait résidé quelques années dans la ville des Médicis. Jugeant que le travail n'était pas à refaire, Baschet renonça à son projet primitif et obtint de M. Reümont l'autorisation de traduire son livre pour les lecteurs français. Puis, entraîné par son sujet, — comme toujours — il ajouta à sa traduction, qui fut publiée seulement quatre ans plus tard. des notes et des commentaires par lesquels le volume allemand se trouve augmenté du double. (1)

On ne contestera pas l'opportunité d'intercaler ici ce que nous avons à dire de ce travail de notre compatriote. Les textes inédits et curieux qui constituent l'*Appendice* sont relatifs aux épisodes, aux événements et aux faits particuliers à l'enfance et à l'adolescence de ce faible et unique rejeton de la grande lignée des Médicis, nièce d'un pape, cousine d'un autre pape, héritière des deux, orpheline au lendemain de sa naissance. (15 avril 1519.)

Elevée aux monastères des *Murate* et de Sainte-Lucie, la petite Duchesse — la *Duchessina*, comme on l'appelait à Florence — fut ballottée, en ses années juvéniles, de Florence à Rome et de Rome à Florence, suivant les vicissitudes des événements politiques.

Une partie des documents de l'*Appendice*, empruntés aux archives de Florence, de Venise, de Mantoue, sont écrits en langue italienne. On y trouve les négociations entreprises par Clément VII pour le mariage de Catherine ; puis les stipulations du contrat de mariage, suivies des *articles secrets*. La minute du contrat est en latin. Une lettre en italien, écrite de Marseille par un témoin des cérémonies du mariage de la Duchessina d'Urbino avec Henri d'Or-

(1) LA JEUNESSE DE CATHERINE DE MÉDICIS, *par A. de Reümont, ancien ministre du roi de Pruss· près la Cour de Toscane, ouvrage traduit, annoté et augmenté par* ARMAND BASCHET, *d'après des recherches nouvelles dans les diverses archives du royaume d'Italie.*
Paris, H. Plon, 1866, in-8° de XVII — 388 pages, avec portrait.

léans. donne les détails les plus curieux sur le cérémonial en usage à la Cour et sur les costumes des personnages. (29 octobre 1533.)

Puis, un projet de Traité secret entre François Ier et le Pape. au moment de leur réunion à Marseille, traité qui ne fut pas exécuté et qu'on peut voir en original autographe de la main du Roi, au département des Manuscrits de la Bibliothèque nationale.

Enfin, des lettres en français et en italien de Catherine de Médicis devenue Reine de France à *Mes Dames les Abbesses et Religieuses des Immurées de la ville de Florence* (Archives de Florence) ; et copie de la donation faite par Catherine au monastère des *Murate*, où elle rappelle d'une façon touchante les temps de son enfance écoulés doucement dans ce bienfaisant cloître.

Que ces dernières lignes aient été l'expression sincère de sa reconnaissance, on peut le croire ; mais ne peut-on pas croire aussi, avec M de Lescure, (dans la *Presse* du 4 mai 1867), que Catherine, livrée influences de la vie de couvent, les subit profondément, dans cette solitude inquiète, sous ces lourdes grilles qu'ébranlaient les bruits populaires ; que cette existence repliée, contemplative. sans autre distraction que les jeux puérils, les caresses dévotes, les affections jalouses, les commérages subtils que comporte le cloître, a dû laisser sur l'âme de Catherine l'empreinte profonde de ce séjour aux *Murate*, empreinte dont les traces reparaîtront, trente ans plus tard. avec une intensité qui fera du trait monacal le trait frappant de la physionomie de la mère d'Henri III.

De même, elle avait appris dans sa famille, ou plutôt elle possédait par hérédité, la dissimulation et l'esprit d'intrigue, érigés en quelque sorte en science d'Etat ; et, par compensation, l'amour de la science et de l'art, traditionnel aussi chez les Médicis.

« Dauphine, elle ne fut pour rien dans les affaires ; (même dans le crime dont quelques uns l'ont accusée depuis, c'est-à dire dans l'événement qui assura le trône à son mari par suite de la mort de son frère aîné, empoisonné — on le sait maintenant — par un Ferrarais, Simon Montecuculli, à l'instigation de la maison d'Autriche) ; aussi est il difficile de caractériser le rôle qu'elle joua jusqu'au jour de la mort du Roi son beau-père. C'est une longue période cependant, mais, à mon sens, son rôle fut de n'en point avoir ; son ambition et, si l'on veut, son habileté, consistaient alors à capter la faveur du roi François ; elle y parut beaucoup réussir, bien que, jusqu'en 1544, pendant près de dix ans, elle eût à lutter contre les tristes impressions suggérées par sa stérilité ..... Cette stérélité désola longtemps la Dauphine et, au dire même des ambassadeurs, il n'était breuvage ni médecine qu'elle ne prît pour devenir féconde. Il ne faut donc point chercher Catherine de Médecis en dehors des intimités de la Cour, loin des fêtes royales et des chasses même. Elle excellait à suivre ces dernières.....(1) Chose singulière ! ce fut à l'époque où pour la première fois Catherine donna un fils au Dauphin son mari, que celui-ci s'abandonna avec moins de mystère aux Charmes de Diane de Poitiers, sa maîtresse ; en 1544, moment de cette lutte étrange à la Cour, où deux maîtresses, la duchesse d'Etampes, maîtresse du Roi, et Diane de Poitiers, maîtresse du Dauphin, mêlaient leurs querelles à la politique, l'une en favorisant le mariage du second fils du Roi avec la fille de l'Empereur, l'autre en s y opposant. Que

(1) C'est peut-être là le motif de sa stérilité. Lorsqu'elle devint mère, dix ans plus tard, elle abusait probablement moins de l'équitation. Nous en avons vu plus d'un exemple.

Catherine en dût souffrir, il n'y a pas à en douter ;
mais que ce fût par système et réflexion, ou que
ce fût par la force naturelle des circonstances,
ce qui est certain c'est qu'elle eut cette science
et cet art profonds de ne pas paraître dans ces
querelles. Elle disparut du grand théâtre des
passions de la Cour, ne participant qu'à ses jeux,
à ses voyages, se réchauffant de plus en plus aux
entretiens et discours du roi François, près de qui
on peut dire qu'elle fît son éducation et de Dauphine et de Reine. » (A. B.)

***

« L'année 1547 vit la mort de François Ier et
l'avènement de Henri, devenu fils unique depuis
deux ans qu'était mort son second frère Charles,
duc d'Orléans..... Catherine de Médicis devint donc
Reine de France, reine de nom, mais point de fait.
Diane la maîtresse, l'impératrice d'amour, Diane la
conseillère, Diane la présidente, Diane fut la vraie
Reine : fort curieux spectacle alors que celui du
maintien de ces deux femmes, aussi opposées que les
deux éléments les plus contraires, néanmoins luttant
d'égards l'une pour l'autre, Catherine soumise et
réfléchie, Diane prévoyante et attentionnée..... Si le
Roi va visiter la Reine, c'est Diane qui l'y pousse.
La patience et la froideur de Catherine sont im-
muables, elle donne des enfants au Roi, lui fait
honneur dans les fêtes, recherche les comédiens,
réunit des livres, prie pour le bonheur du Roi,
s'étudie à connaître la Cour, compte les partis et
regarde les intrigues, mais ne s'y mêle point.. .. »
(A. B.)

Il est temps de faire connaître d'elle, sinon un portrait — on en voit partout — au moins un médaillon
sculpté d'une main habile ; Giovanni Capello, successeur de Lorenzo Contarini près de la Cour de
France, va nous donner satisfaction :

« La Reine est aimée et respectée, et mérite de l'être de chacun pour ses qualités personnelles et pour sa bienveillance : le royaume entier est de cet avis. Elle est belle femme lorsqu'elle a le visage voilé ; je m'exprime ainsi parce qu'elle est grande, que sa taille est élégante et que sa peau est fine ; quant à son visage, il n'est point beau ; la bouche est trop grande et les yeux gros et blancs. Beaucoup disent qu'elle est le portrait frappant de son oncle Léon X. Elle s'habille richement et avec le plus grand goût, mais lorsque le Roi va au camp, elle prend le deuil et le fait prendre à toutes les dames de la Cour. »

Brantôme aurait donc été trop flatteur, car, à l'en croire, le voile n'était nullement nécessaire ; qu'on en juge :

« Elle estait de fort belle et riche taille, de grande majesté, toutefois fort douce quand il falloit, de belle apparence et bonne grâce, le *visage beau et agréable*, la gorge très belle, et blanche et pleine, fort belle aussi par le corps, et la chairnure belle et son cuir net, ainsi que j'ai ouï dire aussy à ses dames, et qui prenoit grand plaisir à la bien chausser et à en veoir la chausse bien tirée et tendue ; du reste, la plus belle main qui fut jamais veue, si crois-je. »

Voyons comment Baschet apprécie la conduite de la reine :

« Jusqu'alors quel avait été le rôle de Catherine, sinon un rôle muet et soumis ? En 1557, pendant des jours d'épreuves non seulement pour l'orgueil national de la France, mais même pour la sécurité du royaume, elle se révéla Reine et témoigna aux Parisiens que le sang de la nation était devenu son propre sang : cela bien avant la mort du Roi, et pendant la pleine autorité de la duchesse de Valentinois. Son initiative surprit d'autant plus qu'elle était moins attendue. Catherine de Médicis, par cet acte, en cette journée, leva le voile de l'indifférence politique à laquelle la force des choses l'avait jusqu'alors condamnée ! Ce jour-là elle ne fut ni Catherine de Médicis, ni l'épouse du Roi, elle fut la Reine de France ; pour elle et pour l'histoire ce fut la première heure d'initiative, ce fut le premier signe de cette individualité que, plus tard, elle a élevée à un si haut degré. En quel état se trouvait Paris au lendemain de la perte de la bataille de Saint-Quentin, qui valut à la France un moment de surprise mêlée de terreur, et à l'Espagne une heure de gloire militaire dont la construction votive de l'Escurial a consacré le souvenir ? En quel état se trouvait Paris ? Quelle résolution prit la reine ? Regardons les choses d'un peu plus loin pour en arriver à cette journée où, pour la première fois, Catherine de Médicis, isolée du Roi, suivie de sa Cour à elle, traversa Paris, alla du Louvre au Parlement, prit la parole et remplit d'émotion le cœur des Parisiens. »

L'auteur expose alors les péripéties et les désastres de cette multiple guerre : Guise en Italie contre le duc d'Albe, le Connétable de Montmorency en Flandre contre Emmanuel-Philibert de Savoie, Gouverneur des Pays-Bas. Au midi comme au nord l'Espagnol pour ennemi, aidé de l'Anglais. Le Roi était à Compiègne ; il s'était promis merveilles. L'amiral Coligny, qui servait de lieutenant au Connétable, s'était jeté dans Saint Quentin, qu'il travaillait à fortifier avec une ardeur extraordinaire. Emmanuel-Philibert assiégea la ville. Le Connétable marcha au secours de Coligny, mais il fut battu, et Coligny, abandonné à lui-même, fut contraint de capituler, après avoir soutenu onze assauts ! Nos pertes furent immenses. La France fut prise de stupeur. Déjà Paris croyait l'en-

nemi sous ses murs. Les bourgeois pliaient bagage et
fuyaient qui vers Orléans, qui vers Bourges, qui plus
loin.....

Trois siècles plus tard, n'avons-nous pas été témoins
de la même panique !

Empêcher la fuite, exciter l'ardeur, faire sonner aux
oreilles de la France ces trois mots propres à réveiller
les morts : la Patrie en danger ! tel était le devoir im-
périeux de qui gouvernait : c'est ce que fit Catherine.

« La Reine, dit l'ambassadeur vénitien, alla
au Parlement en toute solennité, accompagnée des
Cardinaux, des Princes et des Princesses, et là, dans
la plus auguste et la plus imposante forme de
paroles, elle exposa l'état des besoins du moment....
Et la Reine s'exprima avec tant de sentiment et
d'éloquence qu'elle jeta l'émotion dans l'âme de
chacun. »

Les subsides nécessaires furent votés d'enthousiasme.

Comment ne pas reproduire cette réflexion de Giacomo Soranzo, qui permet de continuer la comparai-
son entre le temps passé et le temps présent :

« Mais il arriva toujours que lorsque le royaume
paraissait à moitié vaincu, après de grandes défaites,
des territoires perdus, après la captivité des principaux seigneurs et capitaines, et même des parents
du Roi, la France se redressa plus forte que jamais ;
elle repoussa les attaques, elle fit trembler ses vain-
queurs. Telle est la force, telle est la fortune de ce
royaume, qu'il se crée lui-même d'autant plus de
ressources que la nécessité est plus urgente. »

Cet acte si habilement accompli par Catherine lui
conquit l'admiration et l'amour du Roi, et, de même,

l'amour de la Reine pour le Roi devint plus démonstratif.

« Nous touchons, du reste, aux limites de ce temps où Catherine va soudainement apparaître non plus la Reine humble rivale de la favorite Diane, mais la Reine mère du Roi et prête à entrer dans cette voie de puissance qu'elle a si peu connue jusqu'à présent Nous ne sommes pas loin du jour où le roi Henri, dans ses ardeurs de chevalier héros des tournois, trouvera la mort en la maturité de son âge et dans toute la fleur de sa santé. Avant donc de jeter les regards sur la personne de Catherine à l'instant et au lendemain de cette mort si peu prévue, il faut voir la famille dont elle était le chef, et quelle avait à présenter à la France. » (A. B.)

De 1543 à 1555, époques de sa première et de sa dernière grossesse, Catherine avait eu dix enfants. En 1550, elle perdit Louis de France, duc d'Orléans, et l'année suivante Victoire et Jeanne de France, nées sœurs jumelles. Lors de la mort du Roi en 1559, il lui restait donc sept enfants. Le premier né, qui fut François II, l'époux de Marie Stuart, était un enfant lymphatique, taciturne, obstiné. Son père tentait de l'initier aux affaires. Catherine était parvenue à lui inspirer un tel respect pour elle qu'il était sous son entière dépendance. Les autres enfants mâles étaient : Charles-Maximilien, duc d'Orléans, plus tard Charles IX ; Edouard, duc d'Angoulême, plus tard Henri III ; Hercule, duc d'Anjou, connu ensuite sous le nom de François d'Alençon. Tous ces enfants mâles furent d'assez tristes princes. Au contraire, toutes les filles furent bien douées, charmantes, belles et fort intelligentes.

« Quelle trinité gracieuse que celle de ces trois

petites filles à la Cour ; Madame Elisabeth promise d'abord à Edouard d'Angleterre, puis donnée à Philippe II ; Madame Claude, qui devint Madame de Lorraine, et Madame Marguerite, qui devint la Reine de Navarre, que ses frères appelaient *Margot*, et dont la beauté, quelques années après, fut si grande qu'elle faisait perdre leurs dévotions à ceux qui la regardaient si radieuse et parée aux processions et aux églises. Catherine apporta des soins particuliers à l'éducation de ce gracieux petit monde, du vivant de son mari.... On leur enseignait les lettres pardessus toutes choses...... Ce fut le 30 juin 1559 que Catherine devint veuve ; elle avait alors quarante ans accomplis. » (A. B.)

Son fils François II, qui avait épousé, l'année précédente, Marie Stuart, âgée de seize ans, n'avait que quinze ans lorsqu'il succéda à son père. On comprend qu'il fut heureux de remettre l'autorité entre les mains de sa mère. C'est par son conseil, à n'en pas douter, qu'il « envoya dire à Madame de Valentinois qu'en raison de sa mauvaise influence auprès du Roi son père, elle méritait un grand châtiment ; mais que, dans sa clémence royale, il ne voulait pas l'inquiéter davantage ; que néanmoins elle devait lui restituer tous les joyaux que lui avait donnés le Roi son père. » (*Dépêches de l'ambassadeur.*)

Après quelques jours consacrés à des démonstrations un peu théâtrales de sa douleur, la veuve pensa au maniement des affaires. Elle licencia le connétable de la façon la plus gracieuse et confia le pouvoir au Duc et au Cardinal de Guise. Cependant les Lorrains voyaient dans la Reine mère un obstacle à leur ambition. Ils auraient voulu faire de Marie Stuart l'instrument de leur influence ; mais Catherine obtint

du Roi que toutes les affaires d'importance se trai-
tassent, l'après-dîner dans sa chambre.

« La Cour se mit en voyage : cette année, et
pendant presque tout le bref règne de François II,
la Cour ne résida que peu de jours à Paris. De
Saint-Germain on alla à Reims, puis on fit le
voyage de Lorraine...... On avait projeté de revenir à
Fontainebleau et de s'y tenir, mais on changea
d'avis, et les fourriers reçurent l'ordre de préparer
les résidences de Blois et d'Amboise. Catherine
possédait, à deux lieues de cette ville, son manoir
charmant de Chenonceaux ; elle allait et venait,
avait l'œil à tout. Ce fut là qu'elle ressentit la première impression des grands troubles dont la conjuration d'Amboise fut le prologue. » (A. B.)

A propos de l'arrestation du Prince de Condé,
soupçonné, d'après une dénonciation, d'avoir été le
promoteur de cette conjuration, Baschet ajoute quelques traits à la physionomie morale de la Reine-
mère :

« Sa conduite à l'égard des partis repose sur deux
mobiles : châtier, puis négocier, dissimuler ou
temporiser.... Ses coups sont médités : elle prévoit,
avant de les porter, le mode par lequel elle devra les
atténuer. Nul être au monde ne portait plus loin
la qualité diplomatique. Où je la vois se définir ;
où je la vois au double point de vue de la Catherine vengeresse et de la Catherine politique, c'est
dans l'acte hardi et intempestif de l'arrestation du
Prince de Condé, puis dans son mode d'agir sur
l'esprit du Roi de Navarre, frère aîné du Prince,
pour atténuer l'effet, pour adoucir l'amertume,
promettre, accommoder, arranger, engager. Dans les
actes d'audace qu'elle dicte et inspire, elle feint de
n'être que témoin. Combien elle est plus hardie,
plus entreprenante, plus actrice, plus personnelle,

combien laisse-t-elle voir toute la force du moi dans les négociations....... »

La conjuration d'Amboise avait eu lieu au mois de mars (1560). Le 8 août suivant, Condé fut convoqué à Orléans avec tous les Princes et Seigneurs du royaume, pour assister à une assemblée imposante, devant laquelle le Cardinal de Lorraine voulait rendre compte de son administration et demander, en quelque sorte, un vote de confiance. L'ambassadeur vénitien Giovanni Michieli, qui fut témoin de l'arrivée des princes au rendez-vous et de la froideur avec laquelle ils furent accueillis par Catherine et par le Roi son fils, raconte ainsi l'arrestation dramatique de Condé :

    « Sa Majesté le Roi, la Reine mère, la Reine régnante, le Roi de Navarre, le Cardinal de Bourbon son frère, MM. de Guise et M. le Chancelier, se retirèrent ensuite dans le cabinet de la Reine mère, où, peu d'instants après, le Prince de Condé fut appelé. A peine entré, ordre fut donné aux quatre capitaines de la garde de le mener en prison, ce qui fut exécuté à l'instant..... . »

On comprend quelle dut être l'irritation du Roi de Navarre après l'arrestation de son frère. Catherine réussit cependant à le calmer et, bien plus, à opérer une réconciliation — au moins apparente — entre Navarre et les Guise.

Ce fut dans ces conjonctures, sous le coup d'embarras de tous genres et l'imminence de troubles religieux, que le Roi François II, après une maladie de peu de jours, mourut à Orléans, le 17 novembre 1560, avant la fin de sa dix-huitième année.

Il convient de noter ici que le protestantisme faisait

alors de grands progrès en France, et qu'un fait considérable venait de se passer dans l'assemblée des Princes : Coligny avait présenté au Roi deux suppliques par lesquelles Sa Majesté était suppliée de vouloir bien concéder deux Églises dans deux parties de la France, afin que *ceux de la religion* pûssent exercer plus commodément leurs rites, sans que personne les puisse inquiéter. (1)

« Le mot avait donc été posé dans cette circonstance d'une manière aussi ferme qu'inattendue. Aucune démarche d'une signification aussi résolue n'avait encore été faite. N'était-ce pas pour ainsi dire arborer un drapeau que de remettre cette supplique aussi solennellement ? Dans les événements, dans les choses, on ne saurait jamais trop regarder aux origines : souvent elles sont la clef très sûre de bien des chiffres qu'autrement il serait mal-aisé de comprendre. De ce jour, surtout, l'amiral se désigna au parti, de ce jour Catherine dut se dire : voilà l'ennemi ! Et comme elle était judicieuse et de grande pénétration, elle dut comprendre que cet ennemi était un homme de valeur peu commune, et que les armes dont il faudrait user devraient être en raison de la force du camp dont il prenait si hautement le commandement. » (A. B.)

*
* *

Voilà donc la Reine mère devenue régente, car le nouveau Roi était un enfant de dix ans. La Régente a quarante-trois ans ; elle est toujours intelligente, affable, capable de toutes les négociations, politique avant tout.

(1) Voir dans l'ouvrage de M. L. Belton, déjà cité, le récit des persécutions auxquelles étaient soumis les Protestants à cette époque, et la terreur que la présence de François II à Blois, en 1559, répandit dans nos contrées.

Elle ne perd pas le Roi de vue, ne tolérant que personne autre couche dans sa chambre. Elle tient dans sa main les charges, les bénéfices, les grâces.

Son appétit est énorme, dit Machiavel ; elle est déjà grosse femme, mais elle prend beaucoup d'exercice.

Après que Charles IX eut été déclaré majeur (1567), Catherine était encore tout ; on lui attribuait tout ; et elle mécontentait tous les partis, et les Huguenots et les Catholiques. Sceptique au fond, elle était religieuse à la façon d'Italie, par sentiment quelquefois, par politique toujours, et, d'après Machiavel, à cause de la superstition des peuples. La Saint-Barthélemy fut son œuvre personnelle. En massacrant l'Amiral et les Huguenots, elle ne massacrait pas les ennemis du Pape et de la Messe, mais seulement les ennemis du Trône et ceux qui gênaient cette passion suprême en elle, l'appétit de la Souveraineté. Notre auteur le démontre clairement en s'appuyant sur les *Relazioni* des ambassadeurs.

« L'Amiral avait su par ceux qui venaient de la Cour lui rendre hommage en son château-fort de la Rochelle que le jeune Roi était tout ardeur et tout courage, qu'il voulait des batailles, mais non pas de celles qui, livrées entre des camps d'un même sang et d'une même terre, bien que gagnées, n'en sont pas moins honteuses. Il rêva de capter cette jeune humeur royale, il fit peut-être le grand rêve de relever la France des hontes des guerres civiles, pour la conduire avec le Roi aux gloires des guerres nationales. Le grand ennemi alors, c'était l'Espagnol ; la haine était profonde, accablante, poussée aux limites extrêmes ; l'Espagnol avait battu la France à Saint-Quentin, cela regardait toute la nation ; l'Espagnol avait inventé des supplices et des tortures à l'usage de ceux de la religion ; l'Espagnol faisait une horrible parade de sa colère contre le prétendu droit de conscience ; l'Espagnol était l'hydre du parti protestant, comme le parti protestant était l'hydre de l'Espagnol, cela regardait l'Amiral. Gagner le Roi, c'était gagner la cause. Anéantir l'influence de la Reine mère, briser Catherine, c'était peut-être réussir à faire du Roi un huguenot ! Car c'était là le vrai but : le Roi de France huguenot, huguenot par Coligny !.. ....

« Coligny, dans sa vieille expérience, sentait bien que sa tâche eût été facile et belle sans la Reine mère. Pour l'Amiral, si le grand ennemi à l'extérieur était l'Espagnol, la grande ennemie à l'intérieur, c'était Catherine, car elle était le Roi et le Ministre, c'est-à-dire le Gouvernement. Charles IX son fils n'était qu'un tueur de bêtes, un chasseur effrayant, mais non un prince, moins encore un politique........ L'ardeur de l'Amiral à séduire le Roi l'inquiéta ; l'ardeur de son fils à rechercher la compagnie de l'Amiral réveilla de vieilles haines, en même temps qu'elle inspira de sanglantes représailles.........

« Catherine se sentait blessée dans sa passion la plus vive, passion caractérisée par cette belle expression du Vénitien dite à son propos : *l'affetto di signoreggiare*. L'Amiral lui enlevait son petit, qu'elle avait si bien dressé à lui obéir et à ne rien vouloir en dehors de sa volonté. La déclaration d'une guerre, — cet acte le plus grave, ce fait de la responsabilité la plus haute — aurait été osée sans qu'elle la voulût et qu'elle la décidât ! Elle qui, par tant de sacrifices, tant de fatigues, tant de dissimulations, tant de sagacité et de pénétration, avait tenu le pouvoir et conduit le royaume depuis près de treize années ! Une guerre de par Coligny, une guerre à l'Espagne, le Roi à la tête des troupes, avec la fleur de la France autour de lui, et l'Amiral moteur de tout, agissant et voulant ! Que serait-elle alors ? Une femme dans l'État, mais non plus la

Régente, non plus cette grande Reine mère tant
crainte, tant obéie ! Elle vit le danger : et le Louvre
la revit bientôt. Nous sommes à la veille de son
sanguinaire ouvrage. » (A. B.)

On nous pardonnera certainement cette longue ci-
tation, et d'autres encore, qui ont l'avantage de faire
connaître non seulement le style, mais l'esprit d'a-
nalyse, d'impartialité et de philosophie politique de
Baschet.

Mais revenons à Catherine. Il lui fallait faire naître
une occasion propice pour rendre sa victoire efficace :
elle ne chercha pas longtemps.

Le mariage de sa fille Marguerite avec le roi de
Navarre était décidé. Elle tint à ce qu'il fut célébré à
Paris, afin d'y attirer la *fleur* des Huguenots et de
pouvoir les englober dans le même coup de filet.

Du lundi 18 au vendredi 22 août 1672 ce ne furent
que fêtes et mascarades.

« Le vendredi, sur l'heure du dîner, l'Amiral
venant de quitter le Louvre, gagnait sa demeure.
Marchant assez lentement, il lisait une lettre. La
scène est saisissante : rappelez-vous le vieux Paris.
D'une fenêtre un coup d'arquebuse part, dirigé
contre l'Amiral ; on avait visé à la poitrine, on
n'atteignit qu'aux deux bras. L'Amiral ne devait pas
mourir encore. D'où était parti le coup ? D'une
fenêtre du logis de Madame de Guise mère. Tout
exprès on avait déserté cet hôtel ; madame de Guise
s'était retirée au Louvre, ou dans une autre de ses
maisons........ Le Roi reçut la nouvelle au jeu de
Paume, où il était avec M. de Guise : on assure
qu'il pâlit et qu'il demeura comme évanoui. Sa
Majesté gagna ses appartements. Tout le parti de la
religion, à la nouvelle soudaine de la blessure de
l'Amiral, courut à sa demeure........ La chose

étrange, peu croyable, vraie cependant, fut la visite
que firent, le soir même, le Roi, la Reine et
Monsieur à la victime. Jamais la force de la dissimulation, en aucun crime, dans les annales humaines, n'a été portée à cette hauteur ! » (A. B.)

Mais ce n'était que le signal de l'œuvre à accomplir. Et maintenant, comme garantie d'impartialité,
laissons parler un étranger — témoin oculaire,
— l'ambassadeur Giovanni Michieli, — un catholique :

« La chose fut vite finie ; car la nuit du samedi
au dimanche, fête de Saint-Barthélemy, tout à
l'aube, de par l'ordre du Roi, fut exécuté le massacre, comme disent les Français, la tuerie, l'*uc-
cisione*, avec toutes les ressources extrêmes de la
rage et de la fureur, le Roi ayant ordonné au peuple
le meurtre et le pillage.. .. On sut jusqu'où, dans
les esprits, pouvait conduire la passion religieuse :
n'était-ce pas horrible et barbare de voir, par toutes
les rues, qu'on imaginait des cruautés, de sang-
froid, contre des hommes d'une même nation, non
seulement qui ne s'étaient pas offensés mutuel-
lement, mais qui se connaissaient pour la plupart,
ou comme voisins ou comme parents. On n'avait
d'égard ou de miséricorde pour aucun, fut-il même,
les genoux en terre, suppliant, demandant grâce en
toute humilité. Il suffisait que l'un fut hostile à
l'autre, ou par intérêt, ou par suite de procès, ainsi
que cela est arrivé pour beaucoup de catholiques, et
qu'il s'écriât : *celui-là est huguenot*, qu'aussitôt il
était assassiné........ Que Votre Sérénité sache que
toute cette action, du commencement à la fin, a été
l'œuvre de la Reine, œuvre combinée, tramée et
dirigée par elle, avec la seule participation de Monseigneur d'Anjou son fils (plus tard Henri III). On
a imputé le coup d'arquebuse aux ordres de M. de
Guise ; il n'y a été pour rien. L'*archibusata* a été

concertée par M. d'Anjou et la Reine, et exécutée par un Florentin nommé Pierre-Paul Tosinghi. »

L'ambassadeur s'aperçoit qu'il a été trop loin en disant que M. de Guise ne fut pour rien dans l'assassinat de Coligny, car plus loin il ajoute :

« Votre Sérénité peut penser avec quel plaisir M. de Guise reçut cette commission et avec quelle ardeur il l'exécuta. (Il avait été chargé par la Reine mère et son fils de faire tuer l'Amiral Coligny, son gendre et tous ceux des siens). Je laisse les détails que j'ai consignés dans mes lettres, comment on trouva l'Amiral, comment après l'avoir couvert de blessures, le tenant pour mort, on le jeta par les fenêtres pour le faire voir à M. de Guise et aux autres, qui le demandaient du fond du *cortile* (la cour) où ils se tenaient. Le premier qui le blessa fut un Allemand, page au service de l'ancien M de Guise ; c'est à lui que l'Amiral, le voyant se jeter sur lui, dit ces seules paroles : *Jeune soldat, aie respect à la vieillesse.* »

Sur l'esprit de Catherine la Saint-Barthélemy ne laissa aucune trace d'émotion et de regret. Sur celui de Charles IX elle eut des conséquences manifestes. Sigismondo Cavalli qui est resté à sa Cour jusqu'à sa mort, advenue deux ans plus tard, rapporte de lui des impressions singulières :

« Ses regards sont devenus sombres. Dans ses entretiens et ses audiences, il ne regarde pas en face celui qui lui adresse la parole ; il baisse la tête, ferme les yeux, puis les rouvre tout-à-coup et, comme s'il souffrait de ce mouvement, il les referme avec non moins de soudaineté. On craint que l'esprit de vengeance ne se soit emparé de lui ; il n'était que sévère, on redoute qu'il ne devienne cruel. Il est sobre dans la nourriture, ne boit toujours que de l'eau, de même que ses frères. Il veut à tout prix de la fatigue : il reste à cheval douze et quatorze heures consécutives ; il va ainsi, chassant et courant à travers bois..... Son humeur est toujours à la guerre : chez lui l'idée est fixe.... Ce Roi poussait la recherche des exercices violents jusqu'à battre une enclume trois et quatre heures durant, usant d'un marteau énorme, forgeant un corps de cuirasse ou tóute autre arme solide.... Je ne veux pas omettre comme détail que la chasse était son amusement favori, il avait composé un livre qui en traitait, et qui, d'après ce que j'ai su, était tel qu'on ne pouvait voir chose plus parfaite en cette matière. »

On peut dire que le remords le conduisit au tombeau.

« Toute la masse du sang s'était corrompue dans cet homme. L'esprit, le corps étaient tourmentés. Je ne fais point ici de ces conjectures qui, dans les drames, assurent la grandeur et le succès des effets ; mais il est certain que depuis les journées de la Saint-Barthélemy, où sa volonté fut si fatalement dirigée par la Reine mère, jamais le Roi n'eut de repos ni de quiétude. » (A. B.)

Il mourut — probablement phthisique, dit Henri Martin — en proie aux hallucinations les plus horribles, avant d'avoir accompli sa vingt-quatrième année.

* *
*

A Charles IX succédait son frère, Edouard Alexandre, duc d'Anjou, qui régna sous le nom de Henri III. Il quittait le trône de Pologne, où les intrigues de sa mère l'avaient fait élire, par suite de l'extinction de la race des Jagellons. Evadé de Cracovie en cachette, comme un criminel, à la nouvelle de la mort de son frère, il avait traversé l'Autriche et s'était arrêté trois mois à Venise, où une réception fastueuse lui avait été faite et où il vécut au milieu des fêtes les plus brillantes, pendant que sa mère exerçait une seconde fois la Régence, en attendant son retour. (1)

L'ambassadeur vénitien qui était venu le complimenter à l'occasion de son élection par la Diète de Pologne (1573), avait fait de lui le portrait suivant :

« Il a le port assez noble, une grâcieuse prestance, les plus nobles mains que personne, homme ou femme, ait en France ; il a des manières plutôt sérieuses, lorsque, par affabilité, il abandonne un je ne sais quoi de solennel et de grave qu'il tient de la nature ; tout se contredit en lui ; les habitudes, la manière de se vêtir, les ornements dont il se pare, le font paraître fort délicat. Outre les superbes habits enrichis d'or, de joyaux et de perles qu'il porte, il met aussi le plus grand luxe à ses chemises et à ses toques ; il porte au cou un double collier d'or et d'ambre qui laisse une odeur des plus suaves. Mais ce qui, à mon sens, lui ôte bien de la gravité, c'est d'avoir les oreilles percées à la mode des femmes. Il ne se contente pas de porter un seul anneau à chacune d'elles, il lui en faut jusqu'à deux, avec des pendants enrichis de pierreries et de perles fines. »

Encore adolescent, le Duc d'Anjou avait montré quelques ardeurs belliqueuses ; de Moncontour et de Jarnac il ne revint pas sans honneur.

Une fois Roi, ses mœurs efféminées et immorales lui ôtèrent bientôt tout prestige. Après s'être fait sacrer à

---

(1) Dans l'ouvrage de M. Yriarte déjà cité — *La vie d'un Patricien à Venise au seizième siècle* — on lira avec le plus grand intérêt la description des fêtes données par les Vénitiens à Henri III (Ch. XI, p. 272).

Reims, il avait épousé une cousine des Guise, Louise de Vaudemont, ce qui ne fit qu'augmenter leur influence. Il passait des journées entières à parer sa femme et ses *mignons*, ou à caresser ses chiens et ses perroquets.

« Si ce n'eût été la Reine mère qui luttait pour lui contre tout le monde, nous n'aurions de ce règne d'autre souvenir que celui de l'opprobre de la couronne. La faiblesse du Roi a fait la force de Guise. L'âge semblait augmenter ses folies : l'ambassadeur Priuli, qui le vit après huit ans de règne, fait observer la passion qu'il a prise pour la danse. Chaque soir, après le souper, il s'y livrait pendant deux heures. » (A. B.)

Catherine avait un quatrième fils, le Duc d'Alençon, qui fut tantôt du parti de la Cour, tantôt du parti des factions. faillit épouser Elisabeth d'Angleterre, et mourut en 1584, à l'âge de trente ans, après avoir suscité les plus grands embarras à sa mère et au Gouvernement. Cette mort, cependant, attrista profondément la Reine mère qui voyait le trône échapper à sa descendance, Henri n'ayant pas d'enfant. Puis, elle sentait le pouvoir lui échapper à elle-même. Jusque là, Henri avait eu pour elle les déférences d'un être passif ; en lui rien de l'homme qui agit, rien du Roi qui pense. Par un retour singulier des choses, par une sorte de réveil lent du reste, mais réel néanmoins, vers l'année 1583, Henri, soit qu'il fût poussé par ses mignons, soit qu'il fût pris du désir d'être un peu maître et homme de volonté, commença à rompre quelques lances avec la suprématie de Catherine........

« Ce fut dans cet embarras d'affaires, le Roi étant hors Paris où il n'osait rentrer, pendant une session d'Etats-généraux où le duc de Guise paraissait être plus Roi que le Roi lui-même, qu'une maladie, légère d'abord, mais aggravée par les commotions, s'empara de la Reine mère. Le 19 décembre, l'Ambassadeur annonce à son gouvernement que la Reine mère est prise de fièvre : cependant elle se remet peu de jours après. Mais l'avant-veille de Noël, au matin, le Roi son fils entre dans ses appartements, et lui fait part du meurtre de Henri de Guise, qu'il a ordonné et fait exécuter, se réjouissant étrangement de penser qu'enfin, par cette mort, il commence à être Roi de France. La Reine mère fut atterrée par la nouvelle d'un si grand coup ; son instinct des choses lui révéla la profondeur du gouffre dans lequel Henri s'était jeté par ce meurtre. Elle vit la France soulevée, le Roi moins Roi que jamais dans l'opinion de ses sujets ; ce n'était pas que ce coup ne fut très osé et très grand, car pour traître au Roi, Guise l'était, mais il était aussi l'idole du peuple et des prêtres, le *Roi de Paris*. Pour toucher à un tel homme, dans des circonstances de popularité religieuse si excessive qu'elle atteignait jusqu'au ridicule, pour faire face aux conséquences qui devaient nécessairement succéder, il fallait avoir une autre tête que celle de Henri III et posséder une autre force d'âme ! La Reine mère le comprit bien ; elle comprit aussi que pour elle-même son rôle était fini. Si pour un tel coup d'Etat, si dans une matière si grande elle n'avait pas été consultée, quand donc, à l'avenir, le serait-elle ? Le seul fait de s'être passé de son conseil, de ne l'avoir pas initiée à un tel dessein, de n'avoir pas interrogé sa prudence sur la maturité du fruit, était aussi un coup d'Etat. Pour Henri III ne pas consulter sa mère et tuer le Guise, c'était accomplir deux coups d'Etat. Sa réponse fut brève et significative :

« Mon fils, cela me fait plaisir, pourvu que ce soit pour le bien de l'Etat, et elle ajouta avec un soupir : du moins je le désire ardemment (Mocenigo).

« La Reine mère ne survécut point à ces émotions sanglantes ; elle avait pu faire la Saint-Barthélemy, elle aussi avait tué un homme, l'Amiral, mais alors, au lendemain de cet attentat, elle était debout, prête à parer le contre-coup de la mine dangereuse qu'elle avait fait éclater, et d'ailleurs elle se sentait alors et la force de l'esprit et la force de la main. Aujourd'hui, au lendemain du meurtre de Guise, que ferait Henri III ? La royauté de Catherine de Médicis était dans l'isolement et l'abandon, la Reine mère n'avait plus qu'à mourir. Elle mourut quatorze jours après le Guise, le 6 janvier, dans le même château, quelques mois avant l'assassinat du Roi, son fils, à St-Cloud, par un moine fanatique. Catherine avait alors soixante-neuf ans et sept mois. » (A. B.)

Elle mourut *endeptée de huit cent mille escus*, dit Pierre de l'Estoile. Après sa mort, les créanciers firent apposer les scellés à son hôtel de Paris.

⁎⁎

Baschet a fait imprimer à Blois, en 1869, une plaquette donnant un *Fragment de l'inventaire manuscrit des meubles trouvés après le scellé de la chambre levé en la maison de la Royne-mère, le 17 juillet 1589, à la requête du Sr Duc de Mayenne, propriétaire de l'hôtel. (Extrait des Registres de la Chambre des Comptes.)* (1).

Les objets énumérés eussent pu garnir les salles d'une Exposition des Beaux-Arts et de l'Industrie. Le produit de la vente a dû suffire pour payer les dettes.

---

(1) *Inventaire des meubles de la feue royne mère* CATHERINE DE MÉDICIS *trouvés après le scellé levé en son Hostel et autres lieux et endroictz de la ville de Paris,* documents publiés avec une introduction par ARMAND BASCHET.
Blois. — Imprimé chez J. Marchand, in-8°, 10 pages, 1869.

⁂

Pendant les six années de lutte qui précédèrent l'entrée d'Henri IV à Paris, la République de Venise fut le seul État qui eut un ambassadeur auprès du nouveau Roi. Cet acte d'initiative ne fut pas sans périls pour les vénitiens. De longues, actives et curieuses négociations en sont résultées, sur lesquelles Baschet comptait bien faire la lumière, au moyen des documents empruntés aux papiers d'État possédés par les archives. Ses notes étaient préparées et il n'eût pas tardé à publier l'ouvrage auquel il avait donné d'avance le titre de *Henri IV et Venise*.

Nous en eûssions ici donné l'analyse, d'abord pour suivre l'ordre chronologique des faits historiques, puis pour compléter ce qui, dans l'œuvre de Baschet, a pris naissance dans le cloître des *Frari*.

C'est à peine, en effet, si l'on peut faire entrer dans cette série un *Mémoire* adressé en 1877 au Ministre de l'Instruction publique sur le *Recueil original des Dépêches des Ambassadeurs vénitiens pendant le XVIᵉ, XVIIᵉ et le XVIIIᵉ siècle, et sur la copie qui en a été entreprise pour être déposée au département des manuscrits de la Bibliothèque nationale* (1).

C'est là, en réalité, un Rapport administratif où l'on ne trouve rien qui n'ait été dit dans les ouvrages précédents. Nous en extrayons cependant le résumé suivant à titre de curiosité :

Pendant les trois siècles dont il s'agit, quatre-vingt-

---

(1) *Les Dépêches des Ambassadeurs vénitiens en France pendant le XVIᵉ, le XVIIᵉ et le XVIIIᵉ siècle. Rapport à M. le Ministre de l'Instruction publique*, 32 p. in-8°, *par* ARMAND BASCHET. — Paris, Imprimerie nationale, 1877.
(Extrait des *Archives des Missions scientifiques et littéraires*, 3ᵉ série, T. IV).

dix ambassadeurs vénitiens ont fourni à la correspondance officielle 21,177 documents qui se partagent ainsi :

pour le règne de Henri II	548
François II	83
Charles IX	773
Henri III	1,078
Henri IV	1,497
Louis XIII	3,979
Louis XIV	8,446
Louis XV	3,614
Louis XVI	972
sous le Directoire	187

Le tout classé en 268 liasses. La copie de près de
la moitié de ces Dépêches existe déjà à la Bibliothèque
nationale, *fonds italien*.

Avant de quitter Venise cependant, mentionnons
une trouvaille intéressante au point de vue littéraire,
annoncée par M. Ch. Daremberg, dans le *Journal des
Débats* du 31 janvier 1862.

Parmi les pièces inédites recueillies par Baschet se
trouve une lettre jusque-là inconnue, écrite par
l'Arioste à la République de Venise, pour s'assurer
la propriété littéraire de l'*Orlando furioso* (1516).
Lorsque Ludovico Ariosto eut, en 1515, terminé le
poème qui, au seizième siècle, fit le charme du
monde, il s'adressa, avant de l'imprimer, aux grandes
puissances du jour, pour obtenir d'elles que nul ne se
pût prévaloir de son bien et faire acte de réimpression,
sa vie durant, sauf son bon plaisir et son consentement. Il écrivit donc au S. P. Léon X, au roi de
France François Ier, à la Sérénissime République de
Venise. La bonne fortune de Baschet lui a fait rencontrer dans l'un des registres officiels de l'ancienne

Venise la lettre en question. Le privilège sollicité par l'Arioste lui fut accordé le 25 octobre 1515, et la première édition du poème date de 1516.

Les lettres à Léon X et à François Ier sont encore à trouver.

Nous ne nous arrêterons pas aux *Chroniques* et *Variétés* vénitiennes envoyées par Baschet à divers journaux et qui figurent sur la liste de l'annexe n° 4.

*
* *

Dans ses perquisitions à travers les archives, Armand Baschet, comme on le voit, rencontrait parfois des documents étrangers au sujet qu'il se proposait de traiter actuellement, mais qui lui paraissaient susceptibles d'être utilisés pour un travail ultérieur ; c'est ainsi qu'il trouva l'occasion de copier certaines pièces curieuses relatives à la *consommation* du mariage de Louis XIII, roi de France, avec Anne d'Autriche.

De retour à Paris, en 1863, il se mit en quête de tout ce qui pouvait compléter ses notes ; il fouilla les Archives et la Bibliothèque nationales, y découvrit les *Papiers de la maison d'Espagne*, des *Rapports*, des *Correspondances* et le *Journal d'Hérouard*, premier médecin de Louis XIII, écrit jour par jour, — on pourrait dire heure par heure — pendant vingt-neuf ans, depuis la naissance du roi, le 27 septembre 1601, jusqu'au jour où lui, Hérouard, fut enlevé à la vie, à l'âge de soixante-dix-huit ans.

Muni de ces divers documents, notre auteur se mit à l'œuvre, et, au printemps de 1864, paraissait chez Aubry, éditeur, alors rue Dauphine, aujourd'hui rue

Séguier, la première édition du Roi chez la Reine,
ou *Histoire secrète du mariage de Louis XIII avec
Anne d'Autriche*; édition de luxe, tirée à un petit
nombre d'exemplaires et bientôt épuisée (1).

En 1866, une seconde édition, non moins remarquable sous le rapport typographique, fut publiée par
l'éditeur H. Plon, augmentée d'un appendice contenant d'intéressants documents.

Ce succès de librairie est-il dû à ce qu'on s'attendait
à trouver dans ce livre une *Chronique scandaleuse?*
Le caractère de l'esprit français permet de le supposer.
Baschet se défend cependant d'avoir cherché un titre
affriolant. Mézeray avait bien écrit l'*Histoire de la
Mère et du Fils*, c'est-à-dire de Marie de Médicis et
de Louis XIII, il était tout naturel qu'il montrât à
son tour *le Roi chez la Reine*, c'est-à-dire Louis XIII
chez sa femme.

Ah, le bon apôtre! et que sa bonne face joviale
avait de peine à se faire sérieuse lorsqu'il donnait
cette excuse. Hâtons-nous d'ailleurs de reconnaître, à
l'honneur de notre compatriote, qu'il était impossible
de mettre dans un tel récit plus de décence et de bon
goût qu'il n'en a mis. Chronique scandaleuse si l'on
veut, mais racontée avec un art infini et une originalité tout-à-fait personnelle. Cela est-il suffisant pour
qu'on puisse dire :

La mère en permettra la lecture à sa fille........
Que la mère lise d'abord ; elle jugera ensuite si elle

(1) Le Roi chez la Reine, ou *Histoire secrète du mariage de
Louis XIII et d'Anne d'Autriche, d'après le journal de la vie
privée du Roi, les Dépêches du Nonce et des Ambassadeurs et
autres pièces d'Etat*. — Paris, Auguste Aubry, 1864, petit in-8°
de XII-368 pages.

*Deuxième édition, augmentée d'un nombre important de curieux
documents*. — Paris, H. Plon, 1866, in-8° de 43 ff. — 515 pages

doit en accorder la permission....... qu'on ne lui demandera peut-être pas.

* *
*

Commençons par faire connaissance avec les héros de l'aventure.

Dès son enfance, le Dauphin souffrait impatiemment le joug de son gouverneur et de ses précepteurs. L'histoire et la géographie l'ennuyaient ; il n'avait goût qu'à la chasse, au jeu de paume, aux chiens, aux oiseaux, aux petits simulacres de guerre, ou plutôt aux jeux de parade avec les petits gentilshommes de sa petite cour. Il aimait les petits fusils, les petits sabres, les petits canons, les soldats de plomb ou d'argent, et, pardessus tout, ses faucons, gerfauts, émerillons et autres oiseaux de chasse. Il avait la vertu classique des chasseurs, s'il faut en croire les anciens poètes : il était chaste — comme Diane. Fils dégénéré du roi vert-galant, son cœur ne battait point et ses entrailles ne tressaillaient point. Ce qu'il avait — à un très haut degré — c'était le sentiment de sa personnalité, la conscience de sa dignité royale et de sa majesté. Sérieux en tout, il tenait son rang au Parlement et dans le Conseil, montait fort bien à cheval, et savait, au besoin, commander ou autoriser un meurtre. — L'assassinat du duc de Guise par Henri III et celui du maréchal d'Ancre par Louis XIII sont deux faits qui rapprochent les Valois des Bourbons.

Louis XIII eut une affection passionnée cependant, mais pour un camarade de jeux plus âgé que lui, Albert de Luynes, dont il fit d'abord le gardien de ses volières, et qu'il éleva progressivement jusqu'à la dignité de connétable, en récompense du meurtre de Concini. Cette passion a donné lieu à des soupçons — que nous ne voulons pas spécifier — fondés sur de simples conjectures, et auxquels Baschet ne fait même aucune allusion. Il ne faut probablement en chercher la cause que dans les puériles complaisances d'un ambitieux.

Louis XIII était bien fait de sa personne, de proportions menues, mais heureuses. Sa figure eût été agréable malgré sa pâleur, si un masque impassible d'indifférence et de froideur n'eût éloigné de lui toute sympathie.

Quant à l'infante Dona Ana, elle avait huit jours de plus que le roi de France. Ses premières années se passèrent sous l'aile de sa mère, Marguerite d'Autriche, qui lui donna ensuite pour gouvernante la comtesse d'Altamira, sœur du duc de Lerme, le ministre favori du roi d'Espagne Philippe III. Un ambassadeur vénitien avait fait le portrait suivant de l'Infante, en 1608 :

> « Dona Ana accomplira sa septième année le 22 septembre prochain ; elle est d'une exquise qualité d'esprit, à un point peu croyable pour son âge ; une grâce extraordinaire est en elle et donne du relief aux gentilles choses d'à-propos qu'elle dit ou qu'elle fait ; aussi n'est-elle pas moins admirée de qui la gouverne qu'adorée de Leurs Majestés. »

Madame de Motteville, en ses *Mémoires*, dépeint ainsi l'infante d'Espagne, à l'âge de 15 ans, au moment où elle devenait reine de France :

> « La Reine, par sa naissance, n'a rien qui l'égale : ses aïeux ont tous été de grands monarques. La nature lui a donné de belles inclinations. Elle

est grande et bien faite ; elle a une mine douce et majestueuse....... Ses yeux sont parfaitement beaux ; le doux et le grave s'y mêlent agréablement. Sa bouche est petite et vermeille. Ses cheveux sont beaux et leur couleur d'un beau châtain clair ; elle en a beaucoup et il n'y a rien de plus agréable que de la voir peigner.

« Ses mains, qui ont reçu les louanges de toute l'Europe, qui sont faites pour le plaisir des yeux, pour porter un sceptre et pour être admirées, joignent l'adresse avec une extrême blancheur........ Sa gorge est belle et bien faite, et ceux qui aiment à voir ce qui est beau ont sujet de se plaindre du soin que la Reine prend de la cacher, si le motif qui le lui fait faire ne les forçait d'estimer ce qui s'oppose à leur plaisir. »

Qu'on ajoute à ces qualités extérieures le tempérament ardent d'une Espagnole, et qu'on juge si ce gamin morose, sauvage et flegmatique, et cette charmante fillette, déjà femme par son développement précoce, pouvaient faire des époux assortis.

Non certes. Mais oublie-t-on les intérêts politiques, les alliances nécessaires ?

Henri IV considérait l'Espagne comme sa pire ennemie. Rome et Florence avaient le plus grand désir d'assurer la paix entre les deux puissances voisines et de s'en faire des alliées : ce serait une ligue puissante contre le protestantisme. Un double mariage serait le sceau de la réconciliation. La Toscane en prit l'initiative dans les premiers jours de l'année 1610.

« Ainsi, pour le Roi de France la main d'une Infante, et pour Madame, sœur du Roi, la main de Don Philippe, Prince des Asturies. C'est en ces termes que fut posée la question que les papiers d'Etat, à cette époque, traitent et discutent sous le nom bien familier aux oreilles de la politique française : *les mariages espagnols.* » (A. B.)

Notons que le Dauphin était alors dans sa dixième année ; que sa future était son aînée de quelques jours ; que le Prince d'Espagne avait six ans accomplis, et que Madame Elisabeth entrait dans sa huitième année. On avait donc le temps de préparer les layettes.

C'est en cette année qu'Henri IV fut assassiné et que Marie de Médecis devint Régente. Elle crut devoir garder les accords secrets jusqu'au 30 janvier 1612, jour où elle se décida à faire, en Conseil des Princes et des grands du Royaume, la déclaration des mariages de France et d'Espagne.

Le Dauphin, qui avait alors douze ans, se montra ce jour-là plus réveillé qu'à l'ordinaire.

> « Il courait et sautait, dit le Nonce Ubaldini dans sa dépêche à la cour de Rome, disant tout joyeux qu'il était marié et priant sa mère de lui enseigner comment se font les enfants — *come si fanno li figlioli.* »

Le *Journal* d'Hérouard le représente moins....... innocent : (1)

(1) Jean Héroard (ou Hérouard, comme l'écrit Baschet), était un médecin attaché à la Cour d'Henri IV. Dès la naissance du Dauphin qui fut plus tard Louis XIII, le Roi lui confia la garde de la santé du nouveau-né. Imbu de l'importance de ses fonctions, le consciencieux Docteur se mit à écrire jour par jour l'histoire de son jeune client, notant avec un soin pieux et une minutie infatigable les moindres faits et gestes du royal enfant. Le digne Héroard ne recule jamais devant le mot propre et appelle les choses par leur nom avec une franchise toute gauloise. Ses récits révèlent des mœurs tellement obscènes, une Cour si brutalement corrompue en actions et en paroles, qu'on se demande si l'on rêve. Le bon roi Henri semble dépraver à plaisir, de corps et d'esprit, son héritier. Il y a surtout un prodigieux usage..... dont Héroard cite cent exemples, et auquel se conforment presque tous les seigneurs et grandes dames qui visitent le Dauphin en son berceau, imitant les pratiques aux-

« Le Roi étant allé le soir, à son habitude, saluer la Reine mère, celle-ci, se jouant, lui dit :

« Mon fils, je vous veux marier ; le voulés-vous bien ?

« — Je le veulx bien, Madame.

« — Mais vous ne scauriés pas faire des enfants ?

« — Excusés-moi, Madame.

« — Et comment le scavés-vous ?

« — Monsieur de Souvré me l'a apprins. »

Monsieur de Souvré était le Gouverneur du jeune Prince. De nos jours, les programmes de l'enseignement primaire ne poussent pas si loin l'étude de l'histoire naturelle. Il est vrai que l'élève, on le verra plus tard, oublia bientôt la leçon du maître ; ou plutôt il n'avait pas compris.......

Les mariages ne devaient pas avoir lieu, d'ailleurs, avant deux ans — au moins — quoique l'on dressât les contrats dès le mois d'août suivant.

L'année 1613 vit grandir la faveur de Luynes dont le jeune Roi ne pouvait plus se passer, *rêvant même de lui,* dit Hérouard, et l'*appelant, criant son nom,* le croyant absent. La chasse devient la plus grande occupation des deux amis.

« En juillet et août, le premier voyage dans les provinces ; en octobre, le lit de justice tenu pour la déclaration solennelle de la majorité, et, sur la fin du même mois, le 27, la séance royale de la tenue des Etats : ce sont les grands événements de la vie

quelles se livraient les gouvernantes de Gargantua sur leur jeune élève. (RABELAIS, *Gargantua,* L. *I,* Ch. *XI).* Cet usage explique comment cet enfant, né vigoureux et bien constitué, devint le malingre et froid Louis XIII, pâle, débile...... et impuissant, comme on le verra.

(Le manuscrit du *Journal d'Hérouard,* qui se trouve à la Bibliothèque nationale, a été imprimé chez Firmin Didot, en 1868).

de Louis XIII pendant le cours de l'année 1614.

« Les provinces n'avaient jamais vu leur Roi, il importait qu'elles le vîssent. On s'était plu à le montrer comme si fort valétudinaire, qu'il lui était mal aisé — disait-on — de s'éloigner de Paris, en raison de tous les remèdes auxquels il était astreint ; on assurait aux braves gens qu'il n'avait pas longue vie à mener, de sorte que les peuples ne savaient quel parti prendre....... » (A. B.)

On se mit en route le 5 juillet. Nous n'accompagnerons pas le cortège royal. Bornons-nous à noter qu'il arriva le 8 à Orléans, où il demeura trois jours ; qu'il coucha à Beaugency le 14 ; que de là il fit une pointe sur Chambord, en allant à Blois, qu'il quitta le 18 pour se rendre à Tours par Montrichard.

Puis, le Roi visita Poitiers et, revenant vers la Loire, gagna Saumur, Angers, Ingrande, Ancenis et Nantes, qui était le but du voyage. Le retour se fit à travers le pays chartrain.

Le double mariage devait être célébré au milieu de l'année 1615, à Bordeaux, où les quatre fiancés devaient se rendre de Paris et de Madrid.

Le 17 août, la Cour de France partit en grande pompe pour la Guienne.

En passant à Blois, le 24, elle entendit la messe à la chapellle du Donjon (le château), et, à Amboise, elle fut reçue par M. de Luynes, qui avait été nommé Gouverneur de la ville et du château.

L'arrivée à Bordeaux eut lieu le 6 octobre, et le jeune Roi fut conduit au palais archiépiscopal, où le Cardinal de Sourdis lui donnait l'hospitalité. Un mois devait se passer encore avant l'arrivée de l'Infante. En attendant, Louis XIII ne changea rien à ses habitudes enfantines.

« Dans le palais de l'archevêché de Bordeaux, qui est sa résidence, il se divertit et s'amuse comme dans le palais du Louvre, à Paris : il y a ses oiseaux du cabinet, ses petites arquebuses, ses gentilshommes ordinaires, en un mot, ses choses et sa maison. » (A. B.)

De son côté, le Roi d'Espagne, accompagné de son fils et de l'Infante, arrivait à Burgos le 18 octobre. C'est là que fut célébré le mariage de la jeune princesse avec le Roi de France, représenté par le duc d'Uceda, fils du duc de Lerme. Le même jour, à l'église St-André de Bordeaux avait lieu, — aussi par procuration — le mariage de la sœur du Roi avec le Prince d'Espagne, représenté par le duc de Guise. L'échange des deux princesses se fit le 9 novembre, avec un grand appareil, dans une île de la Bidassoa. Là, les deux jeunes filles s'embrassèrent, et chacune acheva la traversée du fleuve pour prendre terre sur le rivage qui l'attendait.

Le 21 novembre, Louis XIII, informé de l'approche de la jeune Reine, se rendit au-devant d'elle jusqu'à Castres, distant de cinq lieues de Bordeaux, mais il la devança avant l'arrivée, afin de se trouver au palais pour la recevoir.

La cérémonie des épousailles fut fixée au 25 et l'entrée solennelle dans Bordeaux au 29.

« Toutes les dépêches, toutes les lettres du moment n'eurent qu'un même mot à dire sur l'impression toute charmante qu'avait produite l'aspect de la jeune Reine, hier Espagnole, désormais Française. » (A. B.)

Nous ne décrirons pas les magnificences de la célébration du mariage à la cathédrale St-André, ni les brillantes toilettes des jeunes époux. On nous saura gré d'aborder tout de suite le point délicat qui préoccu-

pait vivement la Reine mère. Nous laissons la parole
à Baschet :

« A la Cour, pendant toute cette journée, on fut
à même de se demander, — connaissant surtout la
tempérance du Roi en dehors de tout ce qui ne
concernait pas les affaires de chasse et d'oiseaux, —
comment on parlerait, et même si l'on parlerait à
Sa Majesté de la consommation de son mariage.......
L'intervention de la Reine mère dans la ruelle du
lit de la jeune Reine pour y présenter le jeune Roi,
le soir de la cérémonie, — intervention dont les détails sont contenus dans un document écrit le jour
même à la cour, — est curieuse à connaître. Un peu
de politique, sinon la politique seule, en fut tout
le mobile. Le mariage avait rencontré une telle
opposition dans le parti des Princes....... que la
Reine mère, après les luttes qu'elle avait soutenues
contre l'assaut des partis adverses, voulait triompher
entièrement. Proclamant l'accomplissement des
noces, elle voulait pouvoir proclamer aussi la consommation du mariage....... La conduite de la
Reine mère, ce soir-là, ne manqua donc pas d'habileté, et si elle prit soin de faire en sorte que le Roi
son fils se rendît aux appartements de la petite
Reine infante, et qu'il y demeurât pour quelques
heures au moins, il faut y voir plus encore la raison
d'Etat que celle de l'intérêt maternel. Venons-en
donc au récit de ce difficile moment. »

Ici, notre auteur donne la copie d'un document
trouvé parmi les manuscrits de la Bibliothèque nationale (*fondo Dupuy*), et dont nous conservons l'orthographe :

« Après la cérémonie achevée, environ les sept
heures du soir et que Leurs Majestés eurent un peu
devisé ensemble, le Roy et la petite Reyne s'en
retournèrent avec autant d'ordre que l'heure le peut
permettre, et prirent le plus court chemin de l'ar-

chevêché pendant que la Reyne mère y retourna aussi par la petite porte, et estant là, donna ordre à faire faire la bénédiction du lict nuptial sans aulcune ceremonie que par un des aumoniers ou chappelains.

« Incontinent après que le Roy eust souppé, il se coucha en sa chambre et en son lict ordinaire selon sa coutume, où la Reyne sa mère, qui jusqu'alors estait demeurée en la chambre de la petite Reyne et l'avoy faict aussi coucher dans le lict de sa première chambre, le vint trouver environ vers les huit heures du soir, passant au travers de la salle dont elle avait faict sortir tous les gardes et tout le monde, et trouvant le Roy dans son lict lui dit ces mêmes parolles : Mon fils, ce n'est pas tout que d'estre marié, il faut que vous veniez voir la Reyne votre femme qui vous attend. Le Roy respondit : Madame, je n'attendois que votre commandement. Je m'en vas s'il vous plaît la trouver avec vous.

« Au mesme temps l'on lui bailla sa robbe de chambre et ses bottines fourrées, et ainsi s'en alla avec la Reyne sa mère par ladite salle en la chambre de la petite Reyne, dans laquelle entrèrent avec Leurs Majestés les deux nourrices, Messieurs de Souvray, gouverneur et Erouard, premier médecin, le Marquis de Rambouillet, maistre de la garde-robbe, portant l'épée du Roy, Belinghant, premier valet de chambre, portant le bougeoir.

« Comme la Reyne approcha du lict, elle dit à la petite Reyne : Ma fille, voici vostre mari que je vous amène, recevez-le auprès de vous et l'aimez bien, je vous prie. A quoy elle respondit en espagnol qu'elle n'avoit autre intention que de luy obéir et complaire à l'ung et à l'autre, et ce disant, le Roy se mit dans le lict par le costé de la porte de la chambre, la petite Reyne estant du costé de la ruelle où avait passé la Reine mère, laquelle les voyant couchés leur dit à tous deux ensemble quelque chose si bas que personne du monde ne le peut entendre qu'eux, et puis sortant de la ruelle dit : Allons, sortons tous d'icy, et commande aux deux nourrices du Roy et de la Reyne de demeurer seullement en ladicte chambre et de les laisser ensemble une heure et demie ou deux heures au plus.

« Ainsy se retira ladicte dame Reyne et tous ceux qui estoient encore avec elle en ladicte chambre pour laisser consommer ledict mariage, ce que le Roy fict et par deux fois, ainsi que lui-mesme l'a advoué, et lesdictes nourrices l'ont véritablement rapporté, et après sestant un peu endormy et demeuré un peu davantage à cause dudict sommeil, il se réveilla de lui-mesme et appela sa nourrice qui luy rebailla ses bottines et sa robbe, et puis les reconduisit à la porte de sa chambre, du dehors de laquelle, dans la salle, l'attendoient lesdicts de Souvray, Erouard, Belinghant et autres pour le reconduire en sa chambre, et après avoir demandé à boire et avoir beu, témoignant un grand contentement de la perfection de son mariage, il se remit en son lict ordinaire et reposa fort bien tout le reste de la nuit, estant pour lors environ onze heures et demie. La petite Reyne de son costé se releva au mesme temps que le Roy fut parti d'auprès d'elle et rentra dans la petite chambre, et se remit dans son petit lict ordinaire qu'elle avoit apporté d'Espaigne C'est véritablement ce qui se passa pour la consommation dudict mariage. »

C'est parfait. Voilà un procès-verbal qui ne pouvait laisser aucun doute, les témoins, en qualité de nourrices, ayant l'expérience nécessaire pour apprécier le fait — le double fait. C'est tout ce que voulait la Reine mère. Le mariage était consommé ; il n'y avait plus moyen d'y mettre obstacle : elle triomphait.

Seulement les nourrices avaient pris pour une réalité ce qui n'était qu'une illusion — suggérée certainement par la Reine mère. Le Roi avoua plus tard qu'il n'avait conservé que de douloureux souvenirs de cette nuit de noce. Aussi, ni le lendemain, ni les jours suivants pendant des années, le Roi ne vit la Reine qu'aux heures où il allait la saluer avec cérémonie, et s'entretenait quelques instants avec elle, sans doute de ses oiseaux et de ses ballets, plutôt que de toutes autres choses politiques ou galantes.

Nous ne dirons rien de l'entrée solennelle du couple royal dans la ville de Bordeaux, le 29 novembre, ni des longs et éloquents discours qu'il eut à subir.

On songea alors à regagner Paris, sans se presser. Le départ eut lieu le 17 décembre. Le 25, la Cour s'arrêta à Tours où elle séjourna jusqu'au 20 avril. Pendant ces quatre mois, le Roi passait la moitié du temps à Amboise, à chasser avec Luynes.

Le 21, on arriva à Blois, que l'on ne quitta que le 7 mai pour gagner Orléans.

« Le premier soin du Roi, à Blois, dans le Château, avait été de mettre ses émerillons dans la volière de sa chambre..... Le 23, le voilà à la grande allée (promenade des Allées), où il attelle ses chiens à ses petits canons, va les conduisant jusqu'au bout, revient de même, puis va aux jardins. Le 25, il visite Chambord, sans trop s'y plaire ; le 28, il fit bonne figure à la chasse dans un de ces beaux rendez-vous des alentours de Blois, où les Valois ses prédécesseurs s'étaient tant plu ; je veux parler de Bury, qui était aux Roberthet (1).....

(1) Baschet aurait dû dire « qui fut aux Roberthet », car à l'époque du mariage de Louis XIII (1615) il y avait 12 ans que la famille Roberthet était éteinte. En 1604, Bury devint la propriété d'un Neuville de Villeroy, neveu par alliance de François Roberthet.

Puis, en 1633, la famille de Villeroy l'échangea pour une rente perpétuelle de 6666 livres avec Charles de Rostaing, Maréchal des camps et armées du Roy.

(D'après un Mémoire de M. Naudin, dans le T. 2 des *Mémoires de la Société des Sciences et Lettres de Loir-et-Cher*).

Après une excursion du Roi dans ses carrosses à Ville-savin en Sologne, le 5 mai, Sa Majesté partit le 7 pour Beaugency....... Le Roi se reposa à Fontainebleau avant l'entrée à Paris, qui eut lieu le 16, avec un grand cérémonial. » (A. B.)

Cependant le Roi marié voulut devenir son maître. C'est pour se soustraire à la domination de sa mère et de son favori le Maréchal d'Ancre que le 24 avril 1616, avec l'assistance de Luynes, il fit assassiner le Maréchal et exila Marie de Médicis au Château de Blois. Après cette révolution de palais, le roi se livra plus que jamais au plaisir de la chasse, assistant du reste assidûment aux séances du Conseil, mais oubliant de plus en plus la jeune Reine et ne songeant pas à se donner un successeur.

La Cour d'Espagne s'indignait de cette froideur ; la Cour de Rome s'en inquiétait. Les ambassadeurs de ces deux puissances combinèrent leurs efforts pour amener la *perfection* du mariage, et ils firent si bien que Luynes, pourvu de toutes sortes d'honneurs et d'une riche héritière, — il venait d'épouser Marie de Rohan — agit de concert avec eux. Jusque-là sa conduite, à ce sujet, avait été assez équivoque. On fit danser le Roi. Les poètes et les musiciens concoururent au rapprochement de ces époux platoniques ; on évoqua les plus tendres souvenirs de la mythologie. Malherbe lui-même s'en mêla et sonna emphatiquement la charge amoureuse. Mais tant d'efforts combinés ne laissaient entrevoir qu'un résultat éloigné. On sentait que la glace pourrait fondre à la longue, mais on était encore loin de la tiède saison des zéphyrs.

On s'évertuait en vain à compromettre les jolies

personnes de la Cour, les demoiselles d'honneur de la Reine, jusqu'à faire courir le bruit que le Roi ne passait pas toujours ses nuits dans le célibat. Mais le Roi, écrit le Nonce du Pape, le 5 juillet 1617, « ne s'est point encore manifesté à l'égard des femmes — *in materia di donne.* » Et il s'étonne de cette froideur insolite dans un âge qui est celui des passions bouillantes.

Le Nonce comptait beaucoup sur l'utile intervention d'un auxiliaire de grande influence, le confesseur du roi. C'était le Père Arnoux, jésuite, successeur du P. Coton, disgracié lors de la révolution contre la Reine mère. Le Nonce, allant au devant des scrupules du bon Père, lui avait tout permis pour le bon motif, même quelques petites confidences — que le protecteur ne tenait pas plus secrètes que le confesseur — et qu'on pourrait appeler : la Chronique du confessionnal. Exemple :

« Le Père Arnoux m'a dit, en grande confidence, que, dans la dernière confession de Sa Majesté, il a déployé tous ses bons offices au sujet de la jeune Reine, à cette fin que le Roi lui témoigne son inclination, qu'il l'aime et qu'il pense à lui être un bon mari. » (*Dépêche du 5 décembre 1617*).

Louis XIII entrait dans sa dix-huitième année et il était plus que jamais embarrassé de sa femme. La Reine étalait en vain tous ses charmes — *la Regina procura di farsegli veder più bella che puo.......* Son mari ajournait indéfiniment. Il faisait valoir des motifs de prudence hygiénique, disant au P. Arnoux qu'il ne voulait point commencer trop tôt, afin de ménager ses forces pour l'avenir — *in considerazione di non guastarsi, cominciando si presto.*

Le Nonce s'impatientait de ces retards, et s'exprimait ainsi dans une dépêche du 17 janvier 1618, que Baschet n'a pas osé traduire, comme si les paroles d'un cardinal pouvaient être inconvenantes. Traduisons donc :

« On croyait très fort que cette fois, à Saint-Germain, le Roi se déciderait à coucher avec la Reine et à jouer jusqu'au bout son rôle d'époux ; mais il n'a soufflé mot à ce sujet, soit que la honte le retienne ou que son énergie ne soit pas encore suffisante. Il en est qui lui conseillent de s'essayer préalablement avec une femme mariée ou ayant déjà quelque expérience — *con qualche maritata o altra donna digia conosciuta* — et de ne point faire ses premières preuves avec *una donzella*. Mais son confesseur le détourna de commettre un tel péché, et jusqu'ici ce bon avis l'emporte et l'emportera, on l'espère, jusqu'au moment attendu, lequel finalement ne pourra longtemps se faire attendre... »

Cependant le Roi très chrétien ne pouvait se décider à passer outre. Le P. Arnoux, invité à l'indiscrétion par le Nonce, répétait les aveux que le pauvre prince lui faisait en confession et qui se résumaient ainsi : point de passion amoureuse, aucune inclination pour les femmes, — *e che non sente stimolo alcuno di carne che li faccia perder la vergogna.* Mais cette pudeur, quelle en était l'origine ? Etait-ce la crainte d'échouer dans une seconde tentative ? Etait-ce le souvenir d'une douleur habituellement bien légère ? Il y avait déjà trois ans qu'il reculait, quoique la Reine fît, pour charmer son royal époux, tout ce qu'il était possible de faire décemment : *si vede,* écrit le Nonce, *che qualche volta vorrebbe far di vantaggio, ma il pudor combatte il suo desiderio.*

Combien ce désir était vif, on le comprend aisément. Anne d'Autriche, d'un tempérament espagnol, était alors en pleine fleur de beauté et dans tout l'éclat de ses dix-huit ans. Mais le Roi n'avait qu'une idée en tête : le renvoi en Espagne des Dames d'honneur de la Reine. On peut soupçonner qu'elles avaient reçu des confidences de l'épouse délaissée et qu'elles s'étaient moquées du Roi. Avec son humeur vindicative, il les détestait : qu'elles partent, et ensuite il ferait ce qu'on désirait......... Finalement, la maison de la Reine fut congédiée. On y mit des procédés suffisants pour que la susceptibilité castillane n'en fût pas froissée. La Reine se consola du départ de ces dames par l'espoir d'avoir enfin un mari en chair et en os. « Elle est, dit encore le Nonce, elle est toujours dans l'attente de cette bienheureuse nuit que le Roi devra passer avec elle et qui ne finit point d'arriver : *aspettando questa benedetta notte che il Re abbia a dormire con lei, che mai non finisce di giungere.* (Dépêche du 19 décembre 1618).

Baschet fait ici une remarque précieuse que nous ne pouvons omettre de citer : « Il est malaisé de donen français le sens positif dont est pourvu le mot *dormire* dans le texte italien du Nonce. La véritable traduction serait : *passer la nuit, se coucher. Dormir* n'est, en effet, ici d'aucun sens, ou plutôt est d'un sens tout contraire. » — On s'en doutait.

Poursuivons.

L'année 1618 touchait à sa fin et Louis XIII, grâce aux loisirs que lui laissaient les affaires politiques, se lançait dans le tourbillon des plaisirs : il dansait, chassait, appelait à la Cour des comédiens italiens, et s'occupait du mariage prochain de sa sœur Christine de France avec le prince de Piémont. Le Nonce tira habilement parti de cette circonstance et, dans une audience qu'il eut du Roi, le 15 janvier 1619, il osa dire : « Sire, je ne crois pas que vous voudriez recevoir cette honte que votre sœur ait un fils avant que Votre Majesté n'ait un Dauphin. » Le mot du Nonce fit impression ; le Roi rougit légèrement et promit de faire son devoir. Depuis si longtemps qu'il préludait à ses amours, il ne s'était jamais montré plus empressé auprès de la Reine. Il est probable qu'à cette date, le Nonce aidant, sa résolution était prise ; et Luynes, d'ailleurs, le poussait vivement.

Mais ce jeune homme inexpérimenté cherchait un exemple qui le mît sur la voie. Son précepteur lui avait — comme il l'avait dit un jour à sa mère — donné certaines connaissances, mais seulement théoriques, et il voulait une leçon de pratique avant de se risquer enfin sérieusement. La leçon lui fut donnée par le duc d'Elbœuf, qui venait, sur ces entrefaites, d'épouser Mademoiselle de Vendôme, sœur de la main gauche du Roi. L'élève se fit introduire dans la chambre des nouveaux époux et.......... comme Baschet nous laissons la parole à l'ambassadeur de Venise Anzolo Cantarini, qui a raconté la scène en détail dans une de ses dépêches à la Sérénissime République :

« Le mercredi auparavant, le duc d'Elbœuf ne fit qu'un lit avec sa femme Mademoiselle de Vendôme, et le Roi, une bonne partie de la nuit, voulut être présent sur le propre lit des deux époux, afin de voir se consommer le mariage ; acte qui fut réitéré plus d'une fois, au grand applaudissement et au goût particulier de Sa Majesté. Aussi estime-t-on que cet exemple a vivement concouru à exciter le

Roi à faire la même chose. On affirme aussi que sa sœur, Mademoiselle de Vendôme, l'y a engagé, en lui disant : Sire, faites, vous aussi, la même chose avec la Reine, et bien vous ferez. Le propos est gaillard et bien digne d'une fille de Henri IV. Le Roi se le tint pour dit et n'oublia point la recommandation. »

Eh bien, dira-t-on, voilà un laïc qui s'exprime aussi librement qu'un cardinal ; c'est parfaitement exact.

Louis XIII va-t-il s'empresser de suivre le conseil de sa sœur ? Nenni ; il lui fallut encore cinq jours de réflexion. Le temps pressait cependant. Le mariage de sa seconde sœur, Christine, avec l'héritier du Piémont était fixé au 6 février, et le Roi avait engagé sa parole au Nonce de ne point se laisser devancer par son beau-frère le Piémontais.

Luynes, voyant l'irrésolution du Roi et ses craintes puériles, intervint hardiment et lui fit en quelque sorte violence. Le 25, le Roi, ayant soupé à huit heures et rendu visite à la Reine, était rentré dans ses appartements et s'était couché.

« A onze heures, M. de Luynes entre dans la chambre du Roi et il l'engage à se lever pour se rendre chez la Reine. Le Roi battait froid. Le favori le persuade, il le prie, le supplie ; le Roi résiste, puis il cède, et Sa Majesté est ainsi conduite, presque portée, aux appartements de la Reine, d'où Luynes revient aussitôt et où le Roi reste. Ainsi fut introduit le Roi chez la Reine par M. de Luynes, prochain connétable. » (A. B).

Le lendemain, grande joie ! Le Roi se hâta d'envoyer au Nonce et à l'ambassadeur d'Espagne son Maître des Cérémonies et l'Introducteur des ambassadeurs pour leur annoncer de sa part que le mariage était consommé.

Dans sa dépêche au Cardinal-Ministre de la Cour de Rome, le Nonce s'exprimait ainsi :

« Après la première nuit, sauf l'intervalle d'une seule, Leurs Majestés ont continué à se trouver ensemble, et l'on croit que, pour le commencement, afin d'avoir égard à la santé du Roi, on fera en sorte que Sa Majesté ne se rende chez la Reine qu'à différents intervalles. »

Et plus loin :

« En somme, le retard ne provenait que de la froideur du Roi. Il craignait aussi de rencontrer dans cet acte des difficultés au dessus de ses forces, frappé surtout comme il était du souvenir de son *primo congresso* à Bordeaux, qui non seulement était demeuré sans effet, mais même ne lui avait laissé qu'une impression désagréable.... Hier, à mon audience, j'ai plaisanté un peu Leurs Majestés sur ce chapitre, et elles ont paru ne le point trouver mauvais ; je les ai assurées ensuite sérieusement du grand plaisir qu'éprouve Sa Sainteté à connaître enfin la *perfection* de ce mariage, et que grâces en seraient rendues au Seigneur. » (*Paris, 3o janvier 1619*).

L'ambassadeur de Venise donnait des détails plus piquants :

« Le bruit court que le roi (et il s'en vante) a été un valeureux champion dans cette action : les médecins néanmoins lui ont défendu de s'y livrer trop souvent — *gli hanno prohibito d'attacar la zuffa cosi spesso.* Sa Majesté fit d'ailleurs de grandes promesses d'amour et de fidélité à la Reine pendant cette nuit, lui disant qu'il serait tout à elle, qu'il ne toucherait jamais à une autre femme qu'elle voulant à tout prix faire des enfants. »

Le texte italien que Baschet a traduit par ces mots : voulant à tout prix faire des enfants, était celui-ci : *volendo egli* IN OGNI MANIERA *far des enfants* (ces deux derniers mots en français). Reconnaissons que le traducteur n'a pas manqué d'habileté.

Des enfants ! jeune présomptueux. Anne d'Autriche eut bien, en effet, deux enfants — Louis XIV — qui est né dix-neuf ans après le célèbre *congresso*, et Philippe Ier, duc d'Orléans, qui naquit deux ans après son frère. Mais quel fut leur père ?....... Tout porte à croire que la Reine, s'étant ralliée à l'opinion de ses dames d'honneur espagnoles, qui avaient dit hautement que le roi n'était bon à rien — *che il Re non val niente,* — et à la déclaration de l'ambassadeur Gondomar : *che il Re sia impotente* — ce qui n'est pas rare chez les grands chasseurs ; — tout porte à croire, disons-nous, qu'Anne d'Autriche, plus fine que son mari, a trouvé une autre *maniera* de sauver la dynastie, menacée de s'éteindre près de son origine.

Quoique la recherche de la paternité soit interdite, quelqu'indiscret imitateur de Baschet découvrira peut-être un jour des correspondances ou notes secrètes qui éclairciront ce mystère (1).

Déclarons en finissant que notre ami ne s'est permis aucun soupçon à ce sujet, et faisons avec lui une nouvelle excursion à Venise.

---

(1) On connaît déjà la violente passion de Richelieu pour la Reine, et celle du duc de Buckingham qui, enflammé d'un amour subit pour Anne d'Autriche, lorsqu'il vint de la part de Charles Ier d'Angleterre chercher Henriette-Marie de France, sœur de Louis XIII, a bien pu revenir en France pour son propre compte.

Après la mort de Richelieu et après la mort de Louis XIII, il paraît certain qu'Anne d'Autriche se laissa consoler par le cardinal Mazarin.

* *
*

L'année suivante, en effet (1865), Baschet publiait — comme intermèdes aux études historiques exclusivement sérieuses — un volume écrit en collaboration avec M. Feuillet de Conches, véritable traité littéraire et esthétique sur les Femmes blondes (1). Ce fut pour lui — ou mieux pour les deux auteurs — un délassement agréable, et la lecture en est attrayante........ quelquefois derrière l'éventail.

Non pas que le sujet fût absolument nouveau. Il avait été traité dès l'année 1589 par l'italien Cesare Vecellio, dans ses *Habiti antichi e moderni*, ouvrage charmant et précieux qui avait déjà fourni à Baschet la matière d'un article publié par la *Gazette des Beaux-Arts*, le 15 janvier 1859, sur les *Femmes blondes* et intitulé : *Chronique vénitienne du passé*. La même année, M. Ed. Fournier, dans son second volume du *Vieux neuf*, avait touché le même sujet. Et enfin, M. Feuillet de Conches, dans ses *Causeries d'un Curieux*, avait parlé des *Blondes naturelles ou artificielles* (2).

Dans le volume qui nous occupe en ce moment, il s'agit des blondes de la nuance chère aux peintres vénitiens. Où prenaient-ils leurs modèles ? car la blonde

(1) Les Femmes blondes, *selon les peintres de l'Ecole de Venise, par deux Vénitiens. — Paris, A. Aubry, in-8° de 328 p., 1865.*

(2) Nous venions d'écrire ces lignes lorsque nous avons appris la mort de M. Feuillet de Conches, à l'âge de 88 ans. Il a succombé le 5 février, un an et dix jours après son collaborateur Baschet, et ayant travaillé jusqu'à ses derniers jours.

Longtemps Directeur du Protocole, Introducteur des Ambassadeurs et Ministre plénipotentiaire, M. Feuillet de Conches avait pris sa retraite en 1873 ; après 60 ans de services au Ministère des Affaires étrangères. On lui doit de nombreux ouvrages d'érudition.

est rare à Venise, comme les jardins et les fleurs. — C'est ce qui vous trompe : les blondes étaient aussi communes à Venise au seizième siècle qu'elles le sont aujourd'hui à Paris, à Londres, à Vienne, à Berlin, à Madrid, à Rome et même à Naples. Comment cela ? C'est que les dames vénitiennes se *blondissaient* déjà comme nos contemporaines se *blondissent*.

Nous ne parlerons pas du procédé actuel, que tout le monde connaît.

L'*arte biondeggiante* était d'une pratique plus compliquée. De petites terrasses en bois étaient ingénieusement disposées au-dessus des maisons et des palais. Les femmes s'y installaient et exposaient aux rayons du soleil leur chevelure imprégnée d'une certaine mixture appelée *la bionda*. Pour préserver du hâle la figure et les épaules, on se protégeait d'un cercle tressé en paille en forme d'aile de chapeau, attaché au front et à la nuque, et nommé *Solana*, d'où l'expression en dialecte vénitien : *chiapar la solana*, attraper un coup de soleil. En hiver, les dames remplaçaient l'ardeur de ses rayons par l'éclat d'un grand feu.

Elles usaient aussi d'une poudre, faite pour être répandue avec grand soin dans la chevelure. Le contraste des yeux noirs avec les cheveux blonds était considéré comme le type suprême, comme le souverain triomphe de la bauté.

Aussi, les Espagnoles — aux yeux noirs — avaient-elles adopté la teinture blondissante. Il en est question dans une tragi-comédie imprimée à Burgos en 1499. Un des personnages, sorte de confidente très complaisante, est tout à la fois brodeuse, parfumeuse, conseillère professe en l'art d'embellir les visages, experte dans le secret de refaire à neuf les virginités ébréchées, zélée surtout à servir les amours des galants.... Elle vend des poudres sympathiques, des élixirs et vinaigres à miracles, et particulièrement une drogue à *blondir*, formée d'une mixture de sarment, de feuilles de chêne, d'ergot de seigle, de marrube, de sel de nitre, d'alun, de mille-feuilles... et autres ingrédients — *y otras diversas cosas*.

Baschet a publié en italien dans la *Gazetta di Venezia* (1867) un feuilleton fantaisiste (*Correspondance parisienne*) sur Cora Pearl — morte récemment dans la misère, mais qui vivait alors dans l'opulence — d'où nous extrayons le passage suivant :

« Il y a deux ans, l'idée lui vint de vouloir être blonde, mais blonde comme on ne l'était qu'au temps où Véronèse et Titien peignaient des vénitiennes. Elle eut recours à tous les procédés, usa du *golden-water* en quantité, et fit passer courageusement sa tête par toutes les teintes du blond, depuis la nuance du vin de Champagne jusqu'à celle de la peau du lion frappée d'un rayon de soleil couchant. Tout-Paris qui l'avait connue châtain la veille, la remercia du spectacle qu'elle lui donnait de cette nouveauté. Un peu plus tard, elle força la nuance et arriva à la couleur d'une carotte passée au feu. » C'est ainsi qu'elle parut sur le théâtre des Bouffes-Parisiens, dans le rôle de *Cupidon* d'*Orphée aux Enfers*, « merveilleusement habillée, dit Baschet, depuis le dessous de la poitrine jusqu'au dessus du genou. »

Nous ne suivrons pas nos auteurs dans les intéressantes et poétiques dissertations auxquelles ils se livrent sur les caractères de la beauté *brune* ou *blonde*, après avoir cité toutes les blondes qui ont brillé dans l'histoire, à commencer par madame Eve. En voici la conclusion.

« Nous avons esquissé l'histoire des Femmes blondes suivant les maitres de l'Ecole vénitienne. Le blond rutilant, le blond doux, melliflu et cendré, le blond hispano-arabe à reflets métalliques, toutes ces nuances opulentes ou délicates qui prêtent un charme si puissant aux visages féminins, ont été l'une des grâces de nos admirables peintres. Adorons les femmes à qui Dieu a départi ces dons naturels ; mais fléchissons le genou devant la Brune qui sait rester brune, et répétons avec elle et avec le poète du bon sens : *Rien n'est beau que le vrai, le vrai seul est aimable.* »

Le *modernisme* ne laissera pas passer la reproduction de cet aphorisme sans une énergique protestation.

Dans un *Appendice* qui constitue la moitié du volume se trouvent des extraits de tous les poèmes où la blonde est célébrée. On peut recommander aux gourmets cette *guirlande poétique.*

Enfin, les trente-six dernières pages indiquent — en italien, avec traduction française en regard — les principales recettes *blondissantes* en usage au seizième siècle.

Sans quitter l'Italie, transportons-nous à Mantoue. Baschet y fit en 1865 un assez long séjour, occupé à des recherches intéressantes dans les archives des Princes de la Maison de Gonzague. Il publia en italien dans la *Gazette de Mantoue* plusieurs articles sous ce titre : *Ricerhe di documenti d'arte e di storia negli Archivii di Mantova.* Il découvrit les correspondances de Rubens avec le Prince de Mantoue, celle des seigneurs de cette Maison avec les Cours d'Autriche, de France.... Il trouva des documents inédits sur l'Arétin — Pietro Aretino — qu'il fit insérer dans *l'archivio storico italiano* et tirer à part en une brochure in-8° de 28 pages, imprimée à Florence.

C'est là aussi qu'il rencontra des lettres et documents concernant Alde Manuce l'ancien, le chef de la célèbre maison d'imprimerie qui fit la gloire de Venise. Cette correspondance, qui éclaire d'un nouveau jour l'histoire, jusque-là assez obscure, du savant éditeur d'Aristote, fut imprimée à Venise par Antoine Antonelli, lequel fit les frais de cette belle publication. (1)

Ces lettres et documents ont paru en langue italienne, chaque pièce étant précédée d'un sommaire en français par Armand Baschet.

L'ouvrage n'a été tiré qu'à 160 exemplaires numérotés et n'a pas été mis dans le commerce. La Bibliothèque de Blois possède un de ces exemplaires.

L'auteur l'a dédié à M. Henri Plon, son éditeur et son ami, « pensant que les lettres de son ancêtre en profession, parties de Venise, centre des travaux d'Alde, pour aller le trouver à Paris, où sont ses presses, recevraient l'accueil aimable qu'un cœur bien placé ne manque pas de faire à des choses de famille. »

Les lettres XIII à XVII font connaître une aventure singulière dont Alde Manuce fut le héros, ou plutôt la victime. C'était en l'année 1506. Il revenait de Lombardie, où il était allé pour s'enquérir de certains manuscrits et confronter les textes des œuvres de Virgile qu'il voulait imprimer. Enveloppé dans un

---

(1) Aldo Manuzio. *Lettres et documents* (1495-1515). Armand Baschet *collexit et annotavit* Sumptibus Antonii Antonelli. Venetiis, ex œdibus Antonnellianis. 1867. In-8° de 110 p. tiré à 160 exemplaires numérotés.

manteau, ayant en croupe ses valises, grosses des manuscrits qu'il avait empruntés, il fut pris pour un
malfaiteur au moment où il franchissait la frontière,
arrêté, et incarcéré..... Le malheureux prisonnier
écrit au Marquis de Mantoue pour réclamer sa liberté,
protestant de son innocence et faisant observer avec
toute justice que voulant illustrer les œuvres de
Virgile, — qui fut de Mantoue, — il mériterait non
point de souffrir aucune violence sur ce territoire,
mais bien plutôt d'y être protégé :

« *Illustrando io le opere di Virgilio, il quale
fu mantuano, meritarei non paterli violentia alcuna,
ma piu presto esserli difeso.* »

La pièce XIX est la copie du testament d'Alde
Manuce, écrit en latin, comme il écrivait généralement la préface des ouvrages qu'il éditait.

Parmi ses exécuteurs testamentaires figure la Duchesse de Ferrare, la célèbre Lucrezia-Borgia, —
dont Baschet prend de nouveau la défense. Célèbre,
ajoute-t-il, non pour des crimes dont un grand
drame et un bel *opéra* l'ont dite et montrée coupable,
mais célèbre pour l'extrème goût qu'elle avait aux
belles-lettres, aux beaux-arts, goût dont les témoignages abondent dans tous les documents contemporains, en même temps que tous les textes cons-
tatent les mille et une erreurs qui ont été acceptées
depuis sur le caractère de cette princesse, dont on a fait
à tort une empoisonneuse et dont le malheur le plus
vrai a été d'avoir pour père un homme tel que le
Pape Alexandre VI, et pour frère le prince qui fut
César Borgia.

.*.

Sa prédilection passionnée pour l'histoire du XVIe siècle ne permettait pas à Baschet de négliger la recherche des faits relatifs au Concile de Trente ; mais ni les Archives de Venise, ni les autres Dépôts publics de manuscrits italiens ne lui fournirent les documents que devaient contenir les *dépêches*, les *rapports*, les *mémoires* des ambassadeurs auprès du Saint-Siège, à partir de Léon X, sous le pontificat duquel la tenue de ce Concile avait déjà été mise en question. Peut-être les papiers vénitiens avaient-ils disparu dans les incendies de 1574, 1577.

Si Baschet n'avait pas découvert ce qu'il avait si longtemps cherché, il trouva du moins plusieurs exemplaires manuscrits d'un Mémoire intitulé : Journal du Concile de Trente, *rédigé par un Secrétaire vénitien présent aux sessions de 1562 à 1563.* Ce Secrétaire, nommé Antonio Milledonne, avait fait partie de l'ambassade que la République de Venise envoya au Concile, à l'exemple de toutes les puissances catholiques, sous le pontificat de Pie IV, en 1562. Ayant assisté aux séances, il avait pris des notes qu'il utilisa lors de son retour à Venise, sur l'invitation de quelques hommes importants de la République qui désiraient avoir à leur disposition un récit authentique abrégé de ce qui s'était passé dans cette célèbre assemblée.

Milledonne, d'ailleurs, n'était pas le premier venu et devait inspirer confiance. Il avait été Secrétaire au Sénat, puis attaché à plusieurs ambassadeurs, et entre autres aux deux ambassadeurs extraordinaires envoyés par Venise à la Cour de France, pour porter à Catherine de Médicis les condoléances de la République au sujet de la mort du Roi son mari, et ses compliments sur l'avènement du Roi son fils. Plus tard, il fut élu Secrétaire du Conseil des Dix.

Lorsqu'il fut question, en 1868, de convoquer à Rome un Concile œcuménique, Baschet n'hésita pas à traduire en français le manuscrit d'Antonio Mille-donne.

> « C'est l'événement présent de la chrétienté, écrit-il dans son Avant-Propos. En pensant au Concile nouveau, on pense involontairement au Concile précédent. Un grand nombre de personnes, qui ne font point des études théologiques la nourriture habituelle de leur esprit, ne connaissent qu'avec peu de détails ce qui se passa et ce qui se discuta au Concile de Trente. Leur curiosité, excitée par les circonstances présentes, les porte à désirer d'avoir sous les yeux un récit rapide, succinct, véridique, des événements du Concile de Trente..... Nous avons donc pensé que la publication d'un document qui, étant l'œuvre non seulement d'un contemporain, mais d'un témoin de ce Concile, dont toute l'ambition s'était bornée à vouloir informer sans passion comme sans discussion, pouvait avoir son utilité. »

De là le volume imprimé chez Plon en 1870, avec un *Appendice* du traducteur qui augmente l'intérêt de l'œuvre italienne. (1)

C'était si bien un journal que prétendait écrire le Secrétaire vénitien, qu'il intercalait dans le récit principal ce que nous appellerions aujourd'hui des faits-divers, étrangers aux matières du Concile, mais touchant, suivant lui, à « l'histoire universelle des

---

(1) *Journal du* Concile de Trente, *rédigé par un Secrétaire vénitien présent aux sessions de 1562 à 1563 et publié par* Armand Baschet. In-8°, 273 p. Paris, H. Plon, 1870.

choses dignes de mémoires advenues pendant ce temps. »

L'ouvrage d'Antonio Milledonne comprend deux parties, dont la première traite sommairement des Conciles qui ont été tenus avant le Concile de Trente, tandis que la seconde est entièrement consacrée à celui-ci. Baschet n'a pas cru nécessaire de traduire le premier livre, « simple nomenclature qu'on trouve partout. » Et *longue* nomenclature, ajouterons-nous, car on n'a pas compté moins de 638 conciles depuis le commencement de l'ère chrétienne jusqu'à celui qui se termina en 1870 par la proclamation du dogme de l'infaillibilité du Pape, malgré l'opposition virulente de l'évêque Dupanloup, — qui finit cependant par se soumettre à la décision de ses collègues. (1)

Nous ne saurons donc pas en quels termes Mille-donne parle du *premier* Concile — ou plutôt *synode* qui se tint à Jérusalem, 50 ans après Jésus-Christ, et dans lequel, afin de ne pas éloigner les adhésions, on exempta de la circoncision ceux qui se convertiraient au christianisme. Ni comment il raconte l'excommu-nication d'Origène par le Concile d'Alexandrie, l'an 231, au sujet d'une opération *d'autotomie* qui cepen-dant le montrait doué de courage et capable de sacri-fice. Aussi d'autres Eglises prirent-elles sa défense, et un Concile même, celui d'Achaïe, en l'an 250, dé-clara-t-il qu'on ne pouvait être sauvé qu'à la condi-tion d'être eunuque. Ce Canon paraît quelque peu

(1) Nous avons tort de dire que le Concile du Vatican *se ter-mina* en 1870 ; il fut seulement prorogé et il dure encore vir-tuellement à l'heure qu'il est, quoiqu'il ne se soit pas réuni depuis le 18 juillet 1870, jour où eut lieu le vote définitif de l'infaillibilité papale, dont voici le relevé : votants 601 ; ont voté *pour* 533 membres ; *contre* 2 ; et 66 abstentions.

sévère et exclusif, et l'on est en droit d'espérer que, par suite de l'adoucissement des mœurs, un Concile futur le modifiera comme suit : Nul ne peut être ordonné prêtre s'il n'a été préalablement fait eunuque. Nous parlons sérieusement.

L'histoire du Saint Concile de Trente débute ainsi :

« La secte de Luther croissait. Déjà une grande partie de l'Allemagne et des pays circonvoisins, l'Angleterre surtout, étaient envahis par cette hérésie qui, comme un fléau souterrain, pénétrait par tout le monde.... Pour ces motifs, Paul III, dès le commencement de son pontificat, se proposa de convoquer le Concile,.... d'abord pour le 1er novembre 1537, puis pour le 1er mars 1538, puis pour le 1er novembre 1542 ; mais les Hérétiques y apportèrent tant d'obstacles qu'il ne put être formé que dans l'année 1545. »

Comme la ville de Trente avait été choisie, notre vénitien commence par faire la description de cette cité, située sur l'Adige, entre l'Italie et l'Allemagne, et il fait connaître les avantages et les facilités qu'elle offre, « pour y bien vivre et y résider commodément. » (Les Prélats ont toujours beaucoup apprécié le confortable de l'installation..... et du régime.) Les vins et les fruits abondaient. Les viandes d'animaux domestiques et sauvages n'y manquaient jamais ; de même les poissons, car outre l'Adige et les petits lacs, « le fameux lac de Garde est proche, et, en une nuit, on peut recevoir les plus belles pièces. »

Tout était donc préparé au mieux.

Le dimanche 13 décembre 1545 s'ouvrit le Concile, avec trois Cardinaux pour Présidents et Légats apostoliques. Les cérémonies religieuses habituelles furent

accomplies, et la session — c'est-à-dire la séance —
suivante fixée au 7 janvier. Ces sessions, ou séances,
n'étaient pas très rapprochées, car la vingt-cinquième
et dernière n'eut lieu que le 3 décembre 1563, de
sorte que le Concile avait duré dix-huit ans, sous les
trois pontificats de Paul III, de Jules III et de Pie
IV ; et, comme chaque session ne durait qu'un jour,
sauf la dernière qui fut continuée le 4 décembre, on
comprend qu'il restait des loisirs au Secrétaire pour
la rédaction de ses faits divers : *Nouvelles de divers
endroits, Mouvements en France pour cause de religion, Nouvelles de Rome, Nouvelles du Turc, Nouvelles d'Allemagne, Nouvelles de Bavière, Nouvelles
de Trente*, etc. etc.

Un ordre du jour général avait présidé aux délibérations : rechercher et déclarer quels moyens seraient
les meilleurs pour parer aux hérésies et réformer
l'Eglise. On décida comment devaient être interprêtés
les livres saints ; quel était l'effet du baptême sur le
péché originel ; on traita des divers sacrements, du
sacrifice de la messe : on rédigea *l'index* des livres
défendus ; on décréta des *canons* relatifs au *Purga-
toire,* aux *Images,* à la *vénération des Saints,* aux
Indulgences. A la fin, le Cardinal de Lorraine se
leva, et renouvelant les rites antiques des acclama-
tions, Sa Seigneurerie révérendissime s'écria :

« *Au Bienheureux Père le Pape Pie et Notre
Seigneur de la Sainte Église universelle,* Pontife
pour beaucoup d'années et mémoire éternelle ! »

« Les Pères répondirent : « Que le Seigneur Dieu
conserve le Saint-Père à son Église pendant de longues
années !....... »

« *Confessons la foi du saint Synode œcuménique de Trente, et observons tous ses décrets !* »

Les Pères répondirent : « Confessons la toujours ! Observons-les toujours ! »

« *Anathême à tous les hérétiques !* »

Les Pères répondirent : « Anathême ! Anathême ! »

. « Il fut ensuite commandé à tous les Prélats de ne pas quitter Trente sans avoir souscrit au Concile, et cela sous peine d'excommunication. Tous y souscrivirent, et se trouvèrent en tout deux cent-cinquante-cinq, savoir : Quatre Légats, deux Cardinaux, trois Patriarches, vingt-cinq Archevêques, cent soixante-huit Evêques, sept Abbés, trente-neuf Procureurs avec commission légitime, sept Généraux d'ordre.

« Et moi, ajoute en terminant le Secrétaire Milledonne, ayant narré le mieux que j'ai pu ce que je m'étais proposé dès le commencement, je fais fin, me remettant pour tout ce que j'ai écrit au jugement et à l'arbitre de la Sainte Eglise romaine. »

Les membres étrangers étaient venus à Trente à titres d'Ambassadeurs de leurs Souverains ; ainsi l'Archevêque de Prague représentait l'Empereur d'Allemagne ; le Marquis de Pescaire était délégué par le Roi d'Espagne ; les patrons d'Antonio Milledonne, Nicolo da Ponte et Matteo Dandolo, étaient envoyés par la Sérénissime République ; le Cardinal de Lorraine, légat de la Cour de France, avait été reçu avec les plus grands honneurs, le Concile tout entier se portant à sa rencontre. On conçoit donc l'intérêt très vif qu'aurait offert une publication complète de toutes les pièces diplomatiques relatives au Concile de Trente.

« Pie IX avait eu la libérale et très noble pensée de faire rechercher en tous pays les lettres, dépêches, mémoires et autres pièces manuscrites, propres à servir à l'histoire diplomatique de ce grand Concile... Tout ce qui avait été écrit, soit par des plumes hostiles, soit par des plumes dévouées ; tout ce qui avait été dicté, soit par des esprits prévenus, soit par des esprits enthousiastes, pendant la durée du Concile de Trente ; tout ce qui était émané du Cabinet des Souverains intéressés ou de la Chancellerie secrète de chaque Etat ; tout, en un mot, allait être cherché, recueilli, copié, pour former, dans les Archives mêmes du Vatican, les archives spéciales du Concile de Trente. Bien plus ! Tout, disait-on, une fois classé, serait courageusement imprimé et publié en pleine Rome, de l'aveu et même de par l'ordre du Saint-Père.

« Cette résolution notable émut fort les esprits timorés. Puis, le camp des obscurantistes s'agita. Qu'est-ce que cela ? s'écriaient-ils. Que signifie cette résolution de produire la lumière ? Il se fit alors un travail *par façon de souterrains*, selon l'expression de Saint-Simon. On s'approcha du Saint-Père. On répandit l'épouvante en son âme ingénue. Le voilà incertain, hésitant. Le Père Theiner, l'Archiviste, fut arrêté dans sa mission, et les documents que déjà il avait recueillis sont en partie restés dans l'obscurité. Il va de soi que ce sont les Révérends Pères de la Compagnie de Jésus qui ont été rendus responsables de la décision du Pontife. » (A. B.)

Oserait-on prétendre que ce fut à tort ?

Dans l'*Appendice* qui suit la traduction du *Journal du Concile*, Baschet reproduit une des pièces intéressantes qui eûssent pu figurer aux archives spéciales. C'est une lettre, en date de Venise 8 septembre 1551, adressée à M. de Morvillier, alors Maître des requêtes, par le célèbre Jacques Amyot, abbé de Bellozane, depuis Évêque d'Auxerre et grand Aumônier de France, lequel avait été envoyé à Trente par le Roi de France Henri II, pour protester contre tout ce que le Concile ferait dans la suite (1).

« Cette lettre n'était pas inconnue, dit Baschet, mais on la rencontre seulement dans des recueils spéciaux que les gens du monde, pour qui nous écrivons ce petit volume, auraient quelque peine à se procurer. »

Il existe en outre, nous apprend notre auteur, des *Mémoires de Dupuy relatifs au Concile de Trente* (in-8°. Paris, 1850) ; un *Journal du Concile*, par Massarelli, mais surtout un travail de la plus grande valeur par M. Baguenault de Puchesse, publié par la *Revue des questions historiques*, où se trouve exposé le véritable rôle de la politique de la France dans cette grande Assemblée.

Baschet recommande encore la lecture d'un excellent écrit de M. Albert Desjardins : *Le Pouvoir civil au Concile de Trente*. Il cite enfin, comme se rapportant à l'histoire générale des Conciles, la remarquable *Introduction* dont M. Eugène de Rozière a fait précéder sa très belle publication du *Liber diurnus,* ou *Recueil des formules usitées par la Chancellerie pontificale du cinquième au onzième siècle, d'après le manuscrit des Archives du Vatican, avec les notes et dissertations du P. Garnier et le commentaire inédit de Baluze* (2).

La seconde partie de l'*Appendice* contient des extraits du sommaire des dépêches — au nombre de 237 — des ambassadeurs vénitiens relatifs à la mission des

---

(1) La Cour de France était alors extrêmement brouillée avec celle de Rome, à l'occasion de l'affaire du Duc de Parme, qu'Henri avait pris sous sa protection contre le Pape et l'Empereur.

(2) Texte latin. Typographie Plon. 1869.

ambassadeurs de France, et principalement du Cardinal de Lorraine (1). Les dépêches originales n'existaient plus aux Archives de Venise, ainsi qu'il a été dit plus haut.

« Il ressort de cet exposé de dépêches adressées au jour le jour à leur gouvernement par les deux ambassadeurs vénitiens que M. le Cardinal de Lorraine fit au Concile la plus grande figure, au nom de la France, en même temps que pour son propre compte. On peut dire que sa personne était là comme une puissance avec laquelle on traitait. » (A. B.)

Et Baschet, après avoir montré l'activité et l'importance du rôle des agents diplomatiques au Concile de Trente, fait allusion au Concile qui se préparait alors au Vatican :

« Le lecteur, dit-il, conclura peut-être avec nous que louable est la sagesse dont les Puissances politiques actuelles (1869) ont jusqu'à présent fait preuve, en s'abstenant cette fois de se créer les embarras d'une représentation inutile dans une Assemblée dont les décisions, quelles qu'elles soient, ne peuvent intéresser que les fidèles de l'Eglise catholique, et nullement les citoyens d'aucun Etat. »

Enfin l'*Appendice* se termine par la liste des ouvrages récents qui ont été publiés sur les Conciles, liste empruntée à la *Revue bibliographique universelle* connue sous le nom de *Polybiblion* et sur laquelle figurent les deux *Lettres* de l'abbé Dupanloup sur

---

(1) Les autres ambassadeurs français avaient été Claude d'Urfé, Gouverneur du Forez ; Jacques de Lignières, Président au Parlement de Paris ; Pierre Danès, qui fut depuis évêque de Lavaur, sous François Ier ; Saint-Gelais, sieur de Lansac ; Arnaud du Ferrier, Président aux Enquêtes du Parlement de Paris, et Guy du Faur de Pibrac, juge au Parlement de Toulouse.

l'infaillibilité du pape, lesquelles ont, à l'époque de leur publication, causé un si grand scandale dans le monde ultramontain.

*
* *

Le volume publié en 1874 — *Le Duc de Saint-Simon*, — marque le début de la guerre entreprise par Baschet contre la séquestration officielle des anciens papiers d'Etat (1). Notre analyse montrera les premières attaques, qui ont excité les applaudissements de tous les lettrés.

« Des érudits de ce temps-ci, que distingue une sagacité particulière, ont produit, il y a quelques années, de fort curieuses pages qu'ils ont présentées comme étant le fruit d'autant de recherches sur Molière et sur La Bruyère, ces deux héros dans les lettres françaises. Un succès réel a récompensé leurs démarches et leur travail. Je me suis inspiré, dit Baschet, dans la préface de ce volume, de leur louable entraînement pour l'appliquer aux choses du Duc de Saint-Simon. Je les ai cherchées où on ne s'était que peu encore mis en peine de les demander. Le goût est vif aujourd'hui pour ces sortes d'investigations, propres à mettre sur les traces de faits et de souvenirs concernant les grandes figures du passé. Le butin que j'apporte ici, en partie, est celui que j'ai fait dans les cartons, registres, dossiers, portefeuilles et minutes des Procureurs, Notaires et Commissaires-enquêteurs au Châtelet de Paris, des Avocats au Parlement, etc., etc. »

Le Notaire, en effet, depuis le treizième siècle, fut le Conseil désintéressé des parties aussi bien que le rédacteur impartial de leurs volontés.

---

(1) LE DUC DE SAINT-SIMON, *son Cabinet et l'historique de ses Manuscrits, d'après des documents authentiques et entièrement inédits, par* ARMAND BASCHET. — In-8º de 520 p. Paris, E. Plon et Cie. 1874.

Il n'est presque pas d'actes de la vie civile dans lesquels il n'ait eu à intervenir. Sa présence suffisait à donner à tous les contrats un caractère d'indiscutable authenticité, et les engagements reçus par lui prenaient la force d'un jugement en dernier ressort. Ajoutons que beaucoup d'inventaires ont souvent, comme fixation de dates, l'importance d'un document d'état-civil ; importance qu'il faut également reconnaître aux testaments. Tels sont les documents très nombreux, très variés et parfois très importants qu'on rencontre fréquemment dans les archives notariales, et qui viennent encore se grossir des actes de mariage, d'achat et de vente de propriétés, de partage, etc. ; toutes pièces dont l'intérêt, pour être moins général, n'en est pas moins, dans certains cas, d'une haute valeur. Telle est l'opinion qu'exprimait, à la réunion des Sociétés savantes du 20 avril 1886, M. H. Hovard ; telle était celle de Baschet, pour qui les archives notariales ont été une mine de documents précieux (1).

Le Duc de Saint-Simon était mort en son hôtel de la rue de Grenelle le 2 mars 1755. Le 11 mars, les scellés furent apposés à la requête des héritiers et des créanciers, car le défunt, grand seigneur jusqu'à la fin, laissait des dettes. Baschet trouva aux Archives

---

(1) Aussi nous associons-nous au regret exprimé par M. Ernest Roussel, Archiviste de Loir-et-Cher (Session du Conseil général 1886) de ne pouvoir, faute de place aux Archives, accepter des Notaires le dépôt des titres antérieurs à 1790 « si riches en renseignements de toutes sortes, et qui nous fournissent pour l'histoire de la vie privée et civile les renseignements que nous donnent les Archives des divers corps et établissements pour l'histoire de la vie publique. »

M. F. Hû, de Pontlevoy, dans un travail plein d'intérêt « *sur la vie rurale dans l'ancien pays Blésois* » fait connaître des documents trouvés dans des études de notaires qui ne sont pas moins utiles que ceux recueillis dans les registres des paroisses et dans les archives municipales.

nationales le *Procès-verbal du scellé après le décès de M. le Duc de Saint-Simon.*

C'était le fil conducteur de ses recherches. Découvrant que le notaire de Laleu avait été le dépositaire des papiers de la succession, il pouvait dès lors les suivre dans toutes leurs pérégrinations depuis l'étude du tabellion jusqu'à la main-mise du ministre Choiseul, par ordre du Roi, et à la décharge fournie à Mᵉ de Laleu par le sieur Le Dran, premier commis aux Affaires étrangères, le 21 décembre 1760. Notre ami fut dans la joie, et, pour donner à son langage un air de vétusté en harmonie avec son sujet, il ne va pas dire : J'ai eu le bonheur de trouver....., mais bien : Ce nous est fortunément échu de rencontrer....!

Les contestations auxquelles donna lieu l'embarras des affaires du feu duc, retardèrent de cinq ans la liquidation. Papiers, meubles, tableaux, légués à Claude de Saint-Simon, évêque de Metz et cousin du Duc, restèrent captifs. Ce qu'il fallut d'énergie au légataire universel pour sauver les papiers de la dispersion et de la vente, est véritablement incalculable. Encore mourut-il avant qu'une solution fût intervenue. C'est alors que Choiseul fit valoir le droit de l'Etat, afin d'éviter les récriminations des créanciers ; mais la vérité vraie, c'est qu'il acheta les papiers en litige à la Maréchale de Montmorency, sœur et héritière du prélat ; et il ne les paya pas cher assurément : une tabatière en laque rouge, garnie de diamants et un Portrait du Roi par Vanloo en firent les frais ; encore le portrait ne fut il livré qu'au bout d'une dizaine d'années.

Voilà donc les papiers de Saint-Simon arrivés au Dépôt du ministère des Affaires étrangères.

Baschet fait avec amour l'historique du manuscrit des *Mémoires*, puis il montre « quels incroyables travestissements cette œuvre dut subir pendant plus d'un demi siècle, avant de nous apparaître ce qu'elle est véritablement, c'est-à-dire la fresque immense de la dernière période du règne de Louis XIV, et celle de toute la Régence, l'une et l'autre traitées, brossées, accomplies avec un talent et un génie tels, que depuis il ne s'en est point rencontré de pareils. » Il démontre, sans qu'aucun doute puisse être émis à cet égard, que tout ce qui fut le cabinet du duc de Saint-Simon ne peut être dans un autre lieu qu'au Dépôt actuel du ministère. Puis, il rappelle les paroles si justes que Villemain faisait applaudir par son auditoire, en mars 1825, à son cours de littérature de la Sorbonne :

« Les Archives de nos Affaires étrangères ne garderont pas toujours leurs trésors. La censure n'est jamais bonne et est surtout bien inutile envers le passé. A la distance d'un demi siècle et d'une ré-volution sociale, les indiscrétions et les médisances n'ont aucun danger, et elles renferment souvent une partie de vérité qui n'est plus que de l'instruction sans scandale. »

L'exemple en a été donné par lord Granville, Secré-taire d'État aux Affaires étrangères en Angleterre, qui a ouvert aux chercheurs et aux curieux les Archives de son ministère, où sont accumulés les papiers d'État — *State papers*, — depuis le temps de la Reine Eli-sabeth. Il a été suivi en France par le duc Decazes, comme nous le verrons ailleurs.

D'après un savant archiviste, M. Henri Bordier, c'est au nombre de 277 volumes, liasses ou porte-feuilles que s'élève la collection des manuscrits du duc de Saint-Simon, « de ce grand écrivain qui girait encore inconnu dans les catacombes du ministère des Affaires étrangères si, par suite d'*abus* dont l'administration s'est amèrement plainte, on n'en avait arraché les *Mémoires*, pour les livrer à l'admiration de tous ceux qui se plaisent à contempler les grandes époques de notre histoire et les ressources infinies de notre langue. » (A. B.)

Depuis la première publication des *Mémoires*, en 1829-1830, M. Feuillet de Conches a publié le *Journal du marquis de Dangeau, avec les additions inédites du duc de Saint-Simon*, dont le manuscrit se trouvait aussi aux Archives du Ministère. Ce *journal*, écrit au jour le jour, de 1684 à 1715, peut bien avoir donné à St-Simon l'idée d'écrire ses *Mémoires*, mais ses annotations et commentaires ne peuvent être considérés comme un premier essai des *Mémoires*, « quoiqu'ils soient, à certains égards, dit Baschet, les pièces du canevas de divers fragments des grands *Mémoires*. »

On pourrait, du reste, en dire autant de la correspondance de Saint-Simon se faisant le Secrétaire du duc d'Orléans, pour lequel il écrivait les lettres dans lesquelles ce dernier donnait des conseils au Roi.

Non, il est certain que les *Annotations* et *Commentaires* constituent une œuvre à part et qu'il était utile de rendre publique en même temps que le texte même du *Journal* de l'excellent courtisan, « guide si sûr, informateur si précis. »

Est-ce à dire que les *Mémoires* étaient inconnus avant 1829 ? — Non certes.

Depuis que, vers 1764, les héritiers du Duc avaient fait cession de ses papiers au Dépôt des Affaires étrangères, communication en avait été autorisée à quelques personnes qui n'hésitèrent pas à faire circuler des copies de ces *Mémoires*. Puis, grâce à la protection du ministre Choiseul et de Madame de Pompadour, le Dépôt des Archives fut ouvert à l'abbé Voisenon qui, en 1762, publia des *Extraits* des *Mémoires*.

« Ainsi, remarque malignement Armand Baschet, l'âpre, le sublime, l'extrême attrait de ce grand écrit qui s'appelle les *Mémoires de Saint-Simon*, les incomparables jugements, les tableaux saisissants, le mouvement incroyable, la vie, l'énergie des pensées, le coloris introuvable ailleurs, la pénétrante saveur, tout cet ensemble de qualités extraordinaires qui font de cet ouvrage magistral un monument impérissable, se sont trouvés prendre lumière par la grâce de l'affable Pompadour et avec l'aide du léger abbé de Voisenon ! »

En 1788, 1789, 1791, Soulavie donna plusieurs éditions des *Mémoires,* qu'il affirmait sans scrupules être complètes, mais qui n'étaient encore que des extraits. En 1818, parut une édition nouvelle, par F. Laurent, « qui ne le cédait en rien aux précédentes pour le le faux, le décousu et la prétention à une diction meilleure, non moins qu'à une chronologie perfectionnée. » (A. B.)

En 1819, le général marquis de Saint Simon, petit cousin du Duc, obtint de Louis XVIII la promesse que le manuscrit des *Mémoires* lui serait restitué, mais les Archives du Dépôt se firent longtemps prier et ce n'est qu'en 1828, sous Charles X, que les manuscrits originaux furent livrés au descendant du Duc, qui en prépara la publication. Les deux premiers volumes parurent en mai 1829. D'autres éditions se sont succédé, en 1835, 1840, 1853, 1856, 1864, 1873, et une nouvelle est en cours de publication, sous la direction de M. de Boislisle, membre de l'Institut.

Mais, outre ses *Mémoires*, Saint-Simon n'a-t-il pas laissé des *pièces*, *documents*, et surtout une *correspondance* considérable ?

Baschet l'affirmait, mais il ne put obtenir de pousser ses recherches aussi loin qu'il eût été nécessaire de le faire. M. Prosper Faugère, naguère Directeur des Archives du ministère des Affaires étrangères, a été plus heureux ; toutes les portes lui étaient ouvertes.... et il a entrepris la publication des papiers de Saint-Simon *autres que les Mémoires*.

Nous ne quitterons pas le volume si magnifiquement imprimé par MM. Plon et Cie, sans noter qu'il a été illustré par M. Joseph Mollard, Chef du Protocole des Affaires étrangères et ami de Baschet, d'une charmante eau-forte — d'après une vignette du temps — représentant le château de la Ferté-Vidame, dans le Perche, résidence où furent rédigés en partie les Mémoires de Saint-Simon.

*
* *

Quant à la correspondance entre Saint-Simon et le Cardinal Gualterio, dont le Duc parle dans ses *Mémoires*, Baschet a fait des efforts inouïs pour la découvrir. Il l'a raconté dans le *Cabinet historique* (1877), et l'article a été ensuite tiré à part dans un brochure in-8º imprimée par Alphonse Picard. (1).

(1) Le Duc de Saint-Simon *et le Cardinal Gualterio*. *Mémoire sur la recherche de leur correspondance*. 1706-1728. Paris, Alphonse Picard, 1878. In-8º de 39 p.
Extrait du Cabinet historique (1877). Tirage à part à 100 exemplaires.

On lit, en effet, dans les *Mémoires* : « Du commerce fréquent nous vînmes à l'amitié et à la confiance qui a duré entre nous jusqu'à la mort, avec un commerce réglé de lettres toutes les semaines, depuis son départ, et presque toujours en chiffres », ce qui, d'après le calcul de Baschet, porterait à plus de mille le nombre des lettres. Et il fallait qu'elles eussent de l'importance pour qu'on prît la peine d'en dissimuler le contenu sous un chiffre. C'était de quoi exciter la curiosité et l'ardeur de notre ami. Il fit des recherches en Italie et apprit que les papiers du Cardinal avaient été acquis par le *British Museum*. Il court à Londres : peine perdue. L'examen minutieux de la masse énorme des papiers personnels du Cardinal ne lui fournit aucun renseignement. Il manquait précisément aux collections des mémoires, lettres, journaux et pièces manuscrites du Cardinal celle qu'il était venu chercher.

Enfin, découragé et résolu à quitter la place, il eut l'idée, « par une sorte d'acquit extrême de conscience, » de parcourir les papiers laissés par le neveu du Cardinal Gualterio, lequel vint aussi Nonce en France, vingt-cinq ans après la mort de son oncle, et deux ans après la mort du duc de Saint-Simon. Il trouva là quarante-cinq lettres du Duc, adressées, pour la plupart, au neveu du Cardinal, et de la lecture desquelles il résulta pour lui que toute la correspondance chiffrée de Saint-Simon avec le Cardinal avait été brûlée, sur la prière expresse et instante du Duc lui-même au neveu, héritier des papiers. — Quelle déception !

Ne peut-on pas espérer cependant que quelque fureteur découvrira un jour, aux Affaires étrangères ou ailleurs, la copie que le Duc devait conserver de son importante correspondance.

* *
*

Dans la Préface du volume que nous venons d'analyser, Baschet s'était plaint des obstacles que ceux qui ont le goût des études historiques avaient à vaincre pour obtenir de pénétrer dans les Archives du ministère des Affaires étrangères. La presse, à l'étranger comme en France, s'empara de cette question, et la controverse qui s'éleva de cette occasion fut telle que le duc Decazes, alors ministre des Affaires étrangères, ne put y rester indifférent et adressa au Président de la République un rapport dans lequel il proposait l'institution d'une Commission qui serait chargée de décider si telle ou telle demande d'entrée aux Archives devait être accordée ou refusée.

On peut dire que cette réforme libérale, à laquelle tous les Conservateurs qui se sont succédé au Dépôt des Archives s'étaient montrés énergiquement hostiles, est due, en grande partie, à Baschet, qui en fut le promoteur actif et infatigable. Comment ne se serait-il pas révolté de trouver fermées dans sa patrie des portes qui s'étaient ouvertes devant lui sans difficulté à Venise, à Florence, à Mantoue, à Parme, à Ferrare, à Modène, à Londres ?

« Chose étonnante, disait M. de Lescure dans le feuilleton littéraire de la *Presse* du 17 janvier 1875, en parlant de notre auteur cosmopolite, — chose étonnante ! Cette laborieuse préparation, ce noviciat poudreux au milieu des cendres du passé n'ont point attiédi la verve, ni éteint le zèle, ni émoussé le tact de notre investigateur. C'est qu'il a, à la fois, le caractère ancien et le tempérament moderne ; c'est un érudit consciencieux et raffiné du seizième siècle, qui a lu Voltaire et sur lequel a passé, dans ce qu'il a de généreux et de fécond, le souffle révolutionnaire. Il est à la fois affamé de justice, de vérité et de lumière ; il n'aspire à remplir sa main de découvertes que pour les répandre sur les lettres ; il a à la fois le flair de la recherche, la fièvre de la propagation, la passion de la trouvaille et celle la révélation ; c'est un archiviste doublé d'un vulgarisateur ; c'est un érudit doublé d'un dilettante. »

D'ailleurs Baschet connaissait déjà une partie des trésors qu'il voulait rendre accessibles à tous. Pendant son séjour de près d'une année en Angleterre, le prince de la Tour d'Auvergne, Ambassadeur de France, avait obtenu pour lui, du Secrétaire d'Etat du *Foreign-Office*, l'autorisation de prendre communication des anciennes correspondances de la Diplomatie anglaise. (Ces documents n'étaient pas encore rendus publics comme ils le sont aujourd'hui). D'Ambassadeur devenu Ministre des Affaires étrangères, le prince de la Tour d'Auvergne pouvait accorder lui-même en France ce dont il avait bien voulu faire à Londres l'objet de sa recommandation. Il le fit de bonne grâce, et les Archives de son ministère furent ouvertes à notre ami.

C'est là qu'il apprit à connaître la valeur réelle, l'attrait particulier des monuments écrits de la Diplomatie française. La lecture d'un grand nombre de *correspondances* et de *Mémoires* lui fournit une partie des éléments de l'*Histoire du Dépôt des Archives*, — œuvre à laquelle il ne songeait pas encore à ce moment (1).

D'autres sources aussi lui procurèrent des matériaux précieux ; par exemple le *fonds français* du département des manuscrits de la Bibliothèque nationale ; les

(1) *Histoire du* DÉPOT DES ARCHIVES *des Affaires étrangères, à Paris, au Louvre en 1710 ; à Versailles en 1763 et de nou-*

papiers de la maison du Roi, et particulièrement ceux de la *Surintendance des Bâtiments*, aux Archives nationales ; les Archives du département de Seine-et-Oise, et diverses communications de source particulière dont les plus intéressantes ont été celles de M. Henri Bordier, auteur de l'ouvrage publié en 1855 sur les *Archives de France*.

Voyons maintenant quel parti Baschet a su tirer de ces multiples informations. D'abord, qu'en pense-t-il lui-même ?

> « Nous avons foi, dit-il, dans l'utilité de cet ouvrage. Il rendra plus familier un coin du monde trop fermé jusqu'à présent, et dont les limites seront maintenant plus ouvertes à qui demandera de les franchir pour connaître des affaires anciennes de la vieille France. »

Qu'est-ce donc que le Dépôt des Archives des Affaires étrangères ? En quel temps a-t-il été établi ? Quelles vicissitudes avaient primitivement subies les recueils des papiers d'État, dispersés en tous lieux ? Quelles circonstances ont présidé à la réunion sous une administration unique des *Traités*, *Conventions* et autres *Actes diplomatiques*, des *Correspondances*, des *Mémoires* et des *Documents* concernant les nations et les gouvernements étrangers, des *Travaux écrits* sur le Droit public de la France ? Comment cette organisation ingénieuse a-t-elle été conçue, méditée, proposée et accomplie ? Dans quel but d'utilité, d'emploi et d'usage ? Quelles occasions particulières l'ont affermie et développée avec la marche naturelle des années ?

veau à *Paris en divers endroits depuis 1796*, par ARMAND BASCHET.

Gr. in-8° de XXVIII-590 pages, avec deux portraits. — Paris, 1875, É. Plon et Cie, imprimeurs-éditeurs.

Quels *ordres du Roi*, quelles précautions officielles
l'ont concernée ? Quels ministres Secrétaires d'État
ont été plus ou moins attentifs, non seulement à sa
conservation, mais à son embellissement ? Une fois
les papiers de la Secrétairerie d'État des Affaires
étrangères groupés, réunis et répartis pour être classés,
où fut leur maison ? Qui furent et quels furent ses
gardiens — ou plutôt ses Gardes, comme on les
appelait, — depuis le premier en titre, en l'année 1710,
jusqu'à nos jours ? Comment tels trésors, que n'avait
point le Dépôt à sa fondation, lui furent acquis ?
Comment les papiers de Richelieu ? Comment les
papiers de Mazarin ? Comment ce recueil admirable
qu'avait formé Bouthillier de Chavigny, de 1629 à
à 1643, tous matériaux propres à combler des lacunes
en la succession chronologique de ces papiers d'État ?
Utiles à l'histoire, féconds en notices, informations,
enseignements, particularités politiques, portraits des
personnages qui ont dirigé les événements ou qui y
ont pris part, jugements et considérations, quels
écrivains autorisés ont pu en faire usage, depuis
Duclos, l'abbé de Voisenon, Marmontel, sir John
Dalrymple, Fox, Mackintosh et Lemontey, jusqu'à
MM. Mignet, Cousin, d'Haussonville, Geffroy, Pierre
Clément, Sybel, Camille Rousset, de Broglie et autres
historiens ? En un mot, quels ont été tous les éléments
qui ont pu constituer la formation, la réunion, l'aspect
et l'usage de ces monuments écrits pendant le cours
de plusieurs siècles ? Tel est le programme que Baschet
s'est tracé pour produire cette histoire, non entreprise
auparavant, du Dépôt des Archives des Affaires
étrangères (1).

(1) Baschet avait formé le projet d'entreprendre un travail

On ne s'étonnera pas que ce livre offre l'intérêt le plus sérieux. Il prend le Dépôt à son origine, en signale et en détermine avec la plus grande netteté les accroissements successifs, en trace les annales jusqu'à nos jours et donne enfin l'histoire des Gardes du Dépôt, de Louis XIV jusqu'au temps présent. C'est, en réalité, malgré l'aridité apparente du sujet, une histoire fort curieuse, qui fait connaître une foule d'incidents généralement ignorés, et les vicissitudes d'une collection dont l'ensemble constitue aujourd'hui l'un des plus précieux monuments historiques qui soient au monde.

Avant Louis XIV, les documents diplomatiques n'étaient point considérés comme propriété de l'État. On ne se rendait pas bien compte de leur valeur historique ; le droit du gouvernement sur ces pièces n'était pas nettement fixé ; il semblait qu'elles appartînssent au Diplomate qui avait suivi la correspondance. Les ambassadeurs gardaient par devers eux les lettres qu'ils avaient reçues du souverain ou du ministre, aussi bien que les copies de leurs propres missives, dont le gouvernement ne se préoccupait point de conserver régulièrement les originaux. A leur mort, ces papiers passaient à leurs héritiers comme tout autre objet de succession, et se dispersaient selon les hasards ou les convenances des héritages.

« C'était presque quelque chose d'hoirie, écrit Baschet ; c'était un bien meuble, une possession privée, qu'on pourrait appeler du nom des Premiers ministres du règne, ou des Négociateurs, pour caractériser les matières et préciser la date. Ainsi,

analogue pour l'Angleterre, c'est-à-dire d'écrire l'histoire de l'établissement des Papiers d'État au *Public record Office*.

*Papiers du Cardinal d'Amboise, Papiers de Flori-
mond Robertet* (1), pour les documents de la diplomatie de France sous Louis XII, *Papiers de Montmorency, de Claude d'Annebault, d'Antoine du
Prat, du seigneur Villandry*, et divers autres, pour
les archives diplomatiques du temps de François Ier,
et ainsi de suite jusqu'à Mazarin. »

Il n'en était pas de même des documents relatifs à
l'administration intérieure qui demeuraient au *Trésor
des Chartes*, sis en la Sainte-Chapelle, où ils ont
formé peu à peu le magnifique recueil qui est la gloire
des Archives nationales. Mais les correspondances
diplomatiques restant aux mains des particuliers
eûssent été inévitablement perdues si des curieux ne
les eûssent recherchées pour leurs bibliothèques et
n'en eûssent ainsi sauvé bon nombre avec une véritable passion d'érudits qui mérite la gratitude de la
postérité. C'est ainsi que s'étaient formées les collections des frères Dupuy, celle de Béthune, celle de
Brienne et, plus tard, celle de M. de Gaignières.

Vers le milieu du seizième siècle, de bons esprits
commençaient à s'alarmer de cette dispersion des
papiers d'Etat, mais leurs plaintes n'étaient pas
écoutées. A cette époque, la Cour, et par conséquent
l'Administration elle-même, était errante de château
en chateau ; on ne comprenait pas que le gouvernement dût se fixer d'une manière immuable sur un

(1) Florimond Robertet, baron d'Alluye, seigneur de Bury et
autres lieux, ministre secrétaire des finances sous Charles VIII,
Louis XII et François Ier. Marié à Michelle Gaillard, d'une famille
blésoise.
Fit construire dans la rue Saint-Honoré de Blois l'Hôtel
d'Alluye, et sur les bords de la Cisse le château de Bury, dont il
ne reste que des ruines.
(Notice par M. du Plessis. Mémoires de la Société des Sciences
et Lettres de Blois. Tome IV).

point du territoire et que tout dût se grouper autour
de lui. Il eut donc été malaisé, surtout avec des communications aussi lentes et aussi difficiles qu'elles
l'étaient alors, de former des collections complètes et
bien organisées. Mais dès qu'à la fin des guerres religieuses, l'administration, devenue plus stable, se fut
concentrée entre les mains d'Henri IV et de Sully,
celui-ci conçut la pensée de préserver les documents
diplomatiques et fit un règlement en ce sens. Ce
règlement indiquait seulement la nécessité de faire des
extraits précis des *dépêches* et *instructions*, et de les
enregistrer au *Livre secret* du Roi ; mais enfin s'il
eût été exécuté, le résultat de ce travail eût été le
commencement de précieuses archives. La mort
d'Henri IV et les troubles de la Régence empê-
chèrent qu'il y fût donné suite.

Richelieu, dès son entrée aux affaires, revint sur
cette pensée, qui avait frappé son esprit si juste et si
clair : il ordonnait, en 1617, de « tenir mémoire et
minute de tout ce qui s'expédie. » Plus tard, il
prescrivait de faire inventaire « des papiers de M. de
Villeroy concernant les affaires d'Etat » ; puis il
donnait charge à Arnaud d'Andilly, en 1626, de
classer les instructions et dépêches ; enfin, en 1628,
il exigeait qu'il fût tenu registre de tous « les traités,
lettres, accords et actes de paix, trèves, mariages,
alliances, négociations, reconnaissances, concessions
et autres de quelque nature que ce soit. » Ce n'é-
taient pas là encore des archives sans doute, d'autant
moins que ces utiles ordonnances ne furent pas régulièrement exécutées, mais on voit cependant que
l'idée de conserver les documents politiques faisait
des progrès : on approchait du moment où on les

considérerait comme propriété de l'Etat. Mais que de tiraillements ! Richelieu et Mazarin eux-mêmes, qui avaient senti l'utilité d'une telle réforme, n'avaient pu se résigner à se dessaisir des documents de leur administration. Le premier légua à sa nièce, la duchesse d'Aiguillon, tous les papiers qu'il avait amassés pendant son ministère ; Mazarin gardait aussi les documents de son administration et les laissait par testament à Colbert qui, plus tard, les transmettait à son fils le marquis de Seignelay, de sorte que quand M. de Lyonne prit la direction des Affaires étrangères, son ministère se trouvait, comme le dit spirituellement Baschet, « dans la situation d'une Etude de notaire dont on aurait distrait toutes les minutes. »

Mais les papiers personnels de Lyonne, ses travaux quotidiens et les dépêches de nos ambassadeurs formèrent en peu d'années un *cabinet* singulièrement précieux. Cependant, que deviendraient, après lui, ces archives naissantes ? Louis XIV, informé par Colbert, le 28 août 1671, de la fin prochaine de Lyonne, donna des ordres pour que les papiers de son Ministre fûssent mis sous les scellés le jour même de sa mort, et confiés à son successeur qui, après en avoir fait le triage, garderait par devers lui tous les documents relatifs aux fonctions de sa charge.

Ce successeur fut M. de Pomponne, lequel, après neuf ans de ministère, céda la place au Marquis de Croissy, frère du grand Colbert, et lui laissa les papiers de Lyonne augmentés des siens propres, c'est-à-dire toute la correspondance diplomatique des vingt premières années du règne personnel de Louis XIV.

Croissy fit inventorier la correspondance de ses prédécesseurs, la divisa en liasses et convertit les liasses en volumes. Torcy, son fils, fit mieux encore : il s'occupa de chercher un emplacement convenable pour loger toutes ces richesses accumulées.

La plupart des collectionneurs nommés plus haut avaient successivement fait don à la bibliothèque du Roi d'une masse énorme de manuscrits politiques — recueillis depuis Louis XI, — que le hasard des ventes ou le maniement des affaires avaient réunis entre leurs mains, et de livres ou mémoires écrits par eux-mêmes. Parmi ces historiens de tels ou tels événements plus ou moins spéciaux, mais toujours intéressants, Baschet cite avec raison Guillaume Ribier, notre compatriote blésois, au sujet duquel il s'exprime comme suit :

« De toutes les publications de documents pour servir à l'histoire des négociations, nulle n'avait été aussi soigneusement préparée que celle publiée en 1665 par le neveu de celui qui avait consacré de longues et paisibles années à en former le recueil et à l'illustrer d'éclaircissements pleins de réflexions heureuses, judicieuses et sagaces. Nous voulons parler de l'ouvrage de messire Guillaume Ribier, en deux volumes in-folio, imprimés à Blois (1) sous ce titre fort ample :

« Lettres et mémoires d'Estat des Roys, Princes, Ambassadeurs et autres ministres sous les règnes de François premier, Henri II et François II, *contenant les intelligences de ces Roys avec les princes de l'Europe contre les menées de Charles-Quint principalement à Constantinople auprès du Grand Seigneur ; en Angleterre avec Henri VIII ; en Allemagne avec les Princes de l'Empire ; en Italie avec le Pape et les Venitiens* Et dans

(1) Chez Jules Hotot (La Bibliothèque municipale de Blois possède cet ouvrage).

L'Italie seule, *les intrigues de quatre conclaves et le pouvoir qu'y avoient nos Roys avec diverses pratiques sur Naples, Gennes et Sienne ; les causes de la guerre de Parme et autres particularités inconnues dans nos histoires. Ouvrage composé de pièces originales, la plupart en chiffres, négociations et instructions à nos ambassadeurs et mesme de minutes de nos Roys rangées selon l'ordre des temps et formant un corps d'histoire par* Messire Guillaume Ribier, Conseiller d'Estat.

« Cet ouvrage avait une destinée singulière. L'impression en avait été commencée en 1650, date du privilège obtenu à cet effet, et elle ne fut terminée qu'en 1665, plus de deux ans après la mort de l'auteur. Michel Belot, (1) son neveu et l'éditeur de ce recueil, le dédia à son parent « Monseigneur Colbert, ministre d'Estat, Conseiller au Conseil royal, surintendant.... etc. etc. »

« L'homme studieux qui avait formé ce recueil excellent par l'intérêt historique dont il est rempli et le secours qu'on en peut tirer, était messire Guillaume Ribier, né à Blois sous le règne de Henri troisième, en 1578, et de bonne famille de gens de robe. Fils d'un lieutenant particulier au bailliage présidial de Blois, il avait hérité de la charge de son père, et ne l'avait laissée que pour en mériter et en exercer une plus importante Il fut lieutenant général du Baillage, puis Président du présidial. Un discours de grand sens sur la *Lettre écrite au prince de Condé par la Reine mère*, en 1614, l'avait désigné à l'attention de la Cour. Il fut élu Député aux Etats-généraux de 1614, et ses qualités reconnues lui valurent le titre de Conseiller d'Etat. Tout le reste de sa vie néanmoins s'écoula à Blois, son pays natal. Il y devint l'ami de la Reine mère, pendant la retraite où le Roi son fils l'avait forcée

_____

(1) Conseiller au Présidial de Blois.

de vivre, de mai 1617 à février 1619, et il rencontra près d'elle l'Evêque de Luçon qui plus tard fut le grand Cardinal. Ce ministre voulut attirer près de lui, dans les Conseils, messire Guillaume Ribier, qui ne répondit pas à de si honnêtes et si glorieux désirs et vécut dans la retraite embellie par l'étude. » (1)

Les lecteurs du blésois nous pardonneront cette longue digression.

Donc voilà des éléments assez considérables pour former des Archives. Une « ordonnance au comptant » du 9 février 1688 est la preuve officielle de leur *etat civil*; c'est leur *acte de naissance* écrit de la main du Roi :

« Garde de mon Trésor Royal, M⁹ Jean de Bartillat, payez comptant au porteur la somme de dix-sept mil cinq cent trente-cinq livres pour son remboursement de pareille somme qu'il a payée tant pour la *relieure* de TOUS MES VOLUMES DES NÉGOCIATIONS DEPUIS L'ANNÉE 1660 JUSQU'A PRÉSENT, que pour les frais des commis employés à cet effet, et rapportant la présente sans endossement. Ladite somme de 17,535 livres sera employée au premier acquit de comptant qui sera expédié à votre décharge. Fait à Versailles, le 9 février de l'année 1688. — Louis. »

Huit ans plus tard mourait Charles Colbert, marquis de Croissy, ministre des Affaires étrangères, et son fils, Jean-Baptiste Colbert, marquis de Torcy, entrait en exercice de la charge dont le Roi lui avait accordé la survivance dès l'année 1691.

<hr>

(1) Guillaume Ribier est mort à Blois en 1663, dans sa maison de la rue du Puits-Chatel, sur l'emplacement du nᵒ 15 actuel. Le domaine des Croteaux, sur les bords du Cosson, lui appartenait.
(Voir Notice sur Guillaume Ribier, magistrat blésois, par Dupré, membre de la Société des Sciences et Lettres de Loir-et-Cher. Tome IX, 1ʳ partie).

Croissy avait installé les Archives à Versailles, dans le corps de logis situé au-dessus de la Garde suisse ; mais bientôt les bureaux furent encombrés par suite d'acquisitions et de donations : il fallut chercher un autre emplacement. C'est au vieux Louvre que Torcy le trouva ; c'est là que le Dépôt des Affaires étrangères fut transporté en 1710, et M. de Saint-Prest (1) en fut le premier gardien. Mais dans la pensée de M. de Torcy, le Dépôt des Affaires étrangères devait être comme la bibliothèque d'une académie politique, l'école où un petit nombre de jeunes gens d'élite se formeraient à l'art délicat des négociations.

« Ce n'est pas assez, écrivait-il, d'avoir bien fortifié une place si on n'y met du monde pour la défendre. Ainsi il ne suffit pas d'avoir ramassé grand nombre de *mémoires*, de *dépêches*, de *papiers*, de les avoir mis en lieu où ils ne se puissent perdre, il faut encore former des hommes pour s'en servir ; et on ne peut assez louer l'establissement qu'on veut faire pour élever des jeunes gens et les rendre capables de servir le Roy dans les Affaires étrangères. »

L'Académie politique fut donc fondée à la même date que le Dépôt des Archives, mais elle n'eut pas la même durée : elle ne survécut pas à Saint-Prest, son premier Directeur. Torcy ne s'était pas dissimulé les difficultés que présenteraient le choix et la direction de ses élèves en diplomatie. « J'ai bien peur, disait-il, qu'en marquant ici les qualités que je leur souhai-

---

(1) Nous écrivons Saint-Prest — et non Saint-Prez comme l'a écrit Baschet — parce que la famille est originaire du pays chartrain et que le nom est ainsi orthographié dans l'*Inventaire-sommaire* des Archives d'Eure-et-Loir.

terais, je ne donne l'idée de l'homme qui ne se trouve jamais. » Faut-il croire, en effet, que les hommes ne se trouvèrent pas — sauf toutefois MM. de Chavigny et d'Argenson qui se distinguèrent plus tard dans les négociations — ou faut-il imputer à la haine jalouse du cardinal Dubois, alors premier ministre, qui détestait Torcy, la suppression de l'Académie politique ?.... Toujours est-il qu'elle sombra en 1720, et qu'un essai analogue, tenté en l'an VIII par le gouvernement consulaire, n'eut pas un meilleur résultat. C'est de nos jours seulement que l'Ecole libre des sciences politiques, en offrant aux futurs diplomates un centre de fortes études historiques, a répondu, selon l'esprit de notre époque, à la pensée du ministre des Affaires étrangères de Louis XIV.

L'histoire d'un dépôt d'archives serait la plus sèche des nomenclatures si l'on ne faisait pas connaître les hommes qui lui ont donné leurs soins. Baschet n'y a pas manqué. On ne regrettera pas d'avoir lu dans son livre les portraits des quinze Gardes qui ont administré le Dépôt depuis sa fondation. (1) De cette galerie nous détacherons quelques cadres. Disons d'abord que ces quinzes Gardes ont vu passer quatre-vingt-quatre ministres des Affaires étrangères, dont quatre sous Louis XiV, quatorze sous Louis XV, huit sous Louis XVI, trois sous le gouvernement révolutionnaire, deux sous le Directoire, un sous le Consulat, quatre sous le premier Empire, douze sous la Restauration, treize sous la Monarchie de 1830, neuf

(1) Voici les noms des quinze Gardes qui se sont succédé au Dépôt des Archives : de Saint-Prest, Le Dran, l'abbé de La Ville, de La Porte du Theil, Le Dran (une seconde fois), Durand de Distroff, Sémonin, Nicolas Geoffroy, Resnier, Caillard, d'Hauterive, Mignet, Carteron, Cintrat et Faugère. Donc, quatorze en réalité puisque Le Dran figure deux fois sur la liste.

sous la République de 1848, dix sous le second Empire, quatre sous la Républiques actuelle, jusqu'à la chute de M. Decazes. — Ce qui prouve, soit dit en passant, que les fonctions de Gardes des Archives étaient énormément plus stables que celles des Ministres.

****

Parmi ces figures de second plan que notre compatriote a mises en lumière, il n'en est pas de plus typique que celle de Nicolas Le Dran. Il était fils du célèbre chirurgien François Le Dran, et petit-fils d'Henri-François Le Dran, Maître-chirurgien juré. Né en 1686, il fit son éducation chez les Pères de l'Oratoire et se fit distinguer pour son intelligence et son amour du travail. Torcy l'avait admis dans les bureaux de la Secrétairerie d'Etat, à Versailles, et il suivit le Dépôt au Louvre en 1711.

C'était un de ces hommes qu'un ensemble de qualités solides, mais sans éclat, prépare admirablement à tenir les seconds rôles dans la vie politique et empêche de parvenir jamais aux premiers. Il entra aux Affaires étrangères en 1710, l'année même où le marquis de Torcy installait au Louvre les papiers diplomatiques et en confiait la garde au sieur de Saint-Prest. A la mort de ce dernier, en 1720, Le Dran lui succéda. Il avait trouvé dès lors son terrain et ne l'eût sans doute jamais quitté si, à défaut de rédacteurs plus brillants, d'un esprit plus alerte et plus souple, on ne l'eût pas trois fois tiré de sa retraite pour lui confier les bureaux politiques. Il y écrivait nombre de dépêches, mémoires et instructions que signèrent MM. de Morville et de Chauvelin, Amelot de Chaillou et d'Argenson. Sa bonne volonté ne se lassait pas ; on le retrouvait toujours à l'heure du besoin. Sa campagne finie, il reprenait le chemin des Archives : c'était rentrer chez lui. Il y rencontrait son frère cadet, Pierre Le Dran, qui, en son absence, avait rempli les fonctions de Garde du Dépôt, tandis que les Gardes en titre, un La Porte du Theil, un abbé de La Ville, répugnaient à ces devoirs obscurs, imposés par une disgrâce passagère, et n'aspiraient qu'à rentrer dans la carrière active.

L'originalité de Le Dran, c'est d'avoir été plus que tout autre l'homme de ses fonctions. Il ne les dominait pas par un grand talent de négociateur comme l'abbé de La Ville, ou d'historien, comme plus tard Mignet : il s'y adaptait exactement. Elles absorbèrent toute son activité et suffirent à son ambition. Il poursuivit cependant un double rêve : pour lui, le titre d'historiographe du Roi ; pour *sa* collection, un local plus vaste et mieux aménagé. Comme historiographe on lui préféra Duclos, doué d'un esprit plus brillant et d'un talent dont il savait tirer parti.

Ce premier déboire attrista Le Dran sans le décourager. Ses Archives lui restaient ; il travaillait sans cesse à les enrichir, à les classer ; il demandait pour elles aux ministres qui se succédaient une installation plus convenable. Il dut éprouver une joie très vive quand le Duc de Choiseul obtint du Roi l'ordre de faire construire à Versailles un hôtel spécialement destiné aux Affaires étrangères et à leurs collections.

Entreprises en 1761, les constructions furent terminées dès la fin de l'année suivante ; elles étaient commodes, luxueuses même, et tout-à-fait dignes des trésors qu'elles allaient abriter. — Suprême ironie du sort ! Le Dran n'y devait pas entrer. Jugé trop vieux sans doute pour inaugurer une élégante et fraîche demeure, on l'arrêta par une pension de retraite au seuil de cette terre promise qu'il avait si souvent appelée de ses vœux. Ses dernières années furent pourtant adoucies par la liberté qu'il eut d'emporter ses propres papiers dans son « ermitage » de Saint-Cloud. Lorsqu'à sa mort, en 1774, on mit, au nom du Roi, les scellés sur son cabinet, il ne renfermait pas moins de trois cent quatre-vingt-sept volumes manuscrits, qui devaient contenir les matériaux les plus précieux pour une histoire diplomatique du règne de Louis XV. Tous ces papiers furent portés au Dépôt. Quatre-vingts autres volumes furent ajoutés à ce curieux recueil par celle de ses sœurs qui avait le plus de titres à sa confiance et en faveur de laquelle M. de Vergennes demanda au Roi une modeste pension, qui lui fut accordée.

Nicolas Le Dran avait été attaché au Dépôt pendant les cinq dernières années de Louis XIV, pendant les sept ans de la Répence et quarante ans du règne de Louis XV, auquel il survécut de peu. Que de renseignements précis, que de traits intimes, que de notes inappréciables ne trouverait-on pas dans ses manuscrits.

C'est sous la direction de Le Dran — et principalement sous le ministère Chauvelin — qu'eut lieu le plus grand nombre d'acquisitions. Ainsi les papiers de Law, les manuscrits du président de Mesmes, les papiers de Mazarin, la bibliothèque de Loménie de Brienne, les manuscrits de Bouthillier de Chavigny, de Seignelay, de l'abbé de Montyon, des Gravel, de l'abbé Le Grand, de Béthune, les papiers de Lorraine (des archives de Nancy), les manuscrits du duc de

Saint-Simon, les papiers du maréchal de Belle-Isle. — Plus tard, en 1773, fut achetée, pendant la Direction de Sémonin, l'imposante collection géographique de d'Anville.

**
* **

Des combles du vieux Louvre, où elles séjournèrent de 1711 à 1763, les Archives avaient été ramenées à Versailles par le duc de Choiseul, comme nous l'avons vu. Elles revinrent à Paris en 1796, et y passèrent successivement de l'hôtel de Galliffet, rue du Bac, agrandi par l'hôtel de Maurepas, à l'hôtel des anciens lieutenants de Police, rue Neuve-des-Capucines, en 1822 ; puis enfin, en 1853, au quai d'Orsay, près de l'hôtel du Président de la Chambre des Députés, où elles se trouvent aujourd'hui, dans un local qui fait partie du ministère des Affaires étrangères et dont les galeries sont assez vastes pour que l'encombrement ne soit pas de longtemps à craindre.

Nous disions, en commençant, que les Gardes des Archives s'étaient généralement montrés très hostiles à toute communication des documents confiés à leurs soins. Citons quelques rares exceptions.

Le sixième de ces fonctionnaires, Durand de Distroff, avait admis quelques visiteurs studieux à faire aux Archives des recherches ayant pour objet la rédaction de *Mémoires historiques :* Tercier, de Bruny, sir John Dalrymple, Favier, l'abbé Mignot.

Plus tard, le Garde du Dépôt Caillard laissa pénétrer Anquetil, qui prêta son concours à la formation du catalogue des manuscrits ; puis l'abbé Grégoire, au sujet duquel nous cédons la plume à Baschet :

« L'ancien Député aux États-Généraux, l'ancien Evêque constitutionnel de Blois, l'ancien membre

du Conseil des Cinq-Cents, devenu Sénateur ;
Grégoire, dont la plume était si active et si entreprenante, fut aussi admis à faire des recherches qui
concernaient les *Correspondances de Rome et d'Italie*
et les *Affaires historiques des Jésuites*. Il était
expert en matière d'Archives ; c'était lui qui avait
rédigé des rapports célèbres pour l'instruction des
Comités spéciaux dans la Convention nationale, et
et entre autres le *Rapport sur l'état des Arts et des
Lettres en France en 1794*, le *Rapport sur la Bibliographie*, lu à la séance du 22 Germinal, an II ;
les trois *Rapports sur les destructions opérées par
le vandalisme et sur les moyens de le réprimer ;* le
Rapport enfin *sur les encouragements, récompenses et
pensions à donner aux Savants, aux Gens de lettres
et aux Artistes*. Ses deux meilleurs ouvrages furent
Les Ruines de Port-Royal et l'*Histoire des Sectes
religieuses*. Ses *Mémoires* sur sa vie politique et
littéraire ont été publiés en 1837 par M. Carnot. »

Une autre visite — qui fut presque un séjour — eut
lieu en 1802 : c'est celle de Fox, le grand orateur
anglais, qui avait conçu le projet d'écrire une histoire
des événements qui avaient précédé la Révolution
d'Angleterre, en 1688. Talleyrand obtint pour lui
l'autorisation du Premier Consul, et une pièce du
Dépôt fut mise à sa disposition, pour qu'il pût y
travailler avec son secrétaire.

Il n'en fut plus de même sous l'autorité despotique
de Maurice d'Hauterive, nommé Garde du Dépôt par
Talleyrand. S'il admit aux Archives comme travailleur
auxiliaire Pierre-Edouard Lemontey — qui fut de
l'Académie — ce fut à contre-cœur, et encore obtint-il,
après sa mort, la confiscation de tous ses papiers. Il
ne fit pas meilleur accueil à sir James Mackintosh.
Quelques ministres, sous la Restauration, le forcèrent

à ouvrir ses portes au cardinal de Bausset, à M. de Monmerqué, à M. Petitot, au duc souverain de Weimar, au marquis de Saint-Simon et à lord John Russell. — On compte les privilégiés.

A cette époque eurent lieu de nouvelles acquisitions, et, entre autres, celle des *papiers* de Soulavie. A ce sujet Baschet consacre quelques pages fort curieuses (462 et suivantes), auxquelles nous renvoyons le lecteur — qui nous en sera reconnaissant (1).

Vers le même temps grandissait la forte génération d'historiens qui allaient instruire à nouveau les causes que l'on croyait entendues et en appeler des opinions courantes aux documents originaux, comme aux sources les plus sûres de l'histoire. La révolution de juillet 1830 porta au pouvoir quelques-uns des chefs de cette phalange (2). M. Guizot, ministre de l'Instruction publique, voulut associer le Gouvernement aux efforts qui se faisaient de toutes parts pour sauver de l'oubli, ou d'irréparables accidents les monuments manuscrits de notre histoire nationale. Le 31 décembre 1833, en soumettant au roi Louis-Philippe un projet de publication de *Documents inédits sur l'Histoire de France*, il énumérait les dépôts publics, Bibliothèque royale, Archives du royaume, qu'il conviendrait d'exploiter.

« Mais le Gouvernement, ajoutait-il, doit faire davantage. Il possède d'autres Archives dont lui seul dispose, et dont il peut, sans inconvénient, communiquer, en partie du moins, les inappréciables trésors. Je veux parler des Archives des différents ministères

(1) Voir aussi les *Causeries d'un curieux*, de Feuillet de Conches.

(2) Thiers, Mignet, Armand Carrel avaient préparé la Révolution de juillet par la fondation du *National*.

et notamment du ministère des Affaires étrangères. Evidemment les faits, les documents antérieurs au règne de Louis XV n'appartiennent plus à la politique, mais à l'histoire, et rien n'empêche plus de publier ceux qui méritent la publicité. »

M. Mignet était alors le Directeur de ce Dépôt des Affaires étrangères dont M. Guizot semblait indiquer le chemin et promettre l'accès au monde savant.

*
* *

François-Auguste-Alexis Mignet, né à Aix en 1796, était alors dans sa trente-quatrième année. Son nom avait paru pour la première fois dans les lettres en 1821, avec l'envoi du *Mémoire historique* que l'Institut couronna (1).

Rarement début fut plus heureux, et l'on peut dire que tout le parcours de la belle carrière de l'historien ne fut qu'un long succès. Ce premier applaudissement détermina M. Mignet à quitter la Provence et à se rendre à Paris. La célébrité ne le fit pas attendre. Dès l'année 1824, en effet, l'*Histoire de la Révolution française* la lui conquit dans l'esprit public, et l'un des grands maîtres de l'école historique moderne, Augustin Thierry — encore un compatriote blésois — ne tarda pas à lui décerner cet éloge : *Historien idéaliste de la nouvelle école, doué d'un admirable talent pour la généralisation des faits et pour l'induction historique* (2).

(1) Le sujet mis au concours avait été :
« Déterminer le caractère et l'influence des institutions de saint Louis. »

(2) L'*Histoire de la Révolution française* a été écrite *en quatre mois*, dit M. Jules Simon, dans l'Éloge de Mignet lu à l'Académie des Sciences morales et politiques le 7 novembre 1885.
Voir *Journal officiel*, numéros des 13 et 15 novembre.

« Il y avait en lui du véritable philosophe, et nul poste ne pouvait mieux convenir à l'historien et au philosophe que celui dont l'occupation lui permettrait de connaître sans réserve les vérités matérielles de l'histoire et lui mettrait aux mains les plus utiles et les plus rares instruments........

« Il inaugura son installation par un acte libéral. Nous avons dit que son prédécesseur, obéissant à des scrupules qui n'étaient que des erreurs, avait, en 1826, à la mort de Lemontey, obtenu de pouvoir ravir à ses héritiers, pour le prétendu bien du service administratif, les travaux mêmes de l'historien. M. d'Hauterive avait fait prisonnière l'*Histoire de la Régence et de la minorité de Louis XV, jusqu'au ministère du Cardinal de Fleury ;* M. Mignet s'en fit le libérateur, et cet ouvrage, excellent de tous points, fut publié en 1832. » (A. B.)

Avant lui, nos Archives diplomatiques avaient eu plus d'un historiographe, mais il fut le premier en date des historiens dignes de ce nom qui les consultèrent, et il en est resté le plus éminent Pour répondre à l'appel du ministre, il devait chercher un point fixe dans cette mer sans rivage des négociations ; il choisit la succession d'Espagne. C'était un sujet assez ancien pour lui laisser toute liberté, assez défini pour qu'il pût l'épuiser, assez vaste aussi pour l'amener à porter son jugement sur les plus fameux hommes d'Etat et les plus considérables événements du siècle de Louis XIV. Il le fit dans cette langue sobre, vigoureuse, nourrie de faits et de pensées, par laquelle il se rattache à la lignée de nos prosateurs classiques. *L'Histoire des négociations relatives à la succession d'Espagne* fut saluée comme un chef-d'œuvre. Du premier coup la perfection du genre était atteinte et un modèle excellent était donné aux écrivains qui s'essaieraient après M. Mignet dans l'histoire des négociations.

Elu le 29 décembre 1832 à l'Académie des Sciences morales et politiques, il en fut le Secrétaire perpétuel au commencement de mai 1837. Ce titre lui imposa le devoir de composer des *Notices* sur la vie et les œuvres d'un grand nombre de personnages célèbres qui avaient fait partie de la compagnie.

Nul honneur littéraire n'a manqué au Garde des Archives des Affaires étrangères pendant le cours des dix-huit ans qu'il conserva cette charge. L'Académie française lui ouvrit ses portes en 1836.

Ce fut lui qui, en qualité de Commissaire du Gouvernement, obtint la translation des Archives et du ministère des Affaires étrangères au quai d Orsay, malgré l'opposition que ce projet rencontra à la Chambre des Députés et à la Chambres des Pairs.

Enfin, le 24 février 1848, M. Mignet donna sa démission. L'Institut devint, pour ainsi dire, son foyer domestique. (1)

*
* *

Son successeur, M. Edouard Carteron, ne fut nommé que le 30 mai, et ses fonctions furent de courte durée. M. Drouyn de Lhuys, arrivé au Ministère des

----

(1) On doit à Mignet, outre les ouvrages cités plus haut :

Mémoire sur l'établissement de la Réforme religieuse et sur la Constitution du Calvinisme à Genève (1834).

Mémoire sur la formation territoriale et politique de la France depuis la fin du onzième siècle jusqu'à la fin du quinzième (1838).

Et depuis 1848 : *Antonio Perez et Philippe II ; Histoire de Marie Stuart ; Charles-Quint, son abdication, son séjour et sa mort au monastère de Yuste ; La Rivalité de François Ier et de Charles-Quint.*

Il a laissé en portefeuille une *Histoire de la Réformation* que l'on a toujours annoncée comme devant être l'œuvre principale de l'historien.

Affaires étrangères à la fin de l'année 1849, mit M.
Carteron dans la nécessité d'opter entre la démission
du poste qu'il occupait et l'acceptation du Consulat
de Stettin. Il fut donc Consul à Stettin jusqu'aux
événements de 1851, époque à laquelle il renonça
honorablement aux fonctions publiques, ne voulant
pas prêter serment à l'Empire.

M. Cintrat, entré dans les bureaux des Archives
comme simple expéditionnaire en 1815, était Directeur des Affaires politiques lorsque M. Drouyn de
Lhuys le nomma Garde des Archives, le 3 mars 1850.
Baschet va nous faire son portrait :

« M. Cintrat était résolument hostile aux communications. C'était chez lui affaire de tempérament, de caractère et de tradition. Il était laborieux,
lettré, plein de connaissances spéciales à la carrière
diplomatique, mais il avait une aversion déclarée
pour la curiosité chez autrui.....

« Il était de l'école d'Hauterive sur cette affaire
des communications des documents diplomatiques.
Anciens ou modernes, c'était pour lui même chose
et exigeant une même réserve. La distinction qu'il
est si natutel d'établir entre les papiers acquis par
l'ancienneté au domaine historique et les papiers
qu'une date relativement récente doit classer dans
la réserve et tenir absolument au secret, n'existait
pas à ses yeux. Ces distinctions-là étaient pour lui
choses d'école moderne : c'était du romantisme.
Mais voyez la contradiction du sort ! Malgré des
principes si arrêtés et une détermination si âpre de
la part du chef à vouloir honorer et pratiquer des
traditions si sévères, il s'est trouvé que jamais le
Dépôt des Archives étrangères n'a été plus consulté
et n'a plus fourni aux travaux d'histoire que pendant
que l'honorable adversaire de toute hospitalité a dirigé la maison. Il semble qu'il ait été *le libéral*

malgré lui, et que les circonstances se soient fait un jeu singulier de contrarier sa dureté. C'est qu'il eut affaire à des ministres dont le système n'était pas le sien, dont les vues étaient autres...... C'est ainsi que MM. Victor Cousin, Chéruel, Pierre Clément, d'Haussonville, Avenel, Charles Weiss, J. Pelletier, Camille Rousset, Prévost-Paradol, de Loménie, de Noailles, Champollion, Mérimée, Dargaud, Margry, Feuillet-de-Conches, Poirson, Ségur-Dupeyron, Taschereau, etc., etc., ont été admis à des recherches dont les résultats ont été autant de matériaux utiles. »

Il faut reconnaître cependant que la Direction de M. Cintrat a laissé des souvenirs qui lui font le plus grand honneur. S'il se refusait à admettre l'utilité ou plutôt l'emploi des Archives diplomatiques pour les personnes du dehors, qui ne lui représentaient sans doute que des *dilettanti* et des fâcheux, du moins était-ce avec passion qu'il mettait lui-même la main à l'œuvre, pour faire servir ses cartons et ses registres à l'expérience des personnages de la maison. Les notes les plus utiles, les mieux conçues, sortaient journellement de sa plume pour l'instruction des agents nouvellement désignés à un poste diplomatique. Il fut mis à la retraite le 29 octobre 1866.

Le quinzième Garde du Dépôt, — le dernier qui porta ce titre et remplit cette fonction, — fut M. Faugère, l'un des sous-directeurs de la division politique aux Affaires étrangères.

M. Prosper Faugère, né en 1808, s'était fait remarquer par sa collaboration à des publications ayant un caractère plutôt clérical que religieux : *Le Moniteur*

religieux,...... *Le Moniteur de la Religion, senti-*
nelle des mœurs, Le journal des personnes pieuses,
etc. En 1844, à l'instigation de Victor Cousin, il fit
présenter par Mignet à l'Académie des Sciences morales et politiques les *Pensées, Fragments et Lettres*
de Blaise Pascal ; puis, l'année suivante, fut publié
comme complément, un volume portant le titre de
Lettres, Opuscules et Mémoires de Madame Périer
et de Jacqueline, sœurs de Pascal, et de Marguerite
Périer, sa nièce. La préface de ce dernier ouvrage
contient une déclaration de guerre à M. Cousin qui
avait, suivant M. Faugère, blessé Pascal « avec
cynisme » par les commentaires dont il avait accompagné la publication récente du *Discours sur les*
passions de l'amour, où Pascal, ce génie tout spiri-
tualiste, se trouvait avoir été transformé «en une sorte
de petit-maître épicurien donnant des préceptes de
galanterie. »

« C'était chose à laquelle M. Faugère ne voulait
entendre, et il se représenta qu'il était peut-être
obligé de protester contre la forme même d'une
question aussi osée, aussi intempérante que celle de
savoir si Pascal avait pu être sensible à la beauté,
« s'il s'était arrêté à la fleur de ce périlleux sentiment, et sur le bord de la galanterie, comme dirait
Fléchier » ; ou si, avec son humeur bouillante, il
avait été plus loin sans dérèglement ? M. Cousin
avait osé demander quelle femme du grand monde
avait touché ce cœur si ardent et si fier. Le véhé-
ment professeur des sciences philosophiques était
d'avis qu'à l'époque où Pascal se trouvait à Paris,
les plaisirs de la paix ayant succédé aux troubles de
la Fronde, « le bel esprit, la politique et l'amour
rapprochaient tout ce qui était distingué », que
l'amour même ne passait point pour une faiblesse,

que c'était la marque des grands esprits et des
grands cœurs.

« Mais le mysticisme érudit de M Faugère s'alar-
mait étrangement à l'expression de pareils doutes,
et il s'indignait contre ce prodigieux intérêt de la
matière..... » (A. B.)

M. Faugère trouva des consolations dans la pour-
suite de ces précieuses recherches sur la personne et
les œuvres de Pascal, dont il publia le *Testament*,
ainsi que l'*Abrégé de la vie de Jésus-Christ*, les *Lettres
de la Mère Agnès Arnauld, abbesse de Port-Royal*,
les *Mémoires de Madame Roland, écrits pendant sa
captivité*, etc.

M. Faugère s'est-il montré plus généreux que son
prédécesseur au sujet des communications des documents des Archives? Un accueil assurément moins
restreint, mais encore insuffisant, a été fait par lui
aux érudits. Nous nous rappelons que Baschet, pour
obtenir l'autorisation de faire les recherches dont
l'avait chargé le gouvernement anglais, fut obligé de
recourir à l'intervention officieuse de lord Lyons,
ambassadeur d'Angleterre. La presse continuait à
prendre son parti :

« Tout dépôt d'archives dont le catalogue n'est
pas livré au public manque à sa mission, écrivait
M. Ch. Yriarte dans le *Temps* du 20 février 1874,
et on sait ce que nous entendons par le public d'une
salle d'archives : l'écrivain sérieux, le chercheur
agile, le curieux diligent ; celui qui a prouvé que
son labeur était fécond et que ses investigations
tournaient à l'intérêt de tous. »

Et M. Gabriel Monod, dans la *Revue politique et
littéraire* du 18 avril 1874 :

« Rien ne s'oppose à ce que nos Archives des Affaires étrangères jusqu'en 1789 soient transportées aux Archives nationales, où elles deviendraient accessibles au public savant. Si la communication de certaines pièces pouvait présenter des inconvénients, on les mettrait en réserve comme on le fait déjà pour beaucoup d'autres documents. Quant aux pièces postérieures à 1789, elles pourraient rester sous la garde jalouse de l'administration des Archives des Affaires étrangères, qui ne les laisserait consulter que dans des cas exceptionnels. »

C'est ce qu'a fait lord Granville qui, pendant son passage au *Foreign Office* d'Angleterre, fit transporter aux Archives publiques — *Record Office* — les archives des Affaires étrangères — *State papers* — jusqu'en 1783. Cette mesure libérale a permis au Directeur des Archives d'entreprendre la publication des *Calendars of State papers,* si précieux pour l'histoire d'Angleterre depuis le seizième siècle.

Dépassant la date du livre de Baschet, 1875, nous pouvons dire que, sans aller aussi loin que lord Granville, M. de Freycinet, ministre des Affaires étrangères en 1880, n'est pas resté sourd aux réclamations qui s'élevaient de tous côtés. Il a commencé par mettre à la retraite M. Faugère, l'ennemi personnel de Baschet. Et M. Faugère consacre ses vieux jours à la publication des *manuscrits,* — autres que les *mémoires* — de Saint-Simon, lesquels, on se le rappelle, *n'existaient pas* au Dépôt, lorsque notre ami soutenait qu'ils devaient s'y trouver, mais qui depuis sont sortis de leur cachette, paraît-il (1).

Le décret qui mettait M. Faugère à la retraite nom-

____

(1) Au moment où nous écrivons ces lignes — 20 mars 1887 — nous apprenons la mort de M. Faugère, à l'âge de 79 ans.

mait M. Guéroult Directeur des Archives et de la Comptabilité, et M. Girard de Rialle Sous-Directeur des Archives. Un second décret — du 18 septembre 1880 — donnait au Sous-Directeur le titre de *Conservateur des Archives*, celui de *Garde* étant supprimé.

Enfin un troisième décret — du 31 janvier 1882 — nommait M. Girard de Rialle *Chef de la Division des Archives*, ce service devenant autonome et son Chef étant appelé à travailler directement avec le Ministre (1).

M. de Freycinet compléta cette réforme en reconstituant, le 7 février 1880, la Commission des *Archives diplomatiques*, créée en 1874 par M. Decazes (2). Cette Commission, appelée à se prononcer sur la communication à la fois prudente et libérale des documents historiques conservés au Dépôt, eut pour Président le regretté Henri Martin, sénateur, et pour vice-présidents MM. de Rozière, sénateur, et Spuller, député, et fut composée de trente et un membres, parmi lesquels Armand Baschet (3). Elle apporta d'importantes modifications au règlement établi en 1874. Elle reporta au 31 mars 1814 — au lieu de 1775 — la limite au-delà de laquelle les communications ne seraient faites qu'à titre exceptionnel, et fixa à 1791, au lieu de 1715, l'époque à laquelle il sera permis de copier et de publier les pièces contenues dans les archives diplomatiques sans les soumettre au contrôle de la Direction.

« Cette Commission, disait M. Duclerc, ministre des Affaires étrangères, dans son Rapport à M. le Président de la République, le 23 décembre 1882, a

(1) Voir Annexe n° 12.
(2) Voir Annexe n° 13.
(3) Voir Annexes n°ˢ 14 et 15.

toujours été guidée par ce principe, que dans un régime démocratique comme le nôtre, l'étude des traditions politiques de la France dans ses rapports avec les autres États ne devait plus être réservée à une classe restreinte et privilégiée, mais au contraire qu'il convenait de faciliter les travaux de tous ceux qui ont le souci de la dignité et de la grandeur du pays. »

Dans le but de faciliter les recherches, le service du Dépôt des Affaires étrangères travaille à la confection et à l'impression d'un inventaire sommaire d'une vaste série de pièces de diverses provenances — *Mémoires et documents* — concernant plus particulièrement l'histoire intérieure, et réunie sous le nom de *Fonds France*. Et la Commission a décidé la publication des *Instructions données par les rois de France à leurs ambassadeurs auprès des différentes puissances de l'Europe, depuis les traités de Westphalie jusqu'à la Révolution*, collection dont plusieurs volumes ont déjà paru. Le premier, relatif à l'Autriche, est dû au zèle de M. Albert Sorel, membre de la Commission. Armand Baschet, qui avait été chargé de recueillir les *Instructions* données aux ambassadeurs français en Angleterre, n'a pu terminer ce travail avant sa mort.

La Commission a entrepris en outre la publication d'un inventaire complet et analytique de la *Correspondance politique*, inventaire dans lequel chaque pièce est décrite de telle sorte qu'aucun des éléments d'information qu'elle renferme ne soit passé sous silence. On comprend que ces inventaires seront d'un grand secours pour diriger les écrivains dans leurs recherches. Aussi, personne n'osera désormais traiter un sujet historique sans avoir recours aux documents authentiques accumulés au Dépôt des Archives des

Affaires étrangères. L'exemple a été donné par Voisenon, Anquetil, Lemontey, et par les écrivains qui
avaient, pour ainsi dire, forcé la porte de M. Cintrat
et que nous avons nommés plus haut. Il a déjà été
suivi par MM. A. Geffroy, Antonin Lefebvre-Pontalis,
de Boislisle, Marius Topin, de Bourgoing, de Broglie,
l'abbé Houssaye, Ch. Aubertin, E. de Barthélémy,
Albert Sorel (1), Albert Vandal.

Le nombre de personnes qui, en 1886, ont fréquenté
la salle de travail, a été de 130 ; le nombre des volumes
communiqués a été de 3204 (2).

Dans la séance de la Commission qui a suivi de
quelques jours seulement la mort de notre ami,
M. Spuller, l'un des vice-présidents, a fait en quelques
paroles émues l'éloge d'Armand Baschet :

> « Chargé à différentes reprises de missions histo-
> riques à Venise, M. Armand Baschet en avait rap-
> porté de savantes études sur la diplomatie de cette
> République. Il avait ensuite publié sur le Dépôt des
> Affaires étrangères et sur le cabinet du duc de Saint-
> Simon deux volumes qui avaient révélé au public la
> valeur des documents que renferment les archives
> diplomatiques. Il était donc naturellement désigné
> pour faire partie de la Commission, où l'étendue de
> ses connaissances lui permettait de rendre de grands
> services, en même temps que l'aménité de son carac-
> tère, le charme de son esprit, des plus cultivés, et sa

(1) L'Académie française vient de décerner le prix Gobert à
M. Albert Sorel pour son ouvrage sur l'*Histoire diplomatique
de la Révolution française*.

(2) Mentionnons, en passant, l'entrée au dépôt des archives
diplomatiques d'un lot considérable de papiers, notes et manuscrits de Mirabeau, provenant autrefois du cabinet de M. Lucas
de Montigny.

Réunis au manuscrit de la correspondance de Mirabeau pendant sa mission secrète à Berlin que le dépôt possédait déjà, ces
documents constituent un fonds relatif à une partie notable des
œuvres du grand orateur de la Révolution française.

parfaite bonne grâce lui conciliaient les sympathies de ses collègues. Vous voudrez, sans doute, Messieurs, que l'expression de vos regrets soit consignée au procès-verbal. »

*
* *

Très occupé de ses recherches pour le gouvernement anglais dans les archives et les bibliothèques de France, Baschet n'avait plus le temps d'entreprendre un ouvrage de longue haleine ; mais tout en réservant ses notes pour des travaux ultérieurs, il ne pouvait s'empêcher — par un labeur supplémentaire — de livrer aux lecteurs français quelques publications dont il nous reste à parler.

Nous avons mentionné plus haut une découverte faite par lui dans un volume de manuscrits de la Bibliothèque nationale, *fonds Clairambault*. (1) Il s'agit d'un Mémoire écrit de la main d'Armand Duplessis de Richelieu, évêque de Luçon, et intitulé : *Instructions et maximes que ie me suis donné pour me conduire à la Cour.* Cette pièce curieuse pourrait encore — *mutatis mutandis* — servir de guide aux ambitieux politiques du temps présent. On va en juger.

Le marquis de Chillon — nom sous lequel Richelieu commença sa carrière — avait un frère cadet, Alphonse Duplessis, qui était désigné pour l'évêché de Luçon, mais qui préféra se faire moine. L'aîné, qui avait montré jusque-là des goûts militaires, ne voulut pas cependant laisser échapper l'évêché auquel sa

(1) Meslanges, 1703 à 1710. N° 165 de l'ancienne numération, 452 du nouveau classement, p. 3997.

famille avait droit : à dix-huit ans il prit la soutane
et, en quelques mois, il passa ses thèses de théologie ;
si bien que déjà Henri IV, qui avait remarqué ses
progrès rapides, l'appelait « mon évêque. »

Du train dont il allait, les délais imposés par
l'Eglise étaient trop longs. A vingt et un ans, brûlant
de tenir ses bulles d'évêque, il partait pour Rome avec
les· recommandations d'Henri IV. La souplesse de
son esprit séduisait le Pape lui-même, et, malgré
toute règle, il obtenait des dispenses.

Quelque temps après, il était de retour à Paris,
ayant fait déjà une première et belle étape, mais
indécis sur le chemin que désormais il allait suivre.
Des exemples de belles fortunes ecclésiastiques ne
manquaient pas autour de lui. Il commença par
édifier Paris par l'austérité de sa conduite, son appli-
cation à l'étude, et par quelques sermons qu'il pro-
nonça dans de grandes occasions. Puis sentant qu'il
fallait gagner du temps encore, acquérir plus de
maturité, laisser s'agrandir sa réputation, y ajouter
l'éclat d'une pieuse retraite et de l'accomplissement
régulier de ses devoirs d'évêque, — en ce temps ou si
peu d'évêques résidaient — il se sépara de la Cour,
des amis qu'il s'était déjà faits, et s'en alla à Luçon....
Il partait pour revenir.

La vie de Richelieu comme évêque fut exemplaire.
Deux ans se passèrent ainsi. Puis quand notre
homme sentit que le temps était venu, que l'effet
voulu était produit, il résolut de rentrer à la Cour et
de tenter décidément les chemins de la fortune politique, pour laquelle il se sentait fait.

C'est justement à cette époque de la vie de Richelieu que nous transporte le Mémoire autographe pu-

blié par Baschet. (1) Au moment de son retour à Paris, Richelieu, qui agissait avec une mûre réflexion, résolut de se tracer un plan de conduite et d'écrire, pour les fixer davantage, les conseils qu'il se donnait à lui-même.

Son but unique est d'obtenir la faveur du Roi. Il faut que le Roi le voie, le connaisse, l'aime ; pour lui c'est la fortune, c'est le pouvoir, c'est tout. Et pour cela, quelle prudence, quelle souplesse, quelle hardiesse, quelle ténacité vont lui être nécessaires. Ce n'est pas seulement l'attitude polie et uniformément souriante du courtisan ordinaire : ici c'est un véritable ambitieux qui se parle et qui se dirige :

« Quand on demande quelque chose au roy, il faut faire que partout on le rencontre afin qu'il *comprenne* ce que l'on désire et se favoriser. »

« Si l'on se présente au roy pour le veoir seulement, il se faut tenir en lieu où il puisse jetter sa vue de ce costé quand il est à table ; si c'est pour lui parler, il faut joindre sa chaise du costé de l'oreille...... Prendre garde d'arrester le discours quand le roy boit. »

C'est qu'en effet le roi est grand buveur ; son attention est occupée tout entière quand il a le verre en main.

« Les mots les plus agréables au roy sont ceux qui élèvent ses royales vertus. Il aime les pointes et les soudaines réparties. Il ne gouste point ceux qui ne parlent hardiment, mais il faut du respect...... L'importance est de considérer quel vent tire et de

(1) *Mémoire* d'ARMAND DU PLESSIS DE RICHELIEU, *évêque de Luçon, écrit de sa main, l'année 1607 ou 1610, alors qu'il méditait de paraître à la Cour.* Publié par Armand Baschet d'après l'original inédit avec informations et notes.
Paris. Plon, 1880, in-8°, 52 pages.

ne le prendre point sur des humeurs auxquels il ne
se plaist de parler à personne, se cabre à tous ceux
qui l'abordent. »

Mais il y a la Cour qu'il faut ménager aussi, car
c'est par elle qu'on arrive au prince ; c'est elle qui
vous pousse et qui vous soutient. Aussi que d'attention Richelieu ne va-t-il pas prendre pour ne blesser
personne. Sa haute intelligence, sa valeur exceptionnelle, avaient choqué plus d'un des seigneurs de la
Cour. Richelieu s'en aperçoit et se promet d'être plus
renfermé à l'avenir :

« En traitant ou parlant avec des seigneurs de
qualité, j'ay eu de la peine à me tenir et me resser-
rer en moy-mesme. Là, plus on est honoré et respecté, plus il faut faire l'humble et le respectueux et
s'empescher de se mettre au large de la liberté ou de
la licence. Ceux qui s'accommodent à leur humeur
sont toujours les plus agréables. »

Ce n'est pas tout de ne pas blesser : il faut plaire,
et c'est ici que nous trouvons un dernier trait qui
achève l'image du jeune courtisan :

« N'avoir point l'esprit distrait, ni les yeux
égarés, ni l'air triste ou mélancolique, quand quelqu'un parle, et y apporter une vive attention, ainsi
que beaucoup de grâce, mais plus par l'attention et
le silence que par la parole et l'applaudissement. »

Ainsi, dans la vie qu'il va embrasser, l'évêque de
Luçon ne laisse rien au hasard. Prévoyant en quelque
sorte le chemin qu'il devait parcourir, le futur ministre s'appliquait spécialement à l'art du courtisan et
il couronnait son Mémoire par une analyse particulière, immédiate, pratique du *dissimuler*. Il distingue

la dissimulation par les paroles de la dissimulation par le silence ; cette dernière il se la permet, tout en indiquant les difficultés qu'on éprouve à la pratiquer :

« Se dissimuler avec le silence est nécessaire, dit-il, et n'est pas répréhensible. Et, bien qu'il soit bien dur de vivre en cette sorte avec ses amis et de leur taire ce qui les regarde, néanmoins la raison veut que l'on jette toujours les yeux au plus grand respect (c'est-à-dire à *ce qui importe le plus*) et que nous ne fassions mal ni préjudice à nous-mesmes. »

Quant à la dissimulation par les paroles, l'évêque n'ose se prononcer aussi crûment : il hésite « entre le blâme de la menterie et le péril de la vérité » et il conclut par une jolie métaphore empruntée au langage des camps.

« Qu'il faut en ces occurences faire des responces semblables aux retraites qui, sans fuir, sans désordre et sans combattre, sauvent les hommes et les bagages. »

Il n'est pas question des femmes dans le programme du jeune évêque. Pourtant les femmes ont de tout temps joué un rôle considérable dans les affaires publiques. Il a dû se reprocher son oubli lorsque, quelques années plus tard, ce fut précisément une femme — Marie de Médicis — qui favorisa ses projets ambitieux, en le faisant grand-aumônier, puis ministre, et en obtenant pour lui le chapeau de Cardinal.

*
* *

Dans le cahier — septembre à décembre 1880 — du *Cabinet historique*, Armand Baschet a publié un travail intitulé : *Particularités relatives à l'histoire de la vie de Madame de Pompadour*, et dédié à M. Ed. de Goncourt, comme complément de l'ouvrage si intéressant écrit en collaboration avec son frère sur l'*Égérie de Louis XV*.

Cet article a été composé sur des notes recueillies jadis çà et là, sans but déterminé. Le premier épisode est relatif à la comédie de réconciliation de la favorite avec M. d'Étioles son mari, réconciliation qui devait être le gage de la conversion morale de la Marquise et lui donner une attitude décente devant la Reine très chrétienne, au moment où elle allait porter le titre officiel de Dame du Palais.

Le Révérend Père de Sacy, qui avait présidé à l'œuvre de la conversion, dicta à sa pénitente une lettre à son mari, où, dans les plus beaux termes, elle montrait son repentir, demandait sa grâce et implorait la permission du retour. Mais la convertie tenait essentiellement à ce que grâce et permission lui fûssent refusées, ce refus étant à ses yeux le seul but utile de la démarche. MM. de Goncourt nous avaient bien montré M. de Soubise courant chez M. d'Étioles, de manière à arriver avant la lettre, et lui faisant comprendre que, s'il ne voulait pas désobliger le Roi, il pourrait admettre le repentir. mais ne devait pas permettre le retour. C'est ce qu'il fit, et sans hésitation, car il avait trouvé ailleurs des compensations et des consolations.

Mais on ne connaissait pas sa réponse. Baschet l'a trouvée dans une étude de Notaire, en cherchant l'inventaire des papiers du Duc de Saint-Simon. En voici la copie littérale :

« A Paris, le 6 février 1756.

« Je reçois, Madame, la lettre par laquelle vous mannoncés le retour que vous avés fait sur vous mesme et le dessein que vous avés de vous donner à Dieu. Je ne puis qu'estre édifié d'une pareille résolution. Je ne suis point estonné de la peine que vous vous feriés de vous présenter devant moy et vous pouvés aisément juger de celle que je ressentirois moy mesme. Je vouderois pouvoir oublier l'offense que vous m'avés fait. Vostre présence ne pouroit que me rapeller plus vivement le souvenir. Ainsy le seul party que nous ayons à prendre l'un l'autre est de vivre séparément. Quelque sujet de mécontentement que vous m'ayés donné, je veux croire que vous êtes jalouse de mon honneur et je le regarderois comme compromis si je vous recevois chez moy et que je vécusse avec vous comme ma femme. Vous sentés mesme que les temps ne peuvent rien changer à ce que l'honneur prescrit. J'ay l'honneur d'estre avec respect, Madame, vostre très humble et très obéissant serviteur, — Lenormant. »

Ce refus était une sorte d'absolution accordée à la pénitente ; aussi, le lendemain, Madame de Pompadour était nommée Dame du Palais de la Reine.

Mais la lettre de M. Lenormant d'Étioles eut une autre conséquence. Le Marquis de Marigny, frère de Madame de Pompadour, s'empara de ce papier dès qu'elle eut rendu l'âme, dans le but de s'en faire un titre au cas où le mari, après avoir ainsi répudié sa femme, élèverait quelque prétention à l'héritage considérable de Jeanne-Antoinette Poisson sa sœur. C'est cette pièce importante qu'il avait cru prudent de déposer chez un notaire.

La seconde trouvaille de Baschet relative à la Marquise, a été faite à la Bibliothèque de Blois, dans un manuscrit dont l'auteur est un Comte Dufort de Cheverny, Introducteur des Ambassadeurs sous le Roi Louis XV, puis Lieutenant-Général du Blésois (1).

Ce manuscrit était resté en possession de la famille Dufort de Cheverny jusqu'en 1862, époque de la mort du dernier représentant du nom. Quoique la postérité de l'auteur soit encore fort nombreuse, il passa alors entre les mains d'une personne étrangère à la famille, qui, peu de temps après, en faisait hommage à la Bibliothèque communale de Blois.

Les *Mémoires* de Dufort de Cheverny n'ont pas été écrits au jour le jour comme tant d'autres ont la prétention d'avoir été composés, pour paraître plus véridiques. Ce n'est qu'en 1795, à l'âge de 64 ans, que M. Dufort, n'ayant plus aucune fonction publique, et retiré à Cheverny, occupa les six dernières années de sa vie à rédiger l'histoire des événements dont il avait été témoin, soit à Versailles, soit à Paris, soit dans le Blésois. Mais il a une telle sûreté de mémoire et sa sincérité est si évidente que ses récits inspirent toute confiance. Du reste, il n'écrivait pas pour être lu, mais simplement pour passer le temps : « C'est pour moi seul et pour mon plaisir, » dit-il dans sa préface.

> « En les écrivant (ses mémoires), ajoute-t-il, je trouverai la peinture fidèle des gens avec qui j'ai vécu, tels que j'ai cru pouvoir les apercevoir et les juger. Le point de vue sera tel que les yeux de mon imagination me les aura fait voir. Je dirai tout, je peindrai tout ; mes anecdotes particulières, celles

(1) L'article d'Armand Baschet dans le *Cabinet historique* a attiré l'attention d'un descendant du comte Dufort de Cheverny, — M. Robert de Crèvecœur, — lequel a fait imprimer le Manuscrit de son arrière-grand-père, ouvrage très curieux qui a eu

publiques et secrètes que j'ai été à portée de voir, seront déposées fidèlement. »

C'est cette fidélité — et non la recherche du style — qui fait le mérite de ces *Mémoires*, et c'est pourquoi Baschet leur a emprunté un épisode qui rétablit la vérité sur un point du caractère de Louis XV.

Quelle fut son attitude au moment de la mort de celle qui avait été sa maîtresse pendant vingt ans, à l'instant où le corps de l'ancienne favorite passait sous les fenêtres du Palais de Versailles, pour être transporté à Paris ? Suivant l'opinion générale — et MM. de Goncourt eux-mêmes l'ont écrit :

> « Un mot sans cœur jeté sur le convoi qui emportait la morte au couvent des Capucines, fut toute l'oraison funèbre que le Roi, las de sa servitude, donna à Madame de Pompadour, cette femme qu'il dira un jour n'avoir jamais aimée et n'avoir gardée que pour ne pas la tuer. »

Or, voici ce que Baschet avait découvert dans le Manuscrit de M. Dufort de Cheverny :

> « Enfin le jour de l'enterrement de la Marquise arriva, le Roy par les ordres de quy tout se faisoit, savoit l'heure. Il étoit six heures du soir en hiver, et par un temps d'orage épouvantable. La Marquise avoit par son testament décidé d'estre enterrée aux Capucines, place Vendôme, où elle avoit arrangé un superbe appartement. Le Roy prend Champlost (valet de chambre) par le bras. Arrivé à la porte de

un grand succès dans le Blésois et l'Orléanais, où se sont passés la plupart des événements racontés par l'ancien propriétaire du Château de Cheverny (1765). Il a pour titre :
Mémoires sur les règnes de Louis XV et Louis XVI et sur la Révolution, *publiés avec une Introduction et des notes par* Robert de Crèvecœur. 2 vol. in-8° avec 2 portraits gravés. — Typ. Plon, Nourrit et Cⁱᵉ, Paris. 1886.

glace du cabinet intime donnant sur le balcon, il garde un silence religieux, voit le convoi enfiller l'avenue, le suit des yeux, malgré le mauvais temps et l'injure de l'air où il avoit paru insensible. Rentré dans l'appartement, deux grosses larmes couloient encore le long de ses joues et ne dit à Champlost que ce peu de paroles : *Voilà les seuls devoirs que j'aye pu lui rendre*, paroles les plus éloquentes qu'il pût prononcer dans cet instant. »

Ne semble-t il pas qu'il y a dans ce récit bien de la vérité ?

« J'estime en tout cas, dit Baschet, qu'il vaut encore mieux pour Louis XV que ses yeux aient ainsi *parlé*. Il semble au moins qu'il ait été accessible, pour une fois, à quelque sentiment essentiellement humain. »

Mais notre ami avait trouvé, en 1865, dans les Archives de Parme, une lettre de Louis XV à son gendre Don Philippe, souverain du Duché, datée du 9 avril 1764, — six jours avant la mort de la Pompadour — et dont il ne manqua pas de prendre copie ; la voici :

« ..... Mes inquiétudes ne diminuent point et je vous avoue que j'ay très peu d'espérance d'un parfait rétablissement, et beaucoup de crainte d'une fin que trop prochaine peut-être. Une connoissance de près de vingt ans et une amitié sûre ! Enfin Dieu est le maistre et il faut céder à tout ce qu'il veut. M. de Rochechouart aura appris la mort de sa femme après bien des souffrances. Que je le plains, s'il l'aimoit !..... »

Et le lendemain de la mort de la malade, nouvelle lettre :

« Ma précédente lettre vous aura appris pourquoy
je n'ay point à répondre aujourd'huy a de vos
lettres. Toutes mes inquiétudes ne sont plus ; de la
plus cruelle manière ; vous la devinerez aisément...»

Il est certain qu'il était difficile au Roi d'en dire
davantage à son gendre, mais ces deux lettres suffisent
pour confirmer le récit de Dufort de Cheverny.

Enfin, voici une troisième découverte de notre fureteur relative encore à Madame de Pompadour.

Qu'étaient devenus les *papiers* de la Marquise après
sa mort ? Non pas les titres ou correspondances d'affaires personnelles, mais les correspondances politiques, qui ont dû être nombreuses pendant ses vingt
ans de règne. Et les lettres du Roi ? Y a-t-il eu
saisie régulière après décès, suivant la procédure
usuelle pour les papiers d'Etat ? Baschet a trouvé la
réponse à cette question dans un des registres du
fonds dit *de France*, aux Archives du ministère des
Affaires étrangères (nº 620, année 1764). C'est une
déclaration du frère de la défunte, placée par lui dans
le portefeuille *vide* qui avait contenu les papiers en
question, lesquels avaient été escamotés en sa présence, mais sans qu'il le vit, par le duc de Choiseul.
Etait-ce par ordre du Roi ? Etait-ce le fait d'un col-
lectionneur d'autographes ?.....

*
* *

Nous voici arrivés au dernier volume publié par
Armand Baschet : Les Comédiens italiens a la Cour
de France, sous Charles IX, Henri III, Henri IV et
Louis XIII.

Quoique ce joli volume n'ait paru qu'en 1882 (1), les éléments en étaient rassemblés depuis plus de dix ans dans les portefeuilles de l'auteur. C'est dans les Archives de Mantoue surtout qu'il avait récolté cette riche moisson. Il va, d'ailleurs, nous présenter lui-même son œuvre, et nous appelons l'attention sur cet avant-propos, sommaire général du livre et spécimen du style si personnel d'Armand Baschet. Il y indique d'une façon très précise la manière dont il recueillait, à mesure qu'il les rencontrait, les matériaux qu'il prévoyait pouvoir utiliser un jour.

« On connaît par le menu l'histoire des Comédiens italiens établis en France avec des privilèges sous Louis XIV ; on ne la connaît que par des généralités, avec accompagnement de beaucoup d'erreurs, pour les temps qui précédèrent. Alors, ces comédiens n'étaient point établis. Ils venaient et séjournaient comme s'ils eussent été des troupes ambulantes. L'hôtel de Bourgogne, la salle de Bourbon, étaient le lieu de leurs réunions, lorsqu'avec la permission du Roi qui les avait appelés à Paris, ils jouaient ailleurs qu'à la Cour, c'est-à-dire à la ville et pour la ville. Je m'en suis tenu à ces temps-là, et je les ai explorés, ne m'arrêtant qu'à des sources bien sûres.

« De la variété des informations obtenues, de la particularité des détails produits, j'en appelle à ces belles archives de la maison de Gonsague, à Mantoue, qui, dans ma carrière de chercheur, m'ont fourni sur tant de sujets divers, pertinents aux beaux-arts, aux belles-lettres et à la vie politique

(1) LES COMÉDIENS ITALIENS A LA COUR DE FRANCE *sous Charles IX, Henri III, Henri IV et Louis XIII*, d'après les lettres royales, la correspondance originale des Comédiens, les registres de la Trésorerie de l'Épargne et autres documents, par ARMAND BASCHET.
Paris, E. Plon et Cie, 1882, in 8º, XV-307 pages.

d'il y a deux cents ans, des renseignements que, vainement, j'aurais demandés ailleurs.

« Mais, dira-t-on, pourquoi les archives de la maison souveraine de Mantoue offrent-elles plus de documents que toutes autres sur un sujet aussi spécial ? D'où vient qu'elles semblent avoir le privilège d'informations sur le personnel des acteurs qui ont joué la comédie italienne en France, la comédie improvisée, la *comedia dell'arte*, pour le divertissement de la Cour et de la ville, sous Henri IV et Louis XIII ? — Voici la réponse :

« Les ducs de Mantoue eurent, de bonne heure, une compagnie de comédiens ordinaires, à laquelle ils permettaient ou qu'ils laissaient libre de jouer ailleurs qu'à Mantoue, à différentes époques convenues. Telle troupe, tout en se formant sous un nom collectif : les *Accesi* (les enflammés), les *Fedeli* (les fidèles), les *Confidenti* (les confidents), était et se disait la troupe de M. de Mantoue. En un mot, pendant un temps qui dura bien près d'un demi-siècle, l'Altesse sérénissime de Mantoue fut comme un patron, un protecteur reconnu, une sorte de maître et seigneur des meilleures compagnies de comédiens italiens. Cela fut surtout sous le principat de Vincent Ier de Gonzague (de 1587 à 1612) et sous celui de son second fils, le cardinal-duc Ferdinand (1612 à 1626).

« Ces comédiens, allant çà et là, par pays d'Italie, ou quelquefois à l'étranger pour répondre à l'appel d'un souverain, avaient souvent à correspondre avec leur patron et protecteur. Leurs lettres, leurs requêtes, les conventions, les avis et les messages les concernant, prenaient rang dans les papiers de la maison, comme toutes autres écritures privées dans une chancellerie de souverain. Avec le cours des temps, ces écrits, classés aussi comme tous autres papiers, deviennent choses d'archives ; ils deviennent des *documents*. Les rechercher ensuite, les reconnaître, les grouper, les utiliser, selon le

sujet qui attire, c'est affaire aux chercheurs et aux
curieux, gens laborieux, avisés plus ou moins,
d'une espèce particulière, qui, à tort ou à raison,
s'est beaucoup accrue dans ce siècle-ci, sous des
influences archaïques.

« Donc, Monsieur de Mantoue — comme on disait
alors, avait ses comédiens. Il leur était bon patron.
Et les rois Henri IV et Louis XIII, souvent dési-
reux d'avoir la Comédie Italienne à la Cour,
s'adressaient à Monsieur de Mantoue et non à autre
au-delà des monts, car aucun souverain n'avait le
renom d'assembler aussi bien ses personnages. De
piquantes négociations s'ouvraient. On s'écrivait
beaucoup pour avoir Arlequin, Fridelin, Lelio,
Scapin, le capitaine Rinoceronte, Flaminie, Flo-
rinde, l'Isabelle. De là mille renseignements de
part et d'autre. Les comédiens eux-mêmes renvoient
parfois de beaux messages. La Reine, pour avoir
été marraine d'un enfant d'Arlequin, appelait Arle -
quin « mon compère », et Arlequin, ne laissant rien
perdre, appelait la Reine « ma commère ». C'était
leur protocole dans les messages qu'ils échangeaient.

« Toutes ces choses étant, le lecteur comprendra
aisément l'intérêt tout spécial des archives de ces
mêmes seigneurs de Mantoue et l'avantage qu'elles
offraient sur toutes autres, pour un sujet de recherches aussi particulier.

« C'est ce dont nous avons pu nous rendre
compte en étant leur visiteur. Pour le plus grand
attrait des esprits curieux, les archives de la maison
de Gonzague ont échappé à bien des périls, et sont
depuis longtemps fort soigneusement conservées. Le
long séjour que nous avons fait chez elles nous les
a rendues familières. Aussi y avons-nous trouvé
matière à toutes sortes de travaux épisodiques. Il
les fallait patiemment élaborer, assemblant, sur un
même sujet, les copies dont un classement d'ordre
avait le plus souvent dispersé les originaux dans
des séries diverses. C'était de belle besogne, et qui
a porté ses fruits dans la publicité qu'elle a reçue.

« Ces précieux textes tout pleins de données nouvelles sur la vie du grand peintre Andrea Mantegna, aux derniers ans du quinzième siècle ; ces petites lettres d'Alde Manuce l'Ancien à Isabelle d'Este, respirant toutes le feu sacré de sa profession littéraire ; ces lettres étonnantes de Rubens qui nous ont initiés aux travaux de sa jeunesse en Italie et à son premier voyage en Espagne ; les curieux documents sur les emplois de l'habile peintre Porbus, pensionnaire de Monsieur de Mantoue, envoyé puis établi en France ; toutes ces choses intéressantes, que nous avons publiées soit dans des recueils spéciaux tels que la *Gazette des Beaux-Arts,* soit en librairie, provenaient des Archives de Mantoue. Aujourd'hui, c'est l'histoire de la venue et du séjour des Comédiens italiens en France chez Henri III, Henri IV et Louis XIII. Demain, ce sera autre chose ; une des joies de ce butin, c'est la variété des rencontres, non moins que la diversité des productions. »

Maintenant, commençons notre analyse.

Dans le compte des dons et libéralités de François Ier on relève de temps en temps des notes qui prouvent qu'il appelait parfois des Comédiens à la Cour ; exemple :

« A six joueurs de farces et moralitez en don et faveur de plaisirs, recreations, passe-temps qu'ilz ont faict au dit seigneur à jouer nouvelles farces et comedies de matières joyeuses durant le sejour qu'il a faict à Villiers Cotteretz : XX escus soleil ;

« A mestre Jean de Lespine de Pontalletz, dit *Songe-creux* qui a cy devant suyvy le dit seigneur avec sa bande : 225 livres tournois..... etc. (*Archives nationales*).

Des artistes italiens furent mandés à Lyon, en 1548, pour fêter l'entrée du roi Henri II et de Catherine de

Médicis. Mais c'est seulement en 1571, à l'occasion du mariage de Charles IX avec Elisabeth d'Autriche, qu'une troupe régulière, dirigée par le célèbre Alberto Ganassa, fut appelée à la Cour de France.

Depuis lors, les comédiens italiens y jouirent d'une faveur extraordinaire. En mars 1572, Charles IX fait venir à Blois des musiciens et des comédiens pour se distraire des soucis politiques. A la date du 25 mars, on trouve sur le Registre du *Compte de l'Espargne* la note suivante :

> « A Soldino Fiorentino, commedien à la suite de Sa Majesté, la somme de six-vingt cinq livres tournois en testons à XII sols par livre dont le dict seigneur (le Roi) a faict don tant à luy que à unze ses compaignons en considération des commedies et saults qu'ils font journellement devant Sa Majesté et pourront faire cy après pendant et durant sa diette pour son plaisir........ »

Baschet nous explique les mots *durant sa diette :* à des intervalles plus ou moins réguliers, le roi se mettait au régime — faisait sa diète — pendant 20 à 25 jours, durant lesquels il cessait les exercices violents dont il avait l'habitude. Il consacrait ce temps de repos à la comédie, à la musique et à la poésie, retenant près de lui le sieur de Ronsard « par toutes les caresses possibles. »

On remarquera que parmi les comédiens se trouvaient des acrobates qui faisaient des *saults* journellement.

Henri III, passant par Venise, comme nous l'avons vu ailleurs, en quittant le trône de Pologne, avait été si charmé des *Gelosi* et surtout du personnage le *Magnifique* — qui jouaient en son honneur, qu'à peine arrivé en France et délivré momentanément des embarras politiques, il écrit à son Ambassadeur :

« Monsieur Du Ferrier, maintenant que la paix est faite en mon royaume, je désire faire venir par de ça le *Magnifique*, qui est celui qui me vint trouver à Venise avec tous les comédiens de la compagnie des *Gelosi*. Je vous prie de faire chercher le *Magnifique* et de lui dire qu'il me vienne trouver selon la lettre que je luy escris, laquelle vous lui ferez bailler ; vous lui ferez aussy fournir l'argent qui luy sera nécessaire pour son voyage et me mandant ce que vous luy aurez baillé. Je commanderay à ceux de mes finances qu'il vous soit aussy tost rendu........

« Escript à Paris, le 25ᵉ du mois de may 1576. Henry. »

L'ambassadeur put donner satisfaction au Roi, mais les *Gelosi* n'arrivèrent en France que le 25 janvier suivant.

« Le Roi était à Blois à cette époque, avec toute la Cour, et tout l'Etat, pourrait-on dire. Il y était depuis le mois de novembre..... L'ouverture des Etats se fit le 6 décembre. Tous les princes étaient réunis à Blois..... Tous les ambassadeurs avaient suivi la Cour..... Ce fut au milieu de cette compagnie considérable qu'arriva le 25 janvier 1577, la troupe des comédiens italiens *I Gelosi*. » (A. B.)

Le soir même, ils jouèrent une de leurs comédies dans la Salle des Etats.

« Et leur permit le Roy, dit le sieur de l'Estoile, de prendre un demi-teston de tous ceux qui viendraient voir jouer. »

« Les *Gelosi* séjournèrent à Blois jusqu'au printemps. Le Roi, du reste, avait clos la session des Etats le 7 mars, et il partit pour Amboise le 23 avril.

La Cour alla ensuite à Chenonceaux, place chérie de la Reine Mère, puis à Tours et à Poitiers. Les Comédiens ne la suivirent pas dans ces divers endroits ; ils se rendirent à Paris. » (A. B.)

Mais si, dès 1571, les Comédiens italiens avaient reçu si gracieux accueil de la Cour, il n'en avait pas été de même de la part du Parlement de Paris. Les compagnies italiennes, encouragées par leurs succès en haut lieu, s'étaient aventurées à donner des représentations à la ville, après avoir obtenu des lettres-patentes du Roi. Halte là : le Parlement, sans égard pour les lettres-patentes — qu'il n'avait pas enregistrées — avait mis l'interdit sur le théâtre, tantôt sous prétexte que le prix d'entrée était exorbitant (2 sous, 4 sous, 6 sous et 8 sous, suivant le choix des places), et constituait « une exaction sur le peuple » ; tantôt au nom de la morale trop lestement traitée par les comédiens, et il leur faisait « inhibitions et défenses de plus jouer en public ni en privé, sous peine de prison et punition corporelle.... » Cette fois-ci encore, Messieurs les Conseillers du Parlement s'émurent. Ils n'étaient pas de l'avis de Sa Majesté ; ils étaient même d'un avis si contraire qu'ils estimaient que les comédies n'enseignaient que *paillardise et adultères et ne servaient que escole de débauche à la jeunesse de tout sexe de la ville de Paris*. Le Roi, sans nul doute, trouva bien sévères Messieurs les Conseillers. Et. de fait..... il manda aux comédiens *Gelosi* non-seulement une permission nouvelle de jouer leurs comédies, mais encore il les munit d'un texte de *jussion expresse*, propre à les mettre à couvert de la mauvaise grâce des magistrats. » (A. B.) Ces derniers cédèrent, et lorsque le Roi revint à Paris, en octobre, il y retrouva les *Gelosi*, dont il ordonna le paiement par le billet suivant adresssé au Sr de Bellièvre, qui tenait les finances :

« Monsieur, jay accordé aux commediens de avoir ce quilz avoient à Bloys, je veux qu'ainsy soit faict et qu'il n'y ait pas faulte, car jay plaisir à les oyr que je n'ay eu oncques plus parfaict. »

De nouveaux comédiens italiens, venus à Paris en 1588, n'eurent pas une aussi heureuse chance. « Le Procureur général leur fit mauvais accueil, et, *sur la remonstrance faicte par M. Anthoine Séguier advocat*, le Parlement, cette fois, voulant assurer l'efficacité de ces prohibitions, prit soin de rendre un arrêt avec ces mots redoutables : *quelques permissions qu'ils aient impétrées et obtenues*. Cela était à l'adresse du Roi qui, en 1577, avait si bien fait pour les *Gelosi*, que les arrêts qui leur étaient contraires avaient été lettres mortes.

« Le Roi, du reste, était à Blois, pour la session des seconds Etats, en grande nécessité de finances, malmené par les ligueurs, à la veille de son grand coup du meurtre des Guise. La Reine, sa mère, rendue fort sombre par le malheur des temps et l'impéritie de son fils, touchait à sa fin. L'heure donc était peu propice au séjour des comédiens italiens. Ils s'en allèrent promptement. » (A. B).

Baschet n'a rien trouvé de parfaitement authentique sur la composition de cettre troupe de *Gelosi*. Est-ce la même qui se montra l'année suivante à Florence, et qui fut le type accompli du personnel voulu pour jouer la *Comedia dell'arte*, où chacun avait un rôle que, selon les facultés particulières de son esprit, selon ses dispositions et son humeur du moment, il pouvait embellir par les inventions, les gestes et les mouve-ments les plus inattendus ?

Ce que l'on peut supposer, c'est que quelques uns des acteurs qui quittaient la Cour d'Henri III se rendirent près du Roi de Navarre, car, au mois de décembre 1578, lorsque sa belle-mère Catherine de Médicis vint, en négociatrice, le trouver à Nérac, il lui fit voir que sa petite Cour avait ses comédiens italiens comme celle du Louvre.

Devenu Roi de France, le gendre de Catherine conserva le goût du théâtre. A l'occasion de son prochain mariage avec la princesse de Toscane, Marie de Médicis, Henri IV songea à s'assurer la présence en France, pour l'année suivante, des comédiens italiens de M. le duc de Mantoue, les *Accesi*.

« Cette compagnie, parmi ses sujets, avait un excellent *Arlequin*, Mantouan de naissance, qui, d'esprit bien osé, très gouailleur et bon diseur, ainsi qu'il convenait à son personnage, avait acquis de la réputation auprès des souverains. Il en était qui ne croyaient point manquer à la dignité de leur personne souveraine en écrivant à Messire Arlequin. Henri IV fut du nombre. Donc, sans plus regarder en son livre des cérémonies ou en aucun des registres du protocole royal, il lui fit tenir par M. de Rohan son cousin, alors à Florence, la lettre qui suit, datée de Paris, le 21 décembre 1599 :

« Arlequin. Etant venue jusqu'à moi votre renommée et celle de la bonne compagnie de comédiens que vous avez en Italie, j'ai désiré de vous faire passer les monts et vous attirer en mon royaume. Ne manquez pas cependant de faire volontiers aussitôt ce voyage pour l'amour de moi, avec votre compagnie, j'aurai à grand plaisir de vous voir, comme de vous avoir à mon service, et vous promets que vous serez les bien venus et bien vus, vous assurant que serez bien traités pour votre avantage et profit et que vous ne regretterez pas le temps que vous aurez employé à mon service comme vous connaîtrez en effet. Priant Dieu, Arlequin, qu'il vous ait en sa sainte garde. HENRY. » (A. B).

Le départ des *Accesi* fut bientôt décidé, mais diverses causes le retardèrent. Ils arrivèrent cependant à Lyon quelque temps avant l'époque fixée pour le mariage royal, qui y fut célébré le 17 décembre de l'année 1600.

Ici se présente un incident assez comique. Le lieu qui avait été accordé aux *Accesi* pour jouer leurs comédies, était la salle des enfants de chœur de l'église de St-Jean, près l'archevêché, où le Roi et la Reine devaient loger. Grande rumeur parmi messieurs du clergé, comme bien on pense. Le Chapitre envoya un délégué à Sa Majesté pour lui *remonstrer* le scandale qui adviendrait, si les comédiens jouaient dans la salle des *cleryons*, « lesquelles remonstrances le Roy print en bonne part, et manda aux dits sieurs du chapitre que cela ne seroit pas. »

La Cour séjourna à Lyon six semaines environ. Il est probable que la compagnie des *Accesi* partit pour Paris à la même époque, vers la fin de janvier 1601. Elle fit une concurrence victorieuse aux comédiens français de l'hôtel de Bourgogne, rue Meauconseil, et retourna en Italie à la fin de l'année.

Mais le Roi et la Reine, se trouvant privés de leur plus grand plaisir, appelèrent une nouvelle troupe italienne, en 1603. De celle-ci Tristano Martinelli — l'*Arlequin* — ne faisait pas partie, mais elle possédait deux personnages qui étaient les plus célèbres comé-

diens de l'Italie, à cette époque : *Francesco Andreini*
et l'*Isabella*, sa femme. L'un et l'autre s'étaient illustrés non seulement par leur talent dramatique, mais
aussi par leurs compositions littéraires. Le premier
avait toute sorte de dons et qualités pour varier ses
rôles et caractères. Après avoir tenu le rôle agréable
de l'*innamorato*, il adopta celui de Capitan — *capi-
tano Spavento* — qui fit sa gloire. L'*Isabella*, qui fut
honorée autant que femme de condition, était *bella
di nome, bella di corpo* — son mari l'affirmait —
bellissima d'animo.

Cette compagnie retourna en Italie en 1604, com-
blée des faveurs et des largesses de la Cour ; mais
Isabella mourut à Lyon, et son mari, au désespoir,
quitta le théàtre pour se donner entièrement aux
belles-lettres.

La troupe se trouva ainsi privée de ses deux chefs,
mais elle se reforma bientôt, sous le protectorat du
duc de Mantoue, et nous la voyons revenir à la Cour
de France, au mois de février 1608, sous la direction
de *Pier Maria Cecchini*, comédien déjà célèbre sous
le nom de *Fritellino*.

Elle arriva... mais au prix de quelles négociations !
Il faut lire dans le livre de Baschet les correspondances
curieuses par lesquelles Henri IV de son côté, Marie
de Médicis du sien, prient et supplient le duc de
Mantoue de leur envoyer au plus tôt « une compagnye
de bons comediens, sachant que les meilleurs de toute
l'Italie se rencontrent sur son Estat. »

Enfin, ils sont arrivés ! Alors ce sont des lettres de
reconnaissance...... Donnons au moins celle de la
Reine :

« Mon frère, je vous faiz ce mot pour vous dire comme *Fritelin* et sa bande de commediens sont arrivez en ceste cour il y a encore quelque temps où ils prennent soin de donner du plaisir au Roy monseigneur et à moy à quoy ils réussissent de telle sorte que nous en avons toute satisfaction et contentement. C'est pourquoy je vous prie de leur en sçavoir gré, et nestant celle cy pour autre subiect je ne la ferai plus longue que pour prier Dieu, mon frère, qu'il vous tienne en sainte et digne garde. — Ecrit à Paris le 11 jour de mars 1608.

« Votre bien bonne sœur, MARIE. »

Cependant, *Fritelin* et sa bande quittèrent Paris à la fin de l'année.

Des tentatives faites pendant l'année 1609 pour obtenir une nouvelle compagnie italienne étaient sur sur le point d'aboutir au commencement de 1610, mais « ce fut alors, écrit Baschet, que le mécréant Ravaillac accomplit l'horrible ouvrage qu'en son esprit fanatisé il avait ourdi contre la personne du Roi, lequel expira le 30 mai, laissant au royaume la Reine pour Régente, et M. le Dauphin n'étant encore qu'à sa dixième année. »

L'année suivante, la Reine mère, Régente pendant la minorité de Louis XIII, reprend les négociations, qui se prolongent pendant deux ans. Lettres, audiences, pourparlers, conventions, ratifications, rien n'y manqua. La Reine tenait à ce que le fameux *Arlequin* se chargeât de former la compagnie dont il serait le chef ; celui-ci abusa de toutes façons de la préférence qui lui était témoignée. D'abord, la signora Martinelli, sa femme, se trouvant enceinte, il obtint de la Reine mère la promesse qu'elle serait la marraine de l'enfant et que le Roi serait son parrain. A partir de là, il appelle la Reine *sa commère* et celle-ci le nomme son *compère*, comme nous l'avons déjà vu. Mais des difficultés naissent bientôt par le fait des exigences de la *signora Florinda*, qui prétend que l'honneur de former la troupe lui appartient, à elle et à son mari *Lelio*, c'est-à-dire Giovanni Batista Andreini. Puis une brouille survient entre deux personnages principaux, *Florinda* et *Flaminia* ; et enfin la Reine veut avoir aussi *Fridelin*. D'autre part, le *signor Capitan* ne veut plus entendre parler de voyage, ni pour lui, ni pour sa femme *Flavia*. On comprend les retards qui résultaient de ces complications et à quelles nombreuses correspondances elles donnaient lieu, correspondances qui se trouvent aux archives de Mantoue, à la Bibliothèque nationale, et que Baschet a reproduites.

Malgré les promesses les plus généreuses de la Reine, tout le carnaval de l'année 1613 se passa en expectative ; à la fin de mai seulement, l'affaire parut conclue. Cependant, trois mois s'écoulèrent encore ; ce ne fut qu'au milieu de l'été qu'*Arlequin* et sa troupe arrivèrent enfin en France. Au dire de Malherbe, cette troupe ne fit pas merveille. Elle joua cependant tout l'hiver de 1614, et suivit la Cour d'abord à Fontainebleau, puis à Saint-Germain. Le Roi, du reste, assistait aussi assidûment à la Comédie française qu'à la Comédie italienne. Cette dernière, très généreusement rémunérée, reprit la route d'Italie vers le mois de juillet, à l'époque où Louis XIII, comme nous l'avons vu plus haut, entreprit avec sa mère le voyage dans les provinces du centre jusqu'à Nantes.

De la fin de 1614 à la fin de 1621, il n'y eut pas de comédiens italiens à la Cour de France.

Cependant, vers la fin de 1618, le Roi s'aperçut que ce divertissement lui manquait. Il ne subissait plus, en ce moment, l'influence de sa mère, puisqu'il l'avait réléguée à Blois ; de sa jeune femme il se préoccupait fort peu, — on se le rappelle ; — mais il y avait à la Cour un personnage très remuant et ambitieux, qui, pour gagner la faveur du Roi, se faisait le pourvoyeur de ses plaisirs. C'était monsignor Luigi Ruccellaï (lequel, entre autres abbayes, possédait celle de Pontlevoy). Il avait été l'aumônier particulier de Marie de Médicis et ne pensait à rien moins qu'à devenir grand aumônier de France, et même secrétaire d'Etat. Il avait été, en effet, le rival de l'évêque de Luçon, avec lequel il prit part ensuite aux intrigues qui préparèrent la réconciliation de la mère et du fils. Galant cavalier, du reste, et sachant, comme on dit, se pousser par les femmes. C'est ce monsignor qui suggéra au roi le désir de revoir les comédiens italiens.

> « Rucellai, écrit le Nonce Bentivoglio, est toujours le même, frivole et doucereux. Il a pris à Tours l'engagement de faire venir d'Italie une compagnie de comédiens, et maintenant il dit les attendre et assure qu'ils seront facilement ici avant Noël. »

Cette lettre est datée du 4 décembre 1619. Les comédiens arrivèrent-ils pour Noël de l'année 1620 ? C'est possible ; mais ce qui est certain c'est qu'une représentation ne put avoir lieu devant le Roi que le 12 janvier 1621. Il est vrai que depuis ce jour jusqu'au 4 mars, Louis XIII se dédommagea de cette longue attente en assistant à vingt-trois représentations. Les comédiens eurent un grand succès et, comme précédemment, *Arlequin* ne manqua pas d'exploiter la satisfaction de la Cour, en sollicitant l'intercession des deux Reines auprès du duc de Mantoue son souverain, dans le but d'en obtenir des faveurs — plus ou moins justes. Et, les faveurs obtenues, le gousset bien garni, *Arlequin* abandonna sa troupe et ses protecteurs pour retourner en Toscane et y vivre de ses rentes, disant qu'il a fait vœu de ne plus paraître en scène, — ce qui ne l'empêcha pas de donner la comédie à Venise, au carnaval de 1623. Sa compagnie ne quitta la France qu'à la fin de mars 1622.

Une autre troupe arrivait en janvier 1623, sous la direction de Giovanni-Batista Andreini, qui connaissait parfaitement Paris et la Cour, ayant fait partie des troupes précédentes. Il était accompagné de *Florinda*, sa femme. Ils repartirent après le carnaval, et furent remplacés, au commencement de 1624, par une nouvelle compagnie, à la tête de laquelle on retrouve *Lelio*, et que le Roi, cette année-là, emmena à Compiègne et garda tout le temps qu'il y fut. Et là, quelque fatigue qu'il eût pris à courre le loup ou autres bêtes, il était rare que, vers quatre heures, il ne se rendît pas au spectacle de la troupe italienne.

Trois noms sont restés célèbres de cette compagnie italienne : ceux de Jean-Baptiste Andréini, François Gabriéli et Nicolas Barbiéri. « Ils furent les plus proches devanciers de ces acteurs excellents de la Comédie Italienne qui jouèrent quelques ans plus tard au Palais-Royal, sur le même théâtre avec la troupe de Molière. » (A. B).

Nous avons omis de citer des épisodes intéressants et de reproduire des portraits qui perdraient à n'être pas vus dans leur cadre : digressions que l'on ne peut reprocher à l'auteur, car elles font connaître plus d'une chose à laquelle on ne s'attendait point ; et ce que Baschet dit lui-même, à la fin de sa préface, en parlant des archives qu'il a fouillées, les lecteurs l'ont répété de son livre : « Une des joies de ce butin, c'est la variété des rencontres. »

*
* *

Le 31 décembre 1885, Baschet quittait son appartement de l'avenue des Champs-Elysées pour se rendre à la gare d'Orléans : il allait à Blois souhaiter la bonne année à sa mère. Au bout de trois semaines, il se préparait à revenir à Paris, lorsque, tout-à-coup, un épanchement séreux au cerveau produisit la paralysie des membres, des muscles qui concourent à la production de la parole et même de ceux qui sont les agents de l'expression de la physionomie.

Le regard seul restait vivant ! Et quelle anxiété dans ce regard !

Quel désespoir on y lisait ! Crainte de rester paralytique et incapable de continuer les travaux dont l'excès venait de le frapper mortellement. Impatience de ne pouvoir exprimer sa pensée et faire certaines recommandations peut être..... Cet état dura quatre jours. Le 26 janvier la mort mit fin à cet horrible supplice. Il venait d'avoir 56 ans.

A cette nouvelle, le monde des lettres fut attéré..... Lui, si exubérant de vie et de gaîté, si plein d'entrain, si bon camarade, si obligeant pour tous, si ardent au travail, si vigoureux d'aspect..... était-ce possible !.... Non seulement c'était possible, mais c'était prévu. Quelques mois auparavant, Baschet avait, comme on dit, reçu un premier avertissement : perte de connaissance momentanée, un peu de paralysie de la langue, fourmillements dans les doigts........ Au bout de quelques jours, il n'y paraissait plus. Il en plaisantait même. Entrant chez un de ses plus intimes amis, il s'écriait en riant bruyamment : « Je la connais, la gueuse ! je la connais maintenant,..... mais je me moque d'elle »..... et il brandissait un petit papier. — « Mais que voulez-vous dire ? quelle est cette gueuse ? Est-ce son adresse que vous me présentez là ? » — « Pas du tout ; c'est la vôtre et celle de plusieurs autres amis, habitant différents quartiers de la ville. » — « Dans quel but ? » — « Vous allez le savoir : la gueuse, c'est une congestion séreuse, à laquelle je viens d'échapper ; mais comme elle peut me frapper une autre fois dans la rue, je porterai désormais dans ma poche cette liste d'amis, afin qu'on me dépose chez celui qui se trouvera le plus près du lieu où je tomberai. » — « Taisez-vous, mon ami, vous êtes lugubre. Reposez-vous, ne travaillez plus, et vous n'aurez pas à craindre la gueuse. »

Le conseil était excellent ; mais le suivre était chose impossible à Baschet.

*
* *

Nous pourrions faire un volume de toutes les notices nécrologiques qui furent consacrées à Armand Baschet, aussi bien dans la presse étrangère que dans la presse française ; toutes ont été d'accord pour faire son éloge. Mais il en est une que nous sommes heureux de reproduire, au moins en partie, parce qu'elle a été inspirée autant par le cœur que par l'esprit. Elle est due à un grand artiste qui est aussi un homme de

lettres des plus distingués, M. Claudius Popelin (1).
Nous l'empruntons à la Revue artistique : *Les Lettres
et les Arts.*

« Il y a des hommes dont l'amitié s'impose de
telle sorte au cœur et à l'intelligence que leur dispa-
rition vous laisse un vide à ne pouvoir combler.
Ceux qui ont aimé Armand Baschet, qui ont joui de
ses rapports charmants, qui se sont délectés — c'est
le mot — de son esprit si particulièrement original,
me comprendront. Ils savent quelle bonne part du
bonheur de vivre leur a été enlevée par sa mort
soudaine et brutale...............................

« Il pensa tout d'abord embrasser la carrière
paternelle, mais une répugnance invincible à voir
souffrir, le goût des lettres, l'amour des curiosités
de l'histoire lui firent déserter l'hôpital. Dès 1852 il
publiait les *Années de voyage*..... et presque
aussitôt, dans un recueil intitulé *Les Physionomies
litteraires de ce temps*, il donna un *Essai sur
Honoré de Balzac*. En 1855, il fit paraître *Les
origines de Werther*, écrit où son esprit de
chercheur donna les premiers signes de sa perspicacité.

« Son aménité, sa gaîté fine, délicate, sans à-
coups bruyants, sa verve de causeur tout-à-fait
exceptionnelle, lui valurent des relations qui
l'accaparèrent et le tinrent dans un milieu où la vie
menée était hors de proportion avec des ressources
moyennes. Il en résulta un concours de circonstances dont il n'est pas nécessaire ni opportun que
nous nous occupions. Alors déjà et surtout, il ne
faisait rien comme les autres. Il avait une manière à

---

(1) M. Claudius Popelin a pris part aux Expositions de
peinture pendant dix ans, de 1852 à 1861. Il a exposé des
émaux en 1865. Médaille d'honneur. Décoré de la Légion
d'honneur en 1869. Diverses publications sur les arts, et un
somptueux volume de poésies « *Cinq octaves de sonnets* » (1875)
in-4° avec gravures sur bois d'après les dessins de l'auteur. De
plus, en 1886, un nouveau poème édité par Charpentier et Cie,
sous ce titre : *Histoire d'avant-hier*. (in-4°)

lui de brûler la chandelle par **les deux bouts. Son**
faste, ainsi qu'il nommait lui-même cette période
d'entraînement qui pesa sur toute sa vie, ne cessa
jamais de s'exercer sur les choses de l'esprit, et garda
toujours un caractère intellectuel. Pour n'en donner
qu'un exemple, voulant visiter les lieux illustrés
par les longues et platoniques amours de Pétrarque
et de Laure de Noves, il arrêta, sans autre préam-
bule, une voiture de place qu'il emplit de livres, et,
comme on irait à Saint-Cloud, se fit mener « en
Avignon, » ainsi qu'il disait. Il employa quarante
jours à faire le trajet, s'arrêtant dans les diverses
hôtelleries, voyant tout, lisant, prenant des notes,
donnant cours à une activité épistolaire qui fut,
pendant toute sa vie, prodigieuse. Il fallait l'entendre
conter lui-même cette aventure, et bien d'autres
qu'il n'y a pas lieu de consigner ici.

« Un train de vie excentrique, des voyages en
Hongrie, en Turquie, en Angleterre, où il fit des
séjours qu'il nommait plaisamment ses *séries*, une
extrême facilité d'humeur, une naïveté d'enfant dans
les affaires d'intérêt, l'opulence ambiante de certaines
amitiés, le jetèrent un jour à Venise comme dans
une terre d'asile.

« C'était sa terre promise. Jamais milieu ne fut
mieux approprié à sa rare sagacité de chercheur, qui
s'y donna pleine carrière. Sa nature expansive et
liante lui concilia des affections sérieuses dans l'aristocratie de la naissance et dans celle de l'esprit. Il a
laissé là des impressions qui sont demeurées bien
vivantes. Il y vécut presque comme un ambassadeur
au petit pied, et il y fit, à la lettre, les honneurs de
la France à toute personne de passage ayant quelque
valeur.

« Nous devons au séjour prolongé de Baschet dans
cette ville : *Les Archives de la Sérénissime République*, et, quatre ans après : *La Diplomatie vénitienne*.......

« Ce que Baschet remua, classa, recueillit de

documents pendant son passage en Italie ne se saurait dire. Il accumula des matériaux dont la mise en œuvre remplirait certainement une existence des plus laborieuses. Il comptait y puiser les éléments de bien des livres qu'il se proposait de publier pendant ces années que le sage interpose entre la vie et la mort.

« Déjà il avait entrepris un volume qu'il voulait intituler : *Choses de France et de Venise..........*

« Il n'était d'aucune Académie. Une philosophie particulière, d'une extrême sincérité, l'éloignait de toute recherche des honneurs. Amoureux de sa liberté, il redoutait les obligations qu'imposent des situations si désirées généralement, et il disait avec conviction : « Je me prends à défaillir en la présence des encriers blancs sur des tapis verts. »

« Il vint, l'avant-veille du premier de l'an, prendre congé d'un intime ami qui, chaque jour régulièrement, le voyait entrer dans sa maison où il apportait un rayon de belle humeur. Il partait. Il allait souhaiter la bonne année à sa mère, passer trois semaines auprès d'elle, à Blois. Il tint à cet ami le discours suivant, dans ce langage un peu suranné qu'il avait fait sien et qui lui donnait un charme étrange : « Je vois que vous avez adressé des vers à plus d'un qui vous sont en moins familière privance que moi. Comment ne traitâtes-vous jamais mon amitié en quelque sonnet approprié ? Réparez cet oubli, n'y manquez point, ou je me vais porter en des excès de jalousie. »

« Son ami promit de lui donner cette satisfaction, qu'il souhaitait de recevoir entre le 5 et le 15 janvier, « afin, disait-il, de placer cette galanterie poétique dans le panier fleuri de ma correspondance avec les gens de lettres, » correspondance qu'il tenait admirablement en ordre. A la date convenue, il reçut avec une joie d'enfant le sonnet que je m'abstiens de donner ici, par un sentiment facile à comprendre. Cette petite pièce intime exprimait le regret d'une séparation momentanée et le vif désir de revoir un aussi cher ami.

« Pauvre Baschet ! Son ami ne l'a plus revu. Plein de vie le 22 janvier au matin, alors qu'il s'apprêtait à revenir, il était frappé dans l'après-midi. Le 25, il rendait l'âme, cette âme murée vivante pendant près de quatre jours dans l'horrible, dans l'épouvantable prison de la paralysie, sous les yeux de sa mère, en cette silencieuse et austère maison familiale........ »

Que M. Popelin nous permette de faire violence à sa modestie en empruntant le Sonnet en question à la collection d'autographes de notre ami commun :

> Baschet, mon cher Baschet, depuis que tu demeures
> En ta vieille maison sise au pays blaisois,
> J'aspire à te revoir. En effet, j'aperçois
> Combien, en ton absence, est long le cours des heures.
>
> Je tiens ton amitié pour chose des meilleures.
> Ton commerce m'est doux, profitable à la fois ;
> Je sens tout ce qu'il vaut, tout ce que je lui dois
> De bonne humeur, de paix, de joie intérieure.
>
> Viens renouer le fil de nos épanchements.
> Laisse-là tes cartons, notes et documents
> Pour tes doctes travaux sur la Sérénissime ;
>
> Baschet, le temps me dure ; accours, apporte ici,
> Comme par le passé, ta causerie intime
> Et ton heureux esprit — sérénissime aussi.

Laisser là ses cartons, notes et documents..... c'était un bon conseil. Baschet n'aurait pu se résoudre à le suivre. Cependant il se proposait de renoncer — dans un avenir prochain — à la vie épuisante qu'il menait, et à venir s'installer à Blois, non certes pour s'y abandonner à l'oisiveté, mais pour y prendre un repos relatif, et travailler enfin à l'ouvrage pour lequel il amassait depuis longtemps des matériaux : *Le séjour de la Cour des Valois au château de Blois.* Quelques-unes de ses notes ont été remises, d'après le désir qu'il en avait exprimé, à la Bibliothèque de sa ville natale et pourront être utilisées à l'occasion.

Il commençait à trouver doux à respirer l'air du pays, et modifiant comme Bernier ce vers de la Lettre première d'Horace à Mécène :

« *Nullus in orbe sinus Baiis prælucet amœnis* »

il déclarait avec l'historien du Blésois que :

« *Nullus in orbe locus Blaesis prælucet amœnis.* » (Aucun lieu sur la terre n'est plus agréable que Blois).

*
* *

Malgré sa répulsion instinctive à l'encontre des tapis verts et des encriers blancs, Baschet n'avait pu refuser de faire partie de la *Société de l'Histoire de France* (1), et nous nous faisons un devoir d'emprunter le passage suivant au discours prononcé dans l'Assemblée générale de cette Société, le 4 mai 1886, par son Président M. Georges Picot, membre de l'Institut :

« Dans une Société où les caractères sont effacés, l'originalité de M. Baschet était d'être demeuré lui-même, apportant dans les goûts, dans les idées, dans les études, une indépendance que rien ne domptait. Avait-il gagné ce tour d'esprit dans le commerce avec les hommes du seizième siècle ? N'avait-il pas plutôt été entraîné vers eux par une

(1) Il faisait également partie de la *Société de l'Histoire de Paris et de l'Ile de France*, fondée en 1874, et ayant pour but de publier les documents intéressants pour l'histoire de Paris, et des Mémoires sur la topographie, sur les monuments, sur les arts, sur les événements, sur les anciens usages.

communauté de sentiments ? Ne s'était-il pas senti
de même race ? Ce qui est certain, c'est qu'on
éprouvait, dès les premières relations, une impression singulière qui vous attirait vers ce revenant
d'un autre âge ; il semblait qu'on fût en présence
d'un étranger non pas arrivé de la veille par le
rapide d'Italie. mais revenu de la Cour du Marquis
de Mantoue par Venise, où le Doge l'avait pris en
affection, l'avait retenu près de cinq années et lui
avait confié, avec tous les projets de la République,
les plus rares détails sur les princes de l'Europe. Ni
les Gonzague ni les Dandolo n'avaient de secrets
pour lui : il était leur élève et se vantait d'être demeuré leur ami ; ils l'avaient introduit dans la
plus brillante société de leur temps, ce qui ne veut
pas dire dans la meilleure. Ils ne le présentèrent ni
à Montaigne ni à Charron. mais ils l'adressèrent à
Catherine de Médicis, et son séjour à la Cour des
Valois lui a fourni sur eux les plus piquants détails.
N'est-ce pas lui qui se chargea d'introduire les
comédiens italiens qu'il avait connus à Mantoue, et
les suivit de telle sorte que nous lui devons tout ce
que nous savons sur eux.

« Dans ses relations étroites avec les personnages
du XVIᵉ siècle, il avait emprunté la langue du
temps ; il avait des tours heureux qu'il avait gardés
de Marrot ou de Marguerite de Navarre. Avec les
princes italiens il avait pris le goût de la diplomatie
la plus secrète. Il savait deviner avec un art infini
ce qui lui était caché ; il se plaisait à découvrir ce
ce qui était ignoré depuis des siècles. *Le Roi chez
la Reine*, le modèle de ce genre d'écrits, eut un
grand succès. Mais ce qui fit en France son honneur
auprès des lettrés. ce qui demeura un titre pour son
nom, c'est la campagne courageusement poursuivie
pour la communication des papiers du duc de Saint-
Simon. Nous devons aux refus qui lui furent opposés la publication d'un livre excellent sur le *Cabinet
du Duc de Saint-Simon* et sur l'*Histoire du dépôt
des Affaires étrangères*. Sa persévérance, sa fine

ironie, qui touchait sans blesser, sa perspicacité, qui lui faisait décrire avec sûreté ce qu'il ne lui avait pas été permis de voir, contribuèrent à rendre aux historiens la collection la plus riche et la suite la plus complète que nous possédions sur l'histoire depuis deux siècles et demi.

« Ce fut la joie de ses dernières années ; en voyant tomber les barrières qui défendaient les archives diplomatiques, il montra un désintéressement admirable ; il aurait pu souhaiter que la porte, ouverte pour lui, demeurât à demi-close ; il aurait pu rêver des trouvailles égoïstes dans ce Dépôt dont il aurait été longtemps seul à connaître les secrètes richesses. Cette pensée ne lui vint pas un instant. Ce diplomate du seizième siècle était un curieux, mais non un jaloux.

« Il préparait la publication des *Instructions* données aux ambassadeurs de France partant pour l'Angleterre. Ses longs travaux sur les relations des deux peuples lui auraient fourni des lumières incomparables. Il aimait l'histoire en elle-même et communiquait libéralement les richesses que sa patience avait accumulées. Sa perte prématurée, alors que de longues années lui semblaient réservées, est un malheur pour la science et la curiosité historique. »

Que M. Georges Picot, juge si compétent, veuille bien recevoir nos remerciements pour l'appréciation qu'il a faite de notre ami. C'est pour nous une chance heureuse d'avoir trouvé, pour terminer, cet éloquent résumé de notre travail.

DES ŒUVRES

D'ARMAND BASCHET

———

VARIÉTÉS LITTÉRAIRES. — HONORÉ DE BALZAC. — *Plaquette in-8° de 24 p., dont 10 de notes biographiques empruntées à Champfleury*, par ARMAND BASCHET.

Blois, juillet 1851. Imprimerie Morard. Rue Pierre-de-Blois.

———

(Deuxième édition).

BIBLIOTHÈQUE DE FANTAISIE. — ART ET LITTÉRATURE. — *Les physionomies littéraires de ce temps.* — HONORÉ DE BALZAC. — *Essai sur l'homme et sur l'œuvre*, par ARMAND BASCHET, *avec notes historiques par* CHAMPFLEURY.

1 vol. in-12. X–250 p. Imprimerie Morard et Bergadieu. 1852. — (Giraud et Dagneau, éditeurs, à Paris).

———

LES ANNÉES DE VOYAGE. — DE SAINTE-ADRESSE A BAGNÈRES-DE-LUCHON. — *Itinéraire humoristique*, par ARMAND BASCHET.

Paris. Giraud et Dagneau. 1852. Un vol. in-12 de XII-118 pp.

———

Les origines de Werther, *d'après des documents authentiques*, par Armand Baschet.

Paris. Amyot. 1855. In-8° de VIII-62 pp.

Souvenirs d'une mission. — *Les archives de la sérénissime République de Venise*, par Armand Baschet, envoyé en mission dans les Etats de l'Allemagne, dans l'empire d'Autriche et dans le royaume Lombard-Vénitien, par S. E. le Ministre de l'Instruction publique.

Paris. Amyot. 1857. Grand in 8° de XXVIII-112 pp.

La Diplomatie vénitienne, les Princes de l'Europe au XVIᵉ siècle : *François Iᵉʳ, Philippe II, Catherine de Médicis, les Papes, les Sultans, etc., d'après les rapports des ambassadeurs vénitiens* (avec de nombreux *fac-simile*), par Armand Baschet.

Paris. H. Plon. 1862. Gr. in-8° de 616 pp.

Le Roi chez la Reine ou Histoire secrète du mariage de Louis XIII et d'Anne d'Autriche, *d'après le journal de la vie privée du Roi, les dépêches du Nonce et des ambassadeurs et autres pièces d'Etat*, par A. Baschet.

Paris. Aubry. 1864. Un vol. in-8° de XII-368 pp.

—

Deuxième édition, augmentée d'un nombre important de curieux documents.

Paris. H. Plon. 1866. In-8° de 43 ff.-515 pp.

Les Femmes blondes *selon les peintres de l'école de Venise ;* par deux vénitiens.

Paris. Aubry. 1865. In-8º de 328 pp.

———

La jeunesse de Catherine de Médicis, par A. de Reumont, *ancien* ministre du roi de Prusse près la Cour de Toscane, ouvrage traduit, annoté et augmenté par Armand Baschet, *d'après des recherches nouvelles dans les diverses archives du royaume d'Italie.*

Paris. H. Plon. 1866. In-8º de 14 ff.-388 pp., avec portrait.

———

Documenti inediti su Pietro Aretino. — Documents inédits tirés des archives de Mantoue, par Armand Baschet.

Firenze, tip. Galileiana di M. Cellini e C. 1866. In-8º de 28 pp. (Estratto dall' Archivio storico ita liano, terza serie).

———

Alde Manuce l'ancien *Lettres et documents.* 1495-1515. — Armandus Baschet collexit et adnotavit, sumptibus Antonii Antonelli.

Venetiis, ex œdibus Antonnellianis. 1867. In-8º de 110 pp.

———

Journal du Concile de Trente, *rédigé par un secrétaire vénitien présent aux sessions de 1562 à 1563* et publié par Armand Baschet.

Paris. Plon. 1870. In-8º de 273 pp.

———

Les Archives de Venise. *Histoire de la Chancellerie secrète. Le Sénat. Le Cabinet des Ministres, le Conseil des Dix et les Inquisiteurs d'Etat, dans leurs rapports avec la France, d'après les recherches faites aux sources originales, pour servir à l'étude de "histoire, de la politique et de la diplomatie,* par Armand Baschet.

Paris. H. Plon et Cie. 1870. In-8º de VI-708 pp.

———

Le Duc de Saint-Simon, *son cabinet et l'historique de ses manuscrits,* d'après des documents authentiques recueillis en divers endroits et entièrement inédits, par Armand Baschet.

Paris. E. Plon et C^io. 1874. In-8º de 520 pp., (avec une eau-forte de M. J. Mollard, représentant le château de La Ferté-Vidame, où le duc de Saint-Simon a écrit ses mémoires).

———

Histoire du Dépot des Archives des Affaires étrangères, *à Paris au Louvre en* 1710, *à Versailles en* 1763, *et de nouveau à Paris en divers endroits depuis* 1796, par Armand Baschet.

Paris. E. Plon et Cie. 1875. In-8º de XXVIII-590 pp.

———

Répertoire général *de toutes les dépêches et autres documents appartenant aux correspondances des ambassadeurs de France successivement accrédités en Angleterre, depuis le règne de Henri VIII jusqu'au règne de Georges Ier (1509-1714),* inventaire formé par M. Armand Baschet, d'après les textes conservés dans

les différents dépôts de manuscrits tels que Bibliothèques et Archives en France.

London. George E. Eyre and William Spottiswood.
1876. In-8°.

LE DUC DE SAINT-SIMON ET LE CARDINAL GUALTERIO,
*mémoire sur la recherche de la correspondance qui a
existé entre eux pendant vingt-deux années* (1706-
1708), par ARMAND BASCHET.

Paris. Alph. Picard. 1878. In-8° de 39 pp. (Extrait
du Cabinet historique 1877).

RECUEIL ORIGINAL DES DÉPÊCHES DES AMBASSADEURS
VÉNITIENS EN FRANCE PENDANT LE XVIe, LE XVIIe ET LE
XVIIIe SIÈCLE. — *Rapport à M. le Ministre de l'Ins-
truction publique*, par ARMAND BASCHET.

Paris. Imprimerie nationale. 1877. In-8° de 32 pp.
(*Extrait des archives des missions scientifiques et
littéraires, 3e série, t. 4*).

MÉMOIRE D'ARMAND DU PLESSIS DE RICHELIEU, *évêque
de Luçon*, écrit de sa main, l'année 1607 ou 1610,
alors qu'il méditait de paraître à la Cour. Publié
d'après l'original inédit, avec informations et notes,
par ARMAND BASCHET.

Paris. E. Plon et Cie. 1880. In-8° de 52 pp.

LES COMÉDIENS ITALIENS A LA COUR DE FRANCE, *sous
Charles IX, Henri III, Henri IV et Louis XIII*,
d'après les lettres royales, la correspondance originale

des comédiens, les registres de la Trésorerie de l'Epargne et autres documents, par ARMAND BASCHET. Paris. E. Plon et Cⁱᵉ. 1882. In-8ᵒ XV-367 pp.

OBSERVATION BIBLIOGRAPHIQUE

RELATIVE A

LUCRÈCE BORGIA

A la note de la page 16, au sujet de Lucrezia Borgia, nous annoncions un travail de M. Jules Doinel, archiviste du Loiret, d'après les textes laissés par A. Baschet ; mais M. Doinel s'est aperçu que, sur des documents puisés aux mêmes sources, ce travail a déjà été exécuté en Allemagne et en Italie.

« LUCREZIA BORGIA, *Duchessa di Ferrara*, par Zuchetti. Milan 1869. »

« LUCREZIA BORGIA, par Gregorovius, 1874 ; deux volumes qui ont été traduits de l'allemand par Regnault, 1876 (Chez Sandoz, 33, rue de Seine, Paris). »

Nous pouvons ajouter que Monsignor Giuseppe Antonelli avait publié en 1867, a Ferrare, LUCREZIA BORGIA *in Ferrara*.

M. Doinel trouvera facilement dans les notes de Baschet un autre sujet intéressant.

ANNEXES

ANNEXES

Extrait du Registre de l'Etat-civil de la ville de Blois, pour l'année 1829.

L'an mil huit cent vingt-neuf, le deuxième jour du mois de décembre, pardevant nous Denis Gault, adjoint délégué, officier de l'État-civil de la commune de Blois, canton de Blois, département de Loir-et-Cher, est comparu Monsieur Étienne Paulin Baschet, médecin à Blois, rue Porte-Côté, lequel nous a présenté un enfant du sexe masculin, né le jour d'hier à sept heures du soir, de lui comparant et de Antoinette Louise Adelaïde Pinault, son épouse, et auquel enfant il a déclaré vouloir donner les prénoms de Armand Jacques Etienne ; les dites déclaration et présentation faites en présence de Messieurs Jacques Baschet, rentier à Blois, âgé de soixante-trois ans, et Pierre Jean Alexandre Pinault, architecte à Blois, âgé de cinquante-deux ans, lesquels ont, ainsi que le père, signé avec nous le présent acte lecture faite.

Signé : Baschet, Baschet, Pinault, Gault.

Annexe Nᵒ 2.

Notice sur le Prytanée de Menars.

Le Prince Joseph de Chimay (Belge), fils du Prince et de la Princesse de Chimay (celle-ci veuve Tallien, née Cabarus, bien connue par sa beauté et son rôle pendant la révolution) épousait fin de 1830, la veuve du comte de Brigode, Pair de France, née Pellapra, alors propriétaire du domaine de Menars qu'elle habitait. (1) Elle y confina son jeune mari. Ce séjour luxueux mais trop paisible ne pouvait convenir long-temps à ce jeune et magnifique garçon de 24 ans dont la double révolution en France et en Belgique avait exalté les idées naturellement libérales. C'est alors que, secondé avec empressement par sa femme qui l'adorait et voulait le maintenir au foyer conjugal, il résolut de créer et d'établir dans les vastes dépendances du châ-teau, sous ses yeux, un établissement d'instruction secondaire sous le titre de *Prytanée de Menars,* où il appela à grands frais des professeurs laïques distingués en lettres, sciences, langues vivantes, beaux arts, etc. Le programme était complet et a été bien exécuté pendant plusieurs années. C'est cet établissement qui osa, le premier, secouer le joug universitaire et créer ce qu'on appelle aujourd'hui l'enseignement secondaire spécial qui a fait l'objet de maints rapports des ins-pecteurs de l'Académie d'Orléans. L'auteur de cette notice y est cité avec tant d'éloges comme l'instiga-teur et l'organisateur de cet enseignement où il a

(1) Ce château, reconstruit par la marquise de Pompadour, est situé à 10 kilomètres en amont de Blois, sur la rive droite de la Loire. Menars est la dernière station du chemin de fer avant d'arriver à Blois, venant d'Orléans.

introduit et professé le droit commercial et la comptabilité administrative, commerciale et financière, que le recteur et le ministre ensuite l'ont sollicité de consentir à venir créer, au lycée d'Orléans, *l'équivalent* qui eut servi de type universitaire. Pour des raisons faciles à comprendre, il n'a pu que décliner cette proposition dont l'exécution eût enlevé au Prytanée sa spécialité qui y attirait une nombreuse population étrangère (Anglais, Brésiliens, Portugais.) — (Ce professeur de comptabilité fut plus tard banquier à Blois et président du tribunal de commerce.)

La réussite engage le Prince à étendre dans son parc le périmètre de son collège, et ce fut le grand père d'Armand Baschet, M. Pinault, architecte à Blois, qui y édifia un grand monument spécialement aménagé pour les besoins croissants des élèves et des professeurs.

Les intentions libérales du Prince ne s'arrêtèrent pas là. Son plan d'instruction embrassait toutes les classes de la Société. Il acquit et fit approprier dans le village divers bâtiments où il établit d'un côté une école théorique et pratique d'Arts et Métiers et de l'autre une école de manœuvres, dite de *Pionniers*. Toutes ces créations le retenaient au foyer, mais lui ont coûté 2 bons millions ; sacrifice léger pour la grande fortune de la Princesse qui l'adorait quand même et lui a donné 4 enfants dont 2 vivent encore aujourd'hui : L'un (l'aîné) a été ministre en Belgique ; l'autre est Mme Bibesco, divorcée Baufremont.

Plus tard, vers 1840, le fondateur du Prytanée, appelé à remplir en Belgique un poste de ministre plénipotentiaire, a passé à l'Evêché de Blois la haute main sur ses établissements. Néanmoins les professeurs laïques y ont été maintenus. Le directeur seul et l'aumônier portaient la soutane. Les sacrifices en argent du Prince ayant cessé, les établissements n'ayant pu vivre avec leurs propres ressources ont successivement liquidé.

Annexe N° 3.

Répertoire des Documents Historiques Vénitiens, tels que Papiers d'État, Dépêches, Mémoires politiques, Relations, Dissertations, etc., dont la copie appartenait à la Collection particulière qu'Armand Baschet a formée pendant les séjours qu'il a faits à Venise en divers temps, (en latin, en français et en italien).

1° SÉRIE DIPLOMATIQUE.

Dépêches adressées au *Conseil des Dix* par les Ambassadeurs Vénitiens en France (de 1500 à 1550).

Dépêches adressées au *Conseil des Dix* par les Ambassadeurs Vénitiens à Rome (de 1533 à 1564).

Dépêches adressées au *Sénat* par les différents Ambassadeurs Vénitiens qui se sont succédé à la Cour de France, et dont on a conservé les textes dans les Archives de Venise depuis le temps de François Ier jusqu'à la mort de Henri III (pour servir à l'*Histoire de la Maison de Valois*).

Dépêches adressées au *Sénat* par les Ambassadeurs Vénitiens en Cour de Rome, Giovanni Gritti, Alberto Badoer et Leonardo Loredan, sous le pontificat de Sixte-Quint (pour servir à l'*Histoire des négociations entre la France et le Saint-Siège sous Henri III et Henri IV*).

Analyse de Documents Diplomatiques depuis 1589 jusqu'en 1610 (pour servir à l'*Histoire de Henri IV et les Vénitiens*).

Dépêches adressées au *Sénat* par les différents Ambassadeurs Vénitiens qui se sont succédé à la Cour de France depuis 1610 jusqu'en 1643, pour servir à l'histoire des deux ouvrages préparés : 1° *La France et Venise sous Louis XIII* ; 2° *Audiences et Conversations politiques du Cardinal de Richelieu.*

Sommaire des Dépêches adressées au *Sénat* par l'ambassadeur Alvise Contarini à la Cour de France depuis le 17 août 1629 jusqu'au 16 avril 1632. (1 Registre à part).

Sommaire des *Affaires de France* qui furent traitées auprès de la République Sérénissime par les Ambassadeurs du Roi Très-Chrétien de 1541 à 1643. (1 Registre).

Recueil de Dépêches adressées au *Sénat* par les Ambassadeurs Vénitiens accrédités aux Cours d'Autriche, de France et de Pologne (relativement à l'*Élection de Pologne*, 1573-1574). (115 pièces). (1 Registre).

Répertoire nominal de tous les *Ambassadeurs Vénitiens*, accrédités auprès des Différentes Cours et États, depuis les temps les plus anciens jusqu'à la chute de la République. (1 Registre).

Dépêches de l'Ambassadeur Vénitien à la Cour de Madrid pour servir à l'histoire d'*Élisabeth Farnèse*, femme de Philippe V. (Pièces détachées).

Répertoire de tous les Documents Diplomatiques et Politiques relatifs à la France qui se trouvent successivement dans les Registres Officiels des *Commemoriali*, des *Misti*, des *Secreti* et des *Corti*, depuis le règne de Charles VI jusqu'à l'avènement de Louis XIV. (Feuilles détachées).

2° DOCUMENTS SPÉCIAUX.

Copies de différentes pièces dont les Originaux se trouvent dans les cartons des Documents Secrets du *Conseil des Dix*, 1562-1645. (139 pièces ou dossiers formant un Registre).

Autres copies de différentes pièces d'après les Originaux conservés dans la même série, 1587-1622. (77 pièces ou dossiers formant un Registre).

Pièces Politiques variées, copiées sur les Originaux conservés dans les papiers des *Inquisiteurs d'État.* (97 pièces). Registre.

Pièces Miscellanées copiées sur les Originaux conservés dans les papiers des *Inquisiteurs d'État* (120 pièces détachées).

Pièces et Documents relatifs à la personne et aux mouvements d'*Angelo Badoer*, copiés sur les Originaux conservés soit dans les papiers du *Conseil des Dix*, soit dans ceux des *Inquisiteurs d'État*. (151 pièces). Correspondance de Rome, de Milan, de France, de Hollande, de Savoie et d'Espagne. (1 Registre).

Recueil des Pièces et Actes relatifs à la personne d'*Antonio Foscarini*, jugé deux fois par le Conseil des Dix et les Inquisiteurs d'État. (4 Registres ainsi désignés : Nº 1. PARTIE POLITIQUE : *Dépêches datées de Chioggia*, 1605-1607 ; *Sommaire des Dépêches de France*, 1608-1611, et *Sommaire des Dépêches d'Angleterre*, 1611-1616. Nº 2. PARTIE JUDICIAIRE : Premier procès : *Instruction et Procédure du Conseil des Dix et des Inquisiteurs*, 1615-1618. Nº 3. Second procès : *Procédure des Inquisiteurs d'État*, 1622.

N° 4. PARTIE POLITIQUE ET PRIVÉE : *Pièces variées.*)

Voyage et Séjour de *Henri III à Venise* à son retour de Pologne, 1574. (185 pièces.) 1 Registre.

Documents relatifs aux *Artistes* et aux *Beaux-Arts*, copiés sur les pièces Originales qui se trouvent dans les différentes séries officielles, telles que les Registres *Notatorii*, des *Provveditori al sal*, du *Sénat*, du *Conseil des Dix* et des *Inquisiteurs*, et dans les Registres des *Monastères* et *Confreries*. (200 pièces détachées)

Pièces Miscellanées relatives : 1° au *Comte de Froullay*, Ambassadeur de France à Venise, et à ses aventures ; 2° à *Jacques Casanova de Seingalt*, prisonnier des Inquisiteurs d'État ; 3° au don des *Gondoles de parade* que la République de Venise fit à Louis XIV ; 4° à l'arrivée et au séjour en France des *Maîtres Ouvriers Verriers* appelés et encouragés par Colbert pour fonder la manufacture de glaces. (Quatre paquets séparés.)

Pièces Miscellanées relatives à des *épisodes politiques* touchant la République de Venise et la France. (1 Registre).

Pièces Miscellanées pour servir à l'histoire de la *Chancellerie Secrète* et autres *Archives*.

A ces copies ci-dessus énumérées qui furent exécutées au dépôt même des ARCHIVES DE VENISE, nous pouvons ajouter comme faisant aussi partie de cette Collection de Papiers d'État Vénitiens, les copies qui furent exécutées d'après les indications de Baschet, principalement à la BIBLIOTHÈQUE DE SAINT-MARC.

Sommaire des documents relatifs à la *France* qui sont contenus dans les cinquante-quatre volumes

in-folio des *Mémoires Manuscrits* ou *Diarii* de
Marin Sanudo, de 1494 à 1533. (1 Registre.)

Nombreux Extraits des *Mémoires Manuscrits* du
Vénitien Giovanni Rossi, relatifs au mœurs politiques
et privées des Vénitiens avant la chute de la République, traitant particulièrement du *luxe*, du
cérémonial, des *représentations dramatiques*, des
fêtes, etc.

Inventaire général des *Procès* qui étaient conservés
dans les Archives des Inquisiteurs d'État depuis
1573 jusqu'en 1775, et formé par le Secrétaire
Giuseppe Gradenigo, avec une copie du sommaire des
Documents que le commissaire français Bassal avait
emporté en 1797.

Miscellanées de tout genre relatives à la *Vie
politique à Venise*, copiées soit à la Bibliothèque de
Saint-Marc, soit au Musée Correr, soit dans différentes Archives de familles patriciennes.

Copie de la *Chronique de la République de Venise*,
dédiée par Marin Sanudo au Doge Agostino Barbarigo,
« *De Origine, Situ et Magistratibus Urbis
Venetiæ.* » (200 pages.)

Copie du manuscrit nº 1938 de la Bibliothèque de
Saint-Marc, « *Soprà li Inquisitori di Stato*, » par
Giovanni Andrea Spada (96 pages.)

Relation détaillée de tous les Cardinaux vivants en
l'année 1620, « *Relatione minuta di tutti le affetti,
doti e dipendenze de' Cardinali viventi questo anno
1620.* »

Sommaire des Documents relatifs à Lucrezia Borgia,
et aux Papes Alexandre VI, Léon X et Clément VII,
extraits des Registres de Marin Sanudo.

Un nombre considérable de Notes et de pièces

Miscellanées relatives *à la Vie politique* et *à la Vie privée des anciens Vénitiens*, recueillies en différentes ARCHIVES D'ÉTAT ou en différentes BIBLIOTHÈQUES PUBLIQUES et PARTICULIÈRES de Rome, Florence, Sienne, Milan, Ferrare, Parme, Modène, Vienne, Londres et Paris.

ANNEXE N° 4.

Liste par ordre chronologique des articles publiés par A. BASCHET *dans les Journaux et Revues.*

1850 — VARIÉTÉS (passim), dans la *France centrale* de Blois.

1850 — LA PETITE FADETTE, feuilleton littéraire, dans le *Journal d'Indre-et-Loire.*

1853 — DE LA CRITIQUE COMTEMPORAINE (Phil. Chasles), *Paris*, mars.

1853 — MES TRENTE-SIX RELAIS, *Paris*, avril.

1853 — L'ILE DE CARMAGNEC, *La Presse*, 26 et 30 juillet, 5 et 6 août, 13 septembre.

1853 — PETITE LÉGENDE D'ARISTOPHANE, *Paris*, 29 septembre.

1853 — LETTRE A PROPOS DE LA CORRESPONDANCE DE BALZAC, *La Presse*, 22 novembre.

1853 — LETTRE SUR LA CORRESPONDANCE DE BALZAC, *Paris*, 23 novembre.

1853 — LETTRE A A. DUMAS SUR LA QUESTION DUTACQ, *Le Mousquetaire*, 8 décembre.

1854 — LA CHAISE DE POSTE DU GENTLEMAN, *Le Mousquetaire*, 12 (ou 14) janvier.

1854 — LA PLUME DE M. THOMAÜS, *Le Mousquetaire*, 20 et 21 janvier.

1854 — Mouvement des Lettres, *Le Mousquetaire*,
(7 articles), janvier à avril.

1854 — Les ateliers de Paris en 1854 (7 articles),
L'Artiste, 5ᵉ Série, T. xii.

1854 — Lettre a A. Dumas, *Le Mousquetaire*,
25 janvier.

1854 — Le Drame de Jean Caballero, *Le Mousquetaire*, 7 et 8 février.

1854 — De quelques choses de ce temps, *Le Mousquetaire*, 16 février.

1854 — Le Chateau de Blois (5 articles), *Le Mousquetaire*, mars à mai.

1854 — Mémoires littéraires, *Le Mousquetaire*,
mars et avril.

1854 — Littérature héraldique, *Le Mousquetaire*,
22 mars.

1854 — Dupuis et Cotonnet (Lettre), *Le Mousquetaire*, 15 avril.

1854 — Sterne (Œuvres inédites), *Le Mousquetaire*,
7 juin.

1854 — Préface de voyage de Paris a Munich. —
Munich. (6 articles), *Le Mousquetaire*,
juillet.

1854 — Chronique de voyage, *Le Mousquetaire*,
12 octobre.

1854 — Gœthe et Werther, *Revue contemporaine*.

1854 — Une représentation de Faust a Munich,
L'Illustration, 22 octobre.

1854 — Gazette littéraire : Une Comédienne, *Le
Mousquetaire*, 22 novembre.

1854 — Gazette étrangère : Lettres allemandes,
Le Mousquetaire, 1ᵉʳ décembre.

1854 — Munich : Sur les expositions, *Le Mousquetaire*, 10 décembre.

1854 — De la Potichomanie, *Le Mousquetaire*,
19 décembre.

1855 — Gazette de Paris, *Le Mousquetaire*, 9 janvier.

1855 — Gazette étrangère : Lettres allemandes,
(4 articles), *Le Mousquetaire*.

1855 — Gazette littéraire (2 articles), *Le Mousquetaire*.

1855 — Lettre de Hambourg, *La Presse*, 8 mai.

1855 — Fragment d'un Rapport a M. le Ministre de
l'Instruction publique, *Journal de Loir-
et-Cher*, 22 juillet.

1855 — Lettre a Meyerbeer, *Revue Franco-Italienne*, 30 août.

1856 — Lettres vénitiennes. Ouverture de la Fenice,
Revue Franco-Italienne, 17 janvier.

1856 — Institution d'une école de sciences paléo-
graphiques a Venise, *Revue Franco-Italienne*, 13 mars.

1856 — Le Monde et le Carnaval de Venise en 1856,
L'Illustration, mai.

1856 — Une visite au prince Danilo, *Revue des
Deux-Mondes*, 1er octobre.

1857 — L'Empereur et l'Impératrice d'Autriche,
Le Monde illustré, n° 9.

1857 — Sport et courses en Hongrie, *Le Monde
illustré*, n° 12.

1857 — Le centième anniversaire de Ch. Auguste,
grand Duc de Weimar, *Le Monde illustré*,
n° 25.

1857 — Fêtes en l'honneur de Goethe et de Schiller,
Le Monde illustré, n° 25.

1857 — Possessions en Hongrie. Le domaine de Cœdalbe, *Le Monde illustré*, nº 27.

1857 — Variétés Vénitiennes, *Le Monde illustré*, nº 32.

1858 — Londres et le mariage, *Le Monde illustré*, nº 42.

1858 — Séjour de leurs Majestés et Fêtes a Compiègne, *Le Monde illustré*, nº 86.

1858 — Lettre a Paul d'Ivoi, *Le Courrier de Paris*, 24 février.

1858 — Les Archives d'État a Florence, *Courrier Franco-Italien*, 16 décembre.

1858 — Bibliographie étrangère, *L'Artiste* (7º série), p. 201.

1859 — Chronique vénitienne du passé, *Gazette des Beaux-Arts,* 13 janvier et 15 février.

1859 — Le Cardinal Antonelli, *Le Monde illustré*, nº 92.

1859 — De la Diplomatie vénitienne, *Moniteur*, 17 et 22 novembre.

1860 — Chronique vénitienne. — Le Musée Correr, *Gazette des Beaux-Arts*, 15 juin, 1er et 15 septembre.

1861 — Le chevalier Emmanuele Cicogna, vénitien, *L'Artiste*, 1er octobre.

1861 — Souvenirs de Venise. — Signor Tonin Bonagrazia, *Le Monde illustré*, nºs 234 et 235.

1862 — Négociation d'Œuvres de tapisserie, etc., *Gazette des Beaux-Arts*, novembre 1861 et janvier 1862.

1862 — Lettre de Modène, *Gazette des Beaux-Arts*, janvier.

1862 — LETTRE DE L'ARIOSTE, *Journal des Débats*, 30 janvier.

1863 — RAPPORT AU COMTE WALESKI, *La Perseveranza* (de Milan), 17 et 19 juillet.

1865 — DOCUMENTS INÉDITS SUR PIETRO ARETINO, *Archivio storico italiano*.

1866 — DOCUMENTS INÉDITS SUR ANDRÉA MANTEGNA (1), *Gazette des Beaux-Arts*, avril, mai.

1866 — LETTRES VÉNITIENNES, *La Liberté*, 22, 24, 28 novembre, 1er, 6, 12, 17 décembre.

1866 — UNE TÉNÉBREUSE AFFAIRE, *La Liberté*, 28 décembre.

1867 — LE DUC D'AOSTE, *La Liberté*, 31 mai, 5 juin.

1867 — MIRAMAR (2), *La Liberté*, 9 septembre.

1867 — PAUL VÉRONÈSE AU TRIBUNAL DU ST-OFFICE, *Gazette des Beaux-Arts*, 1er octobre.

1867 — FEUILLETON SUR CORA PEARL, *Gazetta di Venezia*.

1867 — LORD LYONS, *La liberté*, 5 novembre.

1868 — A PROPOS DES DÉPRÉDATIONS DANS LES ARCHIVES DE VENISE, *La Liberté* (3), 25 février.

1868 — SUR L'HOMMAGE D'UN TABLEAU DE PAUL VÉRONÈSE, *Gazette des Beaux-Arts*, 1er mars.

1868 — PIERRE PAUL RUBENS, *Gazette des Beaux-Arts*, mai 1866, avril 67, avril et mai 68.

(1) Cette étude avait été publiée le mois précédent dans la *Gazetta di Mantova*, sous le titre : *Ricerce di documenti d'arte e di storia negli Archivii di Mantova*.

(2) Nous croyons être agréable au lecteur en reproduisant à la suite de cette liste bibliographique le feuilleton de la *Liberté* du 9 septembre 1867, comme specimen du style de l'écrivain arrivé au milieu de sa carrière littéraire (*Annexe* no 5).

(3) Un article sur le même sujet avait été publié par Baschet le 12 mai 1867 dans le *Journal de Genève*.

1868 — Tommaso Locatelli. — Emmanuele Cicogna, (1), *La Liberté*, 2 et 5 avril.

1868 — Les Archives de Venise, *Le Monde illustré*, 29 août.

1868 — François Porbus, *Gazette des Beaux-Arts*, octobre et novembre.

1880 — Particularités relatives a l'histoire de la vie de Mme de Pompadour, *Le Cabinet historique*, septembre et décembre.

1881 — Preuves curieuses de l'authenticité des Mémoires de Jacques Cazanova de Seingalt, *Le Livre* (2° année, pp. 11, 42, 105, 235).

1884 — Préface en tête des *Châteaux du Blaisois* de M. A. Storelli.

Annexe N° 5.

Nous reproduisons cet article comme spécimen du style de Baschet, arrivé au milieu de sa carrière littéraire.

MIRAMAR

Miramar, ce nom charmant et si poétique, cet endroit merveilleusement approprié aux goûts d'un prince jeune, élégant et doué de rares qualités intellectuelles, Miramar a acquis, depuis bientôt un an, dans le monde entier, une célébrité sombre et douloureuse. Nul n'entend prononcer ce nom aujourd'hui sans être impressionné de la façon la plus triste. Nul ne passera désormais près du rivage où s'élèvent si gracieusement les tourelles du château, sans penser à

(1) Articles reproduits par la *Gazetta di Venezia* du 10 avril 1868.

celui qui s'en éloigna le 14 avril 1864 pour ne jamais
le revoir, et à celle qui y fit retour en 1866, pour y
apparaître, non plus en souveraine heureuse, mais en
femme infortunée à qui le sort terrible n'avait pas
épargné le plus horrible des maux dont il puisse acca-
bler une créature humaine : la folie, l'affreuse folie.
Le nom de Miramar n'est nulle part ignoré ; mais il
est peu de voyageurs qui connaissent ce joli site, pour
en avoir approché. Nos fréquents voyages de Venise à
Vienne nous ont permis de pénétrer dans cette résidence de prédilection de l'archiduc Max ; et puisque
les destins lui ont valu une si émouvante renommée,
nous avons pensé qu'une description exacte pourrait
offrir quelque intérêt à ceux qui ont suivi avec l'attention que requiert une dramatique histoire les péripéties de la vie du prince *à la fatale couronne.* Con-
sacrons, avant tout, quelques mots sur celui qui fit
élever ce manoir, désormais légendaire.

Ferdinand-Maximilien de Habsbourg était le second des quatre fils donnés à la maison d'Autriche
par l'archiduchesse Sophie, femme de François-
Charles, frère de l'empereur Ferdinand, et il avait
seize ans accomplis lorsque, par l'abdication de son
oncle et par la cession spontanée des droits qu'avait
son père, François-Joseph parvint à l'empire. L'éducation de Max s'était faite à Vienne, sous les yeux de
l'archiduchesse, toute-puissante alors, et qui devait
l'être encore quelques années durant. Elle le fut, en
effet, jusqu'au jour où, à la suite de certaines intrigues de cour et sous de particulières influences, l'empereur, son fils, se résolut sinon à la proscrire, du
moins à lui donner à entendre qu'avec la démission
du comte Grünne, premier aide de camp, la *cama-*

rilla, dont elle était l'âme, quitterait toute ingérence dans les affaires de l'empire et dans celles de la maison. (1)

Très jeune encore, l'archiduc vint à Trieste, et il y vint avec la volonté de ne s'y occuper qu'aux choses de marine. Jusqu'alors la marine, en Autriche, loin d'être un fleuron de la couronne, était à peine formée, et quand on parlait de la marine de cet empire, c'était en vérité comme si on eût parlé d'une chose peu recommandable. Le voilà à Trieste : il y voit un port magnifique. Aidé de conseils excellents, il reconnaît de grandes ressources, il étudie, il conçoit de grands projets. Sa demeure était la villa Necker, située au-dessus de la *contrada della sanità,* dans la direction de ce beau lieu de promenade dit boulevard de Saint-André. Max prit d'abord ses grades, et il les prit en les méritant. Son entourage se composait alors d'hommes bien inspirés, tel que le danois Dalrup, qui a beaucoup fait pour la marine, Hardeg, Fautz, Buiakovich et Bourguignon. En compagnie de tel ou tel de ces officiers supérieurs très distingués, Max entreprenait chaque année quelque grand voyage. Sa vie était d'ailleurs sage et calme ; ce qu'on appelle le tumulte des passions dans un jeune esprit ne s'était pas manifesté en lui : il ne se montrait ni joueur ni libertin ; il avait alors de la foi ; il aimait l'étude ; le choix et le genre de ses lectures dénotaient un esprit attentif et curieux. Il fut promptement vice-amiral, puis amiral et enfin commandant suprême de la marine, qu'avec l'aide constante de Dalrup il s'activait et s'étudiait à accroître. L'archiduc aimait la mer comme un

(1) En date du 19 octobre 1859, le comte de Crenneville rem-

anglais avantureux : s'embarquer était pour lui une
fête. Les voyages lui plaisaient infiniment, et les souvenirs qu'il a depuis écrits sous forme de *Mémoires
autobiographiques*, prouvent qu'il les accomplissait
en homme doué d'une louable capacité d'observation.

Ce fut en juin 1851 qu'il commença ses grands
voyages. Voir, comparer, penser, écrire, telles étaient
les préoccupations du prince voyageur. Si l'Espagne
fut pour lui une source féconde d'admiration pour les
coutumes et les faits pittoresques, l'Angleterre en fut
une non moins inépuisable quant aux qualités politiques et industrielles qui la distinguent. Les réflexions
que lui inspira la connaissance particulière de ce grand
pays étaient pleines d'intérêt. Il les rappelait sans
cesse alors qu'étant à Venise et en Lombardie il s'ini-
tiait au milieu des difficultés de tout genre, à la science
pratique du gouvernement. Avec tout cela, Max avait
beaucoup d'imagination : par ce côté, il tenait fort de
Joseph II, premier fils de son impériale grand'tante,
Marie-Thérèse, de grande mémoire.

Venons au temps où l'idée vint à Max, l'archiduc-
amiral, de se choisir un site pour y élever le château
que depuis on appela Miramar.

Il est des gens qui, pour rendre le fait romanesque,
ont imaginé un naufrage, comme il s'en pratique dans
les romans et dans les drames. L'archiduc, protégé par
la bonté de la Providence, échappant à la colère des
flots, abordant à une rive, se serait écrié, dans l'enthousiasme du salut : « Ici, j'élèverai une demeure crénelée,
où flottera ma bannière de petit-fils de Charles-

---

plaça alors le comte de Grünne dans cette haute charge de cour.
Cette petite révolution de palais ne s'est pas du reste accomplie
en un seul jour.

Quint... » C'est là un conte puéril. Le site de Miramar est en vue de Trieste, presque en son port, et n'a rien de commun avec une de ces îles propres à l'abordage de naufragés qui tout aussitôt veulent dresser des monuments avec inscriptions votives à l'honneur des dieux. La vérité est que le prince, faisant alors par plaisir et métier de continuelles promenades dans la baie de Trieste, prit goût à l'idée d'avoir une résidence quelque peu princière sur l'une des côtes de son Adriatique bien-aimée. Capitaine de la marine d'un empire qu'il ambitionnait de rendre florissante, il était naturel que le choix de l'endroit pour édifier sa demeure et hisser son pavillon fût au centre maritime de son commandement. Ses regards furent alors attirés par un point des plus pittoresques sur la côte, vers Duino, qui est un château féodal de la possession d'un feu prince de Hohenlohe. Il y avait là, entre ce lieu et Trieste, comme une courte chaîne d'immenses rochers, couronnée par un pauvre village du nom de Contovello. Le site quoique abrupte, sauvage, hérissé de roches aiguës baignées par les flots, n'était pas moins admirable. Le dessein d'élever sur cette place difficile un château de plaisance pouvait paraître féerique ; mais pour la facile imagination de Max c'était déjà une sorte de bon motif pour tenter l'aventure. Il savait d'ailleurs que l'art aplanit tout et que l'industrie dont l'homme est capable peut lutter heureusement avec les plus rudes obstacles de la nature. De ce point il verrait la mer belle et radieuse, et soupirante en son calme, déchaînée et hurlante en ses fureurs ; il serait là dans un château comme il en a rêvé, produit de sa fantaisie ; il se voyait déjà sous ses petits créneaux, lisant, étudiant, se souvenant, écrivant et projets et mémoires, entouré des belles et curieuses choses dont il avait le goût, et que sans cesse il rapportait de ses voyages lointains comme cargaison d'amateur. Miramar serait un port pour lui, capitaine de mer ; un lieu enchanté s'il venait à aimer. Ici, dans le golfe resserré que forme la mer, serait à l'ancre son yacht favori, appelé *la Fantaisie*, toujours prêt à le mener où le voudraient ses incessants caprices de voyageur. Là, à la surface aplanie des rochers servant de base au manoir, serait son cabinet d'études, tout meublé d'objets rares, contenant ses collections, et ouvrant, par un balcon magnifique, sur l'infini de ce grand paysage marin. Ainsi pensa Max, l'archiduc d'Autriche : ainsi fut choisi le site, ainsi fut résolue l'exécution de la capricieuse villa tant fêtée et pavoisée pendant quelques ans, puis devenue solitaire si rapidement, et pour des causes si funèbres qu'on se demande si ce ne sont point nos grand'mères qui nous les ont contées comme étant choses advenues bien longtemps avant elles.

Toujours est-il que le prince appela de Berlin un architecte. Le projet fut mis à l'étude ; il fut approuvé, et tout aussitôt l'œuvre en fut commencée. Tout était à faire, car le plan qu'offrait la bonne nature n'était absolument que de rochers La ville de Trieste, voulant complaire au jeune prince, qui lui faisait l'honneur de son voisinage, se mit en frais pour la construction et l'aménagement d'un chemin destiné à rendre accessible pour d'autres que pour des marins l'approche de Miramar. Trieste, en effet, n'avait de communication directe avec Contovello que par l'ancien chemin d'Italie et route du Frioul passant à Proseco et Monfalcone : c'était une voie difficile, rocheuse, âpre, sans aucune végétation sur ses côtes que des vignes misérables et quelques oliviers de pauvre produit. Il fallait au manoir une avenue plus digne, plaisante au regard, élégante et commode. Il en fut ainsi fait, et depuis il y eut une route excellente allant du Lazzaretto Nuovo à Miramar, par le village de San-Bortolo, route baignée par les vagues, longeant la mer, la suivant en ses détours, et offrant de charmants aspects. La main-d'œuvre fut, en un mot, partout rapide en ce petit lieu, et au bout de quelques années ce site qui auparavant n'offrait à la vue que des rochers arides, présentait à l'œil enchanté un château magnifique. Les grandes pointes des rochers avaient été coupées, et les masses taillées et disposées pour servir de base à l'édifice, soit d'appui à des jardins improvisés. En sorte, que vu de loin, ainsi dressé sur ce socle naturel, le manoir, en son gracieux ensemble, paraît quitter le sein même des ondes pour s'élever dans l'espace. C'est d'un effet très heureux. Faisons d'ailleurs la route et rappelons les détails.

Trois quarts d'heure en voiture suffisent pour le parcours de Trieste à Miramar. Nous suivons la mer ; la route n'est pas d'une grande largeur, c'est son défaut. Nous passons en face de la jolie propriété du baron Zanchi, très bon amateur. A mi-chemin est le nouveau village de San-Bortolo, composé surtout de *locande* et de *botteghe di caffe* pour l'agrément des promeneurs. Voici l'auberge *al Buon Pesce*, dont les Triestins ont fait leurs Porcherons, aimant à s'y aller divertir quand arrive la belle saison. Les amoureux y vont volontiers faire leur nid : on y est loin de la foule curieuse et loquace. Le paysage est ravissant, les regards nagent dans le bleu, la brise de mer y est douce à respirer, et si c'est le soir et que la lune n'ait rien de caché pour les flots, il n'y a point au monde de spectacle plus enchanteur à désirer et de sensations plus enivrantes à éprouver. Au sortir de ce bon village de San-Bortolo se dressent des rochers majestueux, aux pentes desquels poussent toujours des oliviers et quelques rares autres plantes. On est alors bien près du château. Le voici, en effet, avec sa porte crénelée et ouverte dans une muraille épaisse, surmontée du blason de Habsbourg. Au delà des voûtes de l'entrée est le chalet des gardiens, maisonnette bâtie moitié en bois, moitié en pierre, enveloppée avec une grâce extrême dans de verts manteaux de feuillage. Au temps où Max régnait... dans Miramar, on voyait toujours là nombre de gens à sa livrée vert foncé avec revers cerise et galons d'argent, puis des nègres abyssiniens vêtus d'étoffes écarlates, puis d'énormes et magnifiques chiens de la race de Terre-Neuve. Le maître de céans aimait beaucoup tous ces apparats. Du chalet des gens jusqu'au perron du château, la route carrossable, montante un peu, offre sans cesse à gauche la vue de la mer, à droite les plus belles plantes et des rochers disposés en jardins jusqu'à la cime. Le perron en spirale donne accès à une salle dont l'originalité des décors séduit aussitôt l'œil du visiteur : ce n'étaient que curiosités en tous genres, marbres antiques, momies d'Egypte, armures de chevaliers, panoplies indiennes et autres souvenirs acquis par le marin dans ses visites à l'extrême Orient. Le salon, dans lequel on entre ensuite, est orné des portraits des plus célèbres princes de la maison ; les décors accessoires y sont très réussis. Mais une triste mémoire est désormais attachée à cette vaste pièce, qui fut celle où Maximilien de Habsbourg reçut la députation mexicaine, laquelle, peut on dire, en lui présentant la couronne, lui ouvrit la tombe. Diverses autres pièces font suite à ce salon, qui est vraiment la pièce de cérémonie du manoir. Une salle plus petite, entre autres, est, à mon sens, la plus curieuse, et laisse comprendre et entendre, à la voir, quels étaient le caractère et le naturel de l'homme qui en avait disposé le contenu : je veux parler de cette pièce où conduit un élégant escalier et qui fut le cabinet dans lequel le studieux archiduc, dilettante en toutes choses, avait réuni tous les instruments nécessaires aux travaux qu'il aimait, tels que livres en tous genres, collections de minéraux, d'oiseaux et d'insectes, anciens bronzes de toute beauté, tableaux parmi lesquels une série des plus beaux paysages pris en Dalmatie et dans les îles de l Orient. Quelles heures bien heureuses se sont écoulées pour lui dans cette pièce, si heureusement disposée pour les satisfactions intellectuelles d'un prince avide de savoir ! Que de voyages il médita de faire, à la vue de la mer immense qui bat le rocher même sur lequel est dressé le cabinet d'études ! Que de plans de toute nature furent ici conçus ! Que de rêves ambitieux y furent accueillis, car l'imagination de Max était facile à se laisser aller à de grandes et magnifiques rêveries ! Qui saura jamais, qui pourra jamais dire ce qu'en ce cabinet merveilleux, à ses heures de méditations et de lectures politiques, il s'est passé dans cette jeune tête, accessible à de hardis projet ? Un jour on connaîtra très bien ce prince par une quantité d'écrits d'une nature intime et qui sont aux mains de personnes loyales entièrement dévouées à sa mémoire. Toutes ces pages-là sont datées de Miramar, Miramar, où il

étudiait, lisait sans cesse, notait, dessinait, faisait de
la politique en artiste et consultait les écrits les plus
spéciaux dans les sciences naturelles.

Ce qu'il y a surtout de remarquable dans le joli
édifice de Miramar, c'est le balcon circulaire, d'où se
détache un escalier superbe à trois rampes allant
aboutir par deux côtés aux flots assoupis du petit
port dans lequel le prince réunissait les diverses em-
barcations qu'il avait fait construire. Ce balcon était
disposé avec un art exquis, donnant accès à des terrasses presque meublées comme des salons et recou-
vertes de toits agrestes composés de nattes épaisses,
préservatrices des ardents rayons du soleil. Les objets
de la Chine, les grands vases, les mosaïques variées,
les arbustes rares et précieux, voire de charmants tapis d'Orient, de commodes petites tables d'un fantasque ouvrage, étaient les ornements ordinaires de
ces stations en plein air, tout autour du manoir.
C'était un luxe extrême de surprises. Les plateaux
des jardins superposés étaient reliés entre eux par des
sentiers à gradins, tout recouvert de ces nattes dont
nous parlions plus haut. Et que de fleurs, que de
verdures superbes en la saison ! La pensée constante
de charmer les regards sur tous les points avait, en
vérité, présidé à tous ces arrangements ; et quand
on songeait que ce délicieux coin du monde avait, de
par la volonté du prince et l'industrie de ses archi-
tectes, pris naissance sur un groupe âpre et aride de
rochers aigus, on se prenait aisément d'admiration et
d'enchantement. Continuons d'ailleurs, car nous
n'avons pas encore tout indiqué.

En montant, sur la droite, on rencontre une petite
plate-forme construite en forteresse entourée de ca-

nons de menu calibre ; cela est du côté de la mer et domine le petit port confié à l'incessante garde d'un détachement de matelots d'une tenue exemplaire. C'était la garde du corps de l'archiduc-amiral. Plus haut encore, et toujours en passant par des sections de jardins très artistement aménagés, se trouvent les restes d'une chaumière de paysan, convertie en chapelle, et à quelques pas de là sont les deux chalets, dont un était réservé au prince et l'autre à M. Radonetz, son secrétaire particulier. Le plus triste et mélancolique souvenir se rattache au premier ; car dès que les médecins ordinaires de l'impératrice Charlotte reconnurent que sa démence allait croissant, on lui fit quitter le manoir pour habiter le chalet. Depuis son retour de Rome jusqu'à son récent départ pour Tervueren, là fut et vécut Charlotte la folle ! Infortunée femme, se pouvait elle même douter, elle si artiste cependant, de la beauté surprenante du paysage que l'on a devant les yeux quand du balcon de cette élégante et champêtre construction on regarde l'espace ! L'immense nappe azurée de l'Adriatique baigne l'horizon, où s'élèvent et apparaissent, comme dans une transparence merveilleuse, la côte du Frioul et les silhouettes de l'antique Aquilée. Laissez venir l'heure admirable du couchant du soleil ; c'est un moment magique, et les yeux d'un artiste y reconnaîtront des effets de lumière vraiment incomparables. Il est un autre aspect peut-être plus beau encore : je veux parler du côté opposé, du paysage que l'on a de l'endroit dit de la Grotte, où l'on arrive par des sentiers dont les jasmins, les plantes d'Amérique, les *sempreverdi*, sont les habituelles parures. Une élégante ouverture y est ménagée du côté opposé à la vue du chalet de Trieste. Les ondes mugissent ou soupirent au pied des grands rochers ; Trieste s'étend au loin ; au-dessus d'elle est la côte de l'Istrie, finissant avec la pointe de Pirano ; à l'horizon, la mer, toujours la mer, souvent sillonnée par les navires revenant de l'Orient, et passant, toutes voiles éployées, par la baie de Muggia, où la flotte jette habituellement ses ancres. Max adorait cet endroit charmant de son domaine, et un mystérieux sentiment d'amour l'y attira plus d'une fois... sentiment que la chronique intime et familière n'a que peu révélé encore, mais qu'un jour l'on connaîtra, et qui, un jour aussi, expliquera plus d'une énigme dans la vie du prince... Finissons, et disons que tout dans la situation et l'aménagement de Miramar contribue et concourt à charmer les yeux et à captiver l'imagination. Ce n'est point, dans l'ensemble, un imposant manoir avec de gros donjons propres à révéler la puissance du seigneur aux gens du dehors. Rien de cela ; c'est tout fantaisie, tout agrément, tout charme et tout luxe. Rien de plus poétique, à toutes heures et par tous les temps. Il doit cela à son assise dans la mer et à son enclos de rochers, que l'art a convertis en jardins tels que Sémiramis la grande en voulut jadis dans Babylone. J'imagine que l'empereur Max, pendant même les rares beaux jours qu'il a passés à Chapultepec, au milieu des plus plantureux ombrages de la terre mexicaine, a dû plus d'une fois porter un regard d'envie et permettre à son âme déçue de confesser ses regrets en pensant à ses terrasses de Miramar, à ses balcons enguirlandés et à ce beau drapeau de famille et d'amiral qui flottait au gré de la brise de la mer Adriatique sur les petits créneaux de la demeure archiducale.

Telle était cette belle et douce demeure que **Max** et **Charlotte**, funestement séduits par d'illusoires ambitions et de fallacieux récits, quittèrent pour aller au-devant d'une couronne fatalement destinée aux plus âpres épreuves. Infortunés princes, qui avaient cru, en allant par delà de l'Océan, trouver un empire avide de paix et de bonheur ! Max y laissa la vie et Charlotte la raison. Le drame fut terrible et complet.

En des temps plus heureux il m'a été donné de voir et approcher l'archiduc et l'archiduchesse. Ce fut pendant la période de leur gouvernement au pays de Venise et de Lombardie. Si le lecteur estime que le récit d'un témoin puisse être empreint de quelqu'intérêt, je rappellerai volontiers mes souvenirs, et je lui dirai fidèlement et impartialement ce que m'ont semblé être ces deux princes, cet époux et cette épouse, dans la vie politique et dans la vie privée. Aujourd'hui ils appartiennent pleinement à l'histoire.

ARMAND BASCHET.

ANNEXE N° 6.

. . . .

Comme de Beaumarchais, comme de beaucoup d'autres, on a pu dire de Balzac que sa gloire manquait à celle de l'Académie. C'est bien le cas d'accuser la mort ! La porte qu'elle a fermée ne demandait plus vraiment qu'à s'ouvrir tout à fait devant l'immortel auteur de la *Comédie humaine*.

Alors que le roman n'occupait pas encore dans les lettres françaises la grande place que lui ont faite tant de morts que nous regrettons et tant de vivants qui nous sont chers, Balzac parut, et, pénétrant avec puissance dans les secrets de la nature, il nous étonna d'abord par une audace qui ne surprend plus aujourd'hui personne.

Jusqu'à lui, Messieurs, le roman se maintenait volontiers dans les régions poétiques de l'idéal, où l'imagination pouvait s'égarer à son aise. Sous la plume de ce grand écrivain, sous le pinceau de ce grand peintre, sous le scapel de ce grand anatomiste, l'art ne s'inspirera plus désormais que de la nature, s'étudiant sans relâche à la saisir partout sur le fait, à sonder la profondeur de ses mystères, à reproduire avec complaisance et ses beautés et ses laideurs, ses grâces si bonnes à voir et ses plaies si bonnes à cacher, à créer enfin, en les animant dans une œuvre immense, ces types sans nombre, étranges alors, mais qui déjà, suivant l'expression d'un maître-juge, étaient vrais à force d'être vivants.

« De tous les romanciers de son temps, a dit quelque part Sainte-Beuve, M. de Balzac est celui qui étreint et qui creuse le plus fort. » Creusant et étreignant avec force, mais sans franchir pour cela les bornes que le goût impose aux plus violents, le jeune révolutionnaire entraînait à sa suite toute une génération qui ne devait pas tarder à le dépasser à son tour.

L'œuvre d'un pareil homme, quand le temps en a respecté et même agrandi le prestige, méritait qu'après tant d'autres une étude nouvelle lui fût spécialement consacrée et qu'à la voix de l'Académie un jugement définitif vint, s'il se peut, ajouter encore à sa gloire.

C'est donc une *étude sur l'œuvre d'Honoré de*

Balzac que l'Académie propose pour sujet du concours d'éloquence qui sera jugé en 1888.

(Académie Française. — Séance publique annuelle (1886). — Rapport de M. Camille Doucet.)

ANNEXE N° 7.

Parmi les notes prises par Baschet, à la bibliothèque de Vienne (Autriche) se trouve celle-ci :

Un manuscrit entr'autres, véritable trésor de bibliographie et de curiosité, et d'autant plus précieux qu'il est peut-être unique, se distingue dans la collection. Il est écrit sur parchemin et compte 174 feuillets écrits en grosse gothique, avec une netteté fort belle, une richesse d'enluminures et une abondance de soins bien faites pour charmer un amateur. Sa date précise est 1518, son auteur Guilielme Puy ; il fut composé à Blois et contient en détail le catalogue des livres composant la bibliothèque du roi François Iᵉʳ, au Château de la dite ville.

La première feuille contient ce qui suit :

In nomine Domini nostri Jesu-Christi. Amen.

Sensuyt le répertoire selon l'ordre de l'alphabete de tous les livres, volumes et traictez en françois, italien et espaignol, couvers de veloux et non couvers de la librairie du Très Chrétien Roi de France François Iᵉʳ de ce nom estant pour le présent à Blois, lequel répertoire a esté commencé moyennant la grâce de notre Sʳ Parfait et accompli par frère Guilielme Puy de l'ordre des Frères Pescheurs, indigne chappelain très-obéissant subject et immérite confesseur dudict seigneur, l'an de grâce mil cinq cent et XVIII et de son règne le quatriesme.

De la page 1 à la page 55, livres en langue française.

De la page 55 à la page 60, livres en langue italienne.

De la page 99 à la page 101, livres latins sur la théologie.

De la page 101 à la page 103, livres latins sur le droit canon.

De la page 103 à la page 107, livres sur le droit civil.

De la page 107 à la page 110, livres sur la philosophie.

De la page 110 à la page 114, livres sur l'art médical.

De la page 114 à la page 119, livres sur les mathématiques, l'art militaire, la grammaire.

De la page 119 à la page 124, livres sur les poètes et orateurs.

De la page 124 à la page 128, livres sur les historiens.

De la page 128 à la page 129, livres grecs et hébraïques.

Le manuscrit indique *les livres que le Roy porte communément avecque luy en voiage...... Ceux qui sont en la chambre du Roy*, etc., etc.

———

Annexe N° 8.

Le chevalier Emmanuele Antonio Cicogna habitait, à Venise, dans la paroisse de Santa Maria Formosa, une petite maison de la *calle Trevisana*. Sa demeure était celle qu'Hoffmann dans ses contes aurait décrite pour être celle du « savant. » Ce n'étaient chez lui que livres, que papiers réunis en grosses liasses, que cartons innombrables ; le tout annoté, étiqueté. Le parchemin dominait parmi les reliures. Çà et là des curiosités et objets rares ; mais le tout essentiellement de Venise ou sur Venise. La collection de ses manuscrits atteignait le chiffre de près de quatre mille. Lui seul patiemment, peu à peu, sans grandes ressources, avait formé ce précieux dépôt. L'érudition fut sa passion. On ne lui en a jamais connu d'autre. Il a pu, en sa verte jeunesse, envoyer quelque sonnet à galante adresse, mais ce n'est point par les vers que son nom a mérité la gloire.

Au déclin de ses ans, le chevalier Cicogna a fait un acte de bon et libéral citoyen ; il a légué au Musée municipal de sa patrie la collection vénitienne qu'il avait formée, et le Musée Correr, dont la conservation et l'embellissement sont aujourd'hui confiés au chevalier Nicolò Barozzi, a reçu, au nom de Venise, ce bienfaisant legs. Le Musée Correr aura donc son *département* Cicogna.

La bienveillance avec laquelle ce grand savant accueillait les gens lettrés qui venaient le consulter n'avait d'égale que sa modestie. Tout chez lui était pour tous. Jamais un regret dans son âme ou son esprit pour avoir communiqué même *una cosa rara.*

La célèbre *Gazette d'Augsbourg* a rendu récemment justice à ce savant si hospitalier, par la plume excellente du conservateur de la Bibliothèque royale de Munich, M. G. M. Thomas : « Il se distinguait, dit-il, par une expression d'affabilité qu'on pourrait appeler *all' antica*, et par une libéralité et une cordialité vraiment extraordinaires à l'égard des étrangers. A peine fûmes-nous entrés chez lui, mon ami le Dr G.-L.-Fr. Tafet et moi, le priant de faire de fatigantes et ennuyeuses recherches dans ses archives, qu'il nous ouvrit toute sa maison, pleine de trésors littéraires, de manière que l'accès nous en était même rendu libre quand il était dehors, nous laissant pour nous servir la vieille servante, sa fidèle gardienne, en ses chambres et salles, entièrement remplies d'objets rares. » L'honorable bibliothécaire raconte ensuite d'une manière aussi charmante que familière les beaux documents qu'il a eu le bonheur de trouver dans cette collection si hospitalière pour l'histoire des relations commerciales établies entre la vieille Allemagne et l'active Venise. Que ne dirions-nous pas, de notre côté, pour témoigner à l'homme bienfaisant et au savant libéral notre reconnaissance ! Que de bons conseils et d'intéressantes communications nous avons dus à sa bienveillance.

Les obsèques d'Antonio Cicogna ont été faites aux dépens du Municipe. L'Institut royal, les Archives, la bibliothèque de Saint-Marc, l'Athénée, l'Académie des beaux-arts y étaient représentés par leurs présidents et vice-présidents M. Nicolò Barozzi, directeur du Musée Correr, et M. le docteur Namias, au nom de l'Institut royal, ont éloquemment rappelé, auprès de la tombe du savant illustre et du bon citoyen, les qualités éminentes qui lui avaient valu l'estime publique durant sa vie, et qui lui assurent la renommée après sa mort.

ARMAND BASCHET.

(*Gazette de Venise*, 10 Avril 1868).

———

ANNEXE N° 9

A propos du livre de Baschet :

LA DIPLOMATIE VÉNITIENNE

Les Princes de l'Europe au XVI° siècle, d'après les Rapports des Ambassadeurs Vénitiens, etc.

Nous extrayons d'une revue littéraire du Journal anglais " *The saturday Review* " (4 octobre 1862), le passage suivant qui montre comment l'œuvre de notre compatriote était appréciée à l'étranger :

« M. Armand Baschet is one of those indefatigable *savants* whom no amount of work frightens, who are never happier than when surrounded by piles of MSS., and for whom the atmosphere of a public library or State Paper office is always the most congenial. He has just returned from a protracted visit to Italy, and as the historical reminiscences and artistic grandeur of Rome possess some extraordinary fascinations for travellers, so the curious diplomatic treasures preserved in the collections of Venice have a spell from which no real *littérateur* can escape when once he is brought into contact with them. M. Armand Baschet has certainly turned to excellent account his Trans-Alpine journey, and the volume he has just published is,

in every respect, a most valuable production. It is,
to a certain extent, a calendar of State papers, yet
it is still more ; for the author presents us, not merely
with a dry index or chronological list, but with a
commentary which illustrates the various documents
contained in the volume, points out their true value,
and shows how far they are supported by other evi-
dence. The whole history of Europe during the
sixteenth century is illustrated by the interesting State
papers which M. Armand Baschet has been able to
consult. An introduction explains to us, in the first
place, the policy of the republic of Venice, the nature
of its connexion with foreign Courts, and the peculiar
character of the *relazioni* or written reports sent by
the ambassadors whom it accredited abroad. The second
part contains numerous translated extracts from the
relazioni themselves, plentifully illustrated with fac-
similes, and introducing us to the leading actors in
an epoch when the science of diplomacy was carried
farther, perhaps, than it has ever been since. »

ANNEXE Nº 10.

Le vieux et tant célèbre palais *degli Uffizi* est
devenu leur résidence : elles occupent la vaste partie
qui se rapproche le plus de ce quai de Lungarno d'où
Florence se présente sous un aspect si charmant
d'originalité..... Ce fut vers la fin de l'année 1852
que cette belle entreprise fut commencée..... et, en
1855, le classement en était achevé.

Au premier étage quinze salles s'ouvrent sur le

devant ; dix suffisent à renfermer les papiers de la République et l'*Archive de diplomatique*, c'est-à-dire la réunion des papiers et titres les plus anciens, tant privés que publics ; les cinq autres, qui sont au midi, sont destinées aux registres du duché de Toscane du temps des Médicis. Dans sept autres salles qui, ouvrant à l'opposé, sont ainsi parallèles aux précédentes, sont classées les archives du gouvernement de Lorraine, celles des ducs d'Urbin et des princes de Piombino, ainsi que celles des quelques magistrats principaux qui ont administré la *cosa toscana* depuis 1530 jusqu'à l'époque de la domination française.

Une autre classe de documents qui pour ne pas être politique n'en est pas moins du plus grand intérêt, c'est celle des textes concernant les anciens arts et métiers..... Elle occupe toute la partie de l'ancien théâtre des Médicis.

Cinq autres salles, au premier étage, contiennent des dépôts de différents titres ; onze enfin, qui s'étendent aux entresols du palais, renferment aussi une multitude de papiers postérieurs à l'institution du *Principato*. Reste le rez-de-chaussée : les archives y sont réparties dans vingt-deux salles tant grandes que petites ; aucune ne nous reporte aux temps de la République, si nous exceptons toutefois l'archive des corporations religieuses qui occupe les sept premières chambres du côté du midi.

Annexe N° 11.

Inscription placée sur le tombeau d'Andrea Navagero, ambassadeur de la République de Venise près de François Ier. (Page 392 de la Diplomatie véni-tienne)

ANDREÆ . NAVGERIO
SENATORI . AMPLISS.
CVIVS . SINGVLAREM . DOCTRINAM . ET . ROMANÆ
ELOQVENTIÆ . CANDOREM . EVROPA . OMNIS . EST
ADMIRATA . PRVDENTIAM . VERO . CÆTERASQVE.
PRÆSTANTIS . ANIMI . VIRTVTES . PATRIA . DIFFICILLIMIS.
REIP . TEMPORIBVS . VEL . VNA . ILLA . HISPANIENSI.
DIVTVRNA . APVD . CAROLVMV . LEGATIONE . SÆPIVS
EXPERTA . EST . BLÆSIO . IN . OPPIDO . AD . LIGERIM.
SVMNO . FRANCISCI . GALLORVM . REGIS . MŒRORE.
APVD . QVEM . LEGATVM . AGEBAT . VITA . FVNCTO.
QVVM . REGEM . IPSVM . SEMEL . AVT . ITERVM.
ALLOCVTVS . FLORENTI . ADMODVM . INGENIO
VIR . VNVS . OMNIVM . SVI . SÆCVLI . LONGE . CLARISSIMVS
ÆTATIS . ANNO . SEXTO . ET . QVADRAGESIMO . NON
MINORI . SVO . QVAM . PATRIÆ . FATO . RAPERETVR
ANDREAS . ET . BERNARDVS . BARTHOLOMÆI . F.
PATRVO . B . M . PP . M . D . XXV
DECESSIT . OCTAVO . IDVS . MAII . M . D . XXIX

Annexe N° 12

Note sur la réorganisation du dépôt des Archives diplomatiques

M. Faugère, Directeur des Archives et de la Chancellerie, a été admis à faire valoir ses droits à la retraite, par un décret du 23 janvier 1880. Par ce même décret, le service de la Chancellerie a été rattaché à la Direction commerciale ; M. Guéroult, chef de la Division des Fonds et de la Comptabilité, a été nommé Directeur des Archives et de la Comptabilité, et M. Girard de Rialle a été nommé Sous-Directeur des Archives, avec la responsabilité immédiate du service qui lui était confié, sous le contrôle du Directeur (art. 5).

Par un décret du 18 septembre 1880, la sous-direction des Archives a été rattachée à la Direction des Affaires Politiques, qui a pris la dénomination de « Direction des Affaires Politiques et des Archives », le Sous-Directeur chargé de ce service ayant le titre de Conservateur des Archives (art. 2 et 3).

Par un décret du 31 janvier 1882, M. Girard de Rialle a été nommé chef de la Division des Archives ; ce service devint autonome et son chef fut appelé à travailler directement avec le Ministre.

La Division des Archives comprend actuellement :

1° Le Bureau historique, spécialement chargé des travaux demandés par la Commission des Archives Diplomatiques et des communications aux personnes autorisées par le Ministre à consulter les documents du Dépôt ;

2° Le Bureau administratif, chargé du classement

des correspondances politiques et consulaires, des communications aux différents services du Ministère et de la correspondance avec les différents départements ministériels ;

3º Le Bureau géographique ;

4º La Bibliothèque.

Les trois décrets ci-dessus mentionnés ont été rendus sur la proposition de M. de Freycinet, Président du Conseil, Ministre des Affaires étrangères.

Annexe Nº 13.

Commission des Archives Diplomatiques instituée au Ministère des Affaires étrangères par décret du 21 Février 1874.

Président.

M. le baron DE VIEIL-CASTEL C. ✸, Ancien directeur des Affaires politiques, Membre de l'Académie française.

Membres.

MM. le comte D'HAUSSONVILLE, O. ✸, de l'Académie française.

CAMILLE ROUSSET, O. ✸, de l'Académie française.

le marquis DE SAINT-AULAIRE, O. ✸, Ancien député.

MAURY, C. ✸, Directeur des Archives nationales, Membre de l'Institut.

FAUGÈRE, C. ✸, Ministre plénipotentiaire de 1ʳᵉ classe, Directeur des Archives nationales, Membre de l'Institut.

MM. Desprez, G. O. ✳, Conseiller d'Etat, Directeur des travaux politiques au Ministère des Affaires étrangères.

Weiss, Conseiller d'Etat.

Geffroy, ✳, Professeur à la Faculté des Lettres de Paris.

Hervé ✳, publiciste.

Valfrey, ✳, publiciste.

Secrétaire.

Viennot, O. ✳, Sous-Directeur des Archives.

Secrétaires-Adjoints.

Galloid (Etienne), Ancien bibliothécaire au Sénat.

Melchior-Tiran, O. ✳, Consul en disponibilité.

Sorel (Albert), ✳, Secrétaire d'Ambassade de 3ᵉ classe.

Annexe Nº 14.

Reconstitution de la Commission des Archives diplomatiques. (7 janvier 1880.)

Président.

M. Henri Martin, Sénateur, Membre de l'Académie française.

Vice-Présidents.

MM. de Rozière, O. ✳, Sénateur, Membre de l'Institut.

Spuller, Député.

Membres.

MM. le comte d'Haussonville, O. ※, Membre de l'Académie française, Sénateur.

de Rémusat (Paul), Sénateur.

le comte de Saint-Vallier, G. C. ※, Sénateur.

le baron Boissy d'Anglas, ※, Député.

Hippolyte Maze, Député.

Antonin Proust, Député.

Turquet, ※, Député.

Renan, O. ※, Membre de l'Académie française.

Camille Rousset, ※, Membre de l'Académie française.

Geffroy, O. ※, Membre de l'Institut, Directeur de l'École française de Rome.

Hauréau, C. ※, Membre de l'Institut, Directeur honoraire de l'Imprimerie nationale.

Maury (Alfred), C. ※, Membre de l'Institut, Directeur général des Archives nationales.

Picot, (Georges), Membres de l'Institut.

Boutmy, ※, Membre de l'Institut, Directeur de l'École des sciences politiques.

Baschet (Armand), ※, Publiciste. (1)

Monod, ※, Directeur de la *Revue Historique*, Professeur à l'École des hautes études.

Pallain, O. ※, Directeur au Ministère des Finances.

Sorel (Albert), ※, Publiciste, Secrétaire général du Sénat.

le comte de Chaudordy, C. ※, Ancien Ambassadeur.

(1) Baschet ne fut nommé membre de la Commission qu'en 1882.

MM. Weiss, ❉, Ancien Directeur des Affaires politiques et des Archives.
le Directeur des Affaires politiques.
Guéroult, O. ❉, Ministre plénipotentiaire de 1ʳᵉ classe.
Eydin, O. ❉, Ministre plénipotentiaire.
l'Inspecteur général des Archives.
le Chef de la Division des Archives.

Secrétaire.

M. Hanotaux, ❉, Chef du Bureau historique à la Division des Archives.

Secrétaires-Adjoints

MM. Breuil, Commis principal à la Division des Archives.
le vicomte Menjot d'Elbenne, Commis principal à la Division des Archives.

Annexe Nᵒ 15.

Composition de la Commission des Affaires diplomatiques. (Année 1887.)

Président.

Le Ministre des Affaires étrangères.

Vice-Présidents.

MM. de Rozière, O. ❉, Sénateur, Membre de l'Institut.
Spuller, Député.

Membres.

MM. HIPPOLYTE MAZE, Sénateur.
DE RÉMUSAT (Paul), Sénateur.
SCHÉRER, Sénateur.
HANOTAUX, ✿, Député.
ANTONIN PROUST, Député.
TURQUET, ✿, Député.
RENAN, C. ✿, Membre de l'Académie française.
CAMILLE ROUSSET, C. ✿, Membre de l'Académie française.
BOUTMY, ✿, Membre de l'Institut, Directeur de l'École des sciences politiques.
GEFFROY, O. ✿, Membre de l'Institut, Directeur de l'École française de Rome.
HAURÉAU, C ✿, Membre de l'Institut, Directeur honoraire de l'Imprimerie nationale.
HIMLY, O. ✿, Membre de l'Institut, Professeur à la Faculté des Lettres.
MAURY (Alfred), C. ✿, Membre de l'Institut, Directeur général des Archives nationales.
PICOT, (Georges), Membre de l'Institut.
le baron DE COURCEL, G. O. ✿, Ancien Ambassadeur.
le comte DE CHAUDORDY, C. ✿, Ancien Ambassadeur.
EYDIN, O. ✿, Ministre plénipotentiaire.
MONOD, ✿, Directeur de la *Revue Historique*, Professeur à l'École des hautes études.
PALLAIN, O. ✿, Conseiller d'État, Directeur général des Douanes.
RAMBAULT, ✿, Professeur à la Faculté des lettres.

MM. Sorel (Albert), O. ✻, Publiciste, Secrétaire
   général du Sénat.
   Valfray, ✻, Publiciste, ancien Sous-Directeur
   au Ministère des Affaires étrangères.
   Weiss, ✻, Ancien Directeur des Affaires politiques et des Archives.
   le Directeur des Affaires politiques.
   le Chef de la Division des Archives.

Secrétaire.

M. Kaulek, Chef du Bureau historique à la Division
   des Archives.

Secrétaires-Adjoints.

MM. Farges, Attaché payé à la Division des Archives.
   G. Lefèvre-Pontalis, Attaché payé à la Division des Archives.

Janvier 1887.

TABLE PARTICULIÈRE

DES ANNEXES

	Pages
Appréciation de *La Diplomatie vénitienne* par *The saturday Review.*	280
Baschet (Armand). Extrait du registre de l'état civil de Blois	249
Catalogue des livres composant la bibliothèque de François I".	276
Commission des Archives diplomatiques au ministère des Affaires étrangères (1874).	285
— modifiée. (1880)	286
— sa composition actuelle (1887)	288
Inscription sur le tombeau d'Andrea Navagero, ambassadeur de Venise, mort à Blois le 8 mai 1529	283
Liste des Articles publiés par A. Baschet dans les Journaux et Revues	257
Miramar. Feuilleton de *La Liberté* du 9 septembre 1867, par Baschet.	262
Note sur les Archives de Florence	281
— sur la réorganisation du Dépôt des Archives diplomatiques	284
Notice nécrologique sur Antonio Cicogna, par A. Baschet (*Gazette de Venise, 10 avril 1868*).	278
— sur le Prytanée de Menars.	250
Rapport de M. Camille Doucet (Extrait du) à l'Académie française.	274
Répertoire des documents historiques vénitiens dont la copie appartenait à A. Baschet.	252

ERRATA

Page 76. — Cinquième avant-dernière ligne : Au lieu de Grégoire XII, lire Grégoire XIII.

Page 138. — Neuvième avant-dernière ligne : Au lieu de *chapellle*, lire *chapelle*.

Page 140. — Septième avant-dernière ligne : Au lieu de *fondo Dupuy*, lire *fonds Dupuy*.

Page 147. — Douzième avant-dernière ligne, au lieu de *don-*, lire *donner*.

Page 155. — Sixième avant-dernière ligne : Au lieu de *Ricerhe*, lire *Ricerce*.

Page 163. — Treizième avant-dernière ligne : Au lieu de *à titres*, lire *à titre*.

INDEX GÉNÉRAL

ALPHABÉTIQUE & ANALYTIQUE

	Pages
Académie politique, fondée par M. de Torcy	186
Acquisitions pour le Dépot des Archives.	190
Alde Manuce l'ancien, Editeur à Venise.	156
— arrêté comme malfaiteur	156
Alençon (le duc d') hésitant entre la Cour et les factions.	126
Alexandre VI, un Borgia Pape	71
Alliances nécessaires.	135
Ambassadeurs vénitiens (Les), diplomates éminents.	54
— — élus par le Sénat, ne pouvaient refuser. *En note.*	89
— (Quatre) vont donner l'obédience au pape Adrien.	74
— leur description de la Rome antique.	75
— leur rôle pendant les guerres de religion.	105
— (situation des) étrangers à Venise.	56
Amboise (Conjuration d'), ses conséquences	116
Ana (Dona), Infante d'Espagne, son portrait à l'âge de sept ans.	134
— son portrait à l'âge de quinze ans.	134
Ancre (Le Maréchal d'), assassiné par ordre de Louis XIII.	144
Andrea Gussoni, ambassadeur vénitien à Florence	69
Andrea Navagero, — mort à Blois	95
Anne de Bretagne (Mariage d') avec Charles VIII	88
Années de voyage. *De Sainte-Adresse à Bagnères-de-Luchon.*	41

Pages

Annexes 247
Antonio Cicogna, notice nécrologique, *Annexe n° 8* . . 278
Antonio Miliedonne, auteur du *Journal du Concile de
Trente* 158
Anzolo Cantarini, ambassadeur vénitien. Récit scabreux. 148
Appréciations diverses sur Armand Baschet. } 24, 25, 26, 42
175, 233, 237
— du livre *La Diplomatie vénitienne* par un
journal anglais. *Annexe n° 9.* 280
Archives du *Collegio,* ou ministère, à Venise. 60
— (Les) de Mantoue, très riches en documents. . 155
— — du Sénat, à Venise 59
— — de Venise, la Chancellerie secrète, le Conseil
des Dix 44
— — de Florence, au palais des Offices. . . . 63
Arioste (Lettre de l') à la République de Venise 130
Arlequin, comédien italien (Correspondance d') avec
Henri IV 224-226
Arlequin, comédien italien (Correspondance d'), avec la
Reine, sa *commère.* 227
— abuse des faveurs de la Cour et quitte le théâtre. 230
Arnoux (Le Père), confesseur de Louis XIII. 145
— pousse le Roi à consommer son mariage. 145
— indiscret avec autorisation du Nonce . 146
Avant-propos. 5

Baïli (Les), ou ambassadeurs vénitiens près la Porte Ottomane 79
Balzac. *Essai sur l'homme et sur l'œuvre*, par A. Baschet. 30
Baschet (Armand). Sa famille, sa naissance à Blois. . . 7
— Extrait du registre de l'Etat civil. *Annexe n° 1* . 249
— sa première éducation 8
— ses premiers essais littéraires signés *Gabriel Dumon* 27
— son entrée dans le monde des lettres 10
— ses premières publications signées de son nom . 28
— sa visite à lord Brougham, à Cannes. 11
— ses habitudes, ses goûts. 13
— ses voyages en Allemagne, en Autriche, en Dalmatie, etc. 48
— sa visite à Frantz-Listz, à Weimar. 48
— ses séjours à Venise 17
— ses études au cloître des *Frari* 149
— ses idées de mariage. 18

	Pages
Baschet, sa collaboration aux Journaux et Revues. . . .	20
— ses recherches pour le Gouvernement anglais . .	23
— sa nomination dans la Légion d'honneur . . .	23
— — d'Officier d'Académie	27
— son départ pour Blois le 31 décembre 1885. . .	231
— sa dernière visite à un ami, la veille de son départ.	235
— sa haine des tapis verts et des encriers blancs. .	235
— (Notice nécrologique sur) par M. Clodius Popelin.	233
— — par M. Georges Picot. .	237
Baudelaire demande la collaboration de Baschet au *Hibou philosophe*.	21
Blésois contemporains de Balzac au Collège de Vendôme. *En note.*	36
Boislisle (M. de) dirige une nouvelle édition des Mémoires de Saint-Simon	173
Bordier (M. Henri), sur les Manuscrits de Saint-Simon. .	170
— sur les *Archives de France*	177
Bournon (M. Fernand), sur la collection d'autographes de Baschet.	14
Bourquency (M. de). Intervention en faveur de Baschet, à Vienne	49
— Son mariage à Blois	49
Caillard, Garde du Dépot des Archives	191
Carlos (Don), fils de Philippe II, roi d'Espagne	85
Carteron (Edouard), Garde du Dépôt des Archives . . .	196
Catalogue des livres de la bibliothèque de François Ier, au château de Blois. *Annexe* no 7	276
Catherine de Médicis (La Jeunesse de).	106
— (Lettres de) aux religieuses de Florence.	108
— Reine de France.	110
— (Portrait de) par Giovanni Capello.	110
— ses enfants, dont sept survivants sur dix.	114
— son appel au Parlement ; la Patrie en danger	113
— régente après la mort de François II.	118
— prépare le massacre des Huguenots.	121
— sa mort à Blois	128
Cérémonie de l'obédience aux Papes	74
Charles VIII et Anne de Bretagne ; leurs portraits par les ambassadeurs vénitiens	90

Pages

Charles IX, roi à l'âge de dix ans   118
—   (Influence de la Saint-Barthélemy sur l'esprit de)   123
Charles-Quint (Portrait de) par Gasparo Contarini . . .   81
Choiseul (Le Duc de) escamota les papiers de M^mo de Pompadour   215
Chronique du confessionnal   145
Cintrat, Garde du Dépôt des Archives.   197
Claude *la bonne Reine*, née à Romorantin. *En note.*   . .   100
Clément VII (Le temporel coûta cher au pape).   75
Clément VIII, le dernier Pape du XVIe siècle   78
Coligny (L'amiral) présente deux suppliques au Roi . .   118
—   s'efforce de séduire le Roi.   119
—   est blessé d'un coup d'arquebuse   121
Collegio (Cabinet des Ministres) à Venise.   60
Colonna-Ceccaldi (M. le Cte), ancien élève du collège de Blois, ministre plénipotentiaire. . .   9
—   son appréciation sur les *Années de voyage*   42
Comédiens italiens (Les) à la Cour de France.   215
—   (Correspondances des) avec les souverains   218
—   (Comptes de François Ier relatifs aux).   219
—   au mariage de Henri II et à celui de Charles IX   220
—   au château de Blois   221
—   (Conflit entre le Parlement et le Roi au sujet des).   222
—   reçoivent défense de jouer dans la salle des enfants de chœur.   225
Comment on devient blonde.   153
Commission des Archives diplomatiques ; M. Decazes, M. de Freycinet.   202
Concile de Trente (Journal du) avec Appendice   158
— du Vatican ; opposition de l'évêque Dupanloup .   166
— — (Le) n'est pas encore clos. *En note.* . .   160
Condé (Arrestation du prince de)   117
Condition du salut, d'après le Concile d'Achaïe   160
Confidente (Une) très complaisante.   153
Conjuration d'Amboise, en mars 1560   117
Conseil des Dix (Dépêches chiffrées au)   56
Conseillers du Doge (Les six). Un par quartier   60
Contes drôlatiques et *comptes* mélancoliques   39
Cora Pearl (Épisode relatif à).   154

Pages

Cosme Ier de Médicis (Portrait de) par Vincenzo Fedeli. .   68
Crèvecœur (M. Robert de), publie les Mémoires de Dufort
   de Cheverny. *En note.*   211

Dames d'honneur (Les) d'Anne d'Autriche renvoyées en
   Espagne.   147
Dangeau (Journal du Marquis de)   171
Daniele Barbaro, ambassadeur vénitien en Angleterre . .   64
Danilo (Une visite au Prince) au Montenegro   51
Decazes (Rapport du Duc) au Président de la République.   175
Dépêches des Ambassadeurs (Objet des)   54
Dépôt des Archives étrangères (Fondation du).   185
      —   (Installation du) à Versaillles. . . .   186
      —   —   au vieux Louvre . .   186
      —   —   de nouveau à Ver-
          sailles   189
      —   —   à Paris, rue du Bac.   191
      —   —   rue Neuve-des-Capu-
          cines   191
      —   —   enfin au quai d'Orsay   191
      —   Son organisation nouvelle   201
Diane de Poitiers (Portrait de) par Lorenzo Contarini . .   104
Diarii de Marin Sanudo, Notes quotidiennes   50
Diplomatie (La) vénitienne et les Princes de l'Europe au
   XVIe siècle.   61
Discussion curieuse au Sénat de Venise   93
Documents vénitiens sur l'Orient   80
     —   —   (Nombre des) fournis par la corres-
      pondance officielle   130
     —   fournis par les études de notaires. . . .   167
Doge (Les qualités nécessaires au).   58
Don Carlos, fils de Philippe II (Portrait de), par Tiepolo.   85
Droit des gens (Origine du). *En note.*   88
Drouyn de Lhuys (M.), protecteur d'Armand Baschet . .   49
     —   propriétaire aux environs de Blois. *En*
      note   49
Duclerc (M.) sur la communication des pièces diploma-
   tiques   202
Dufort de Cheverny (Mémoires du Cte) à la bibliothèque
   de Blois.   212
Durand de Distroff, garde du Dépôt des Archives. . . .   191

Elisabeth, fille d'Henri II, femme de Philippe II. . . .   83

Pages

Enthousiasme des collégiens de 1830 pour Balzac . . . 63
Errata 292
Eugenio Alberi, homme de lettres, homme de science,
    homme d'épée 63

Faugère (M.), quinzième et dernier Garde du Dépôt des
    Archives 198
    — ses œuvres ; sa querelle avec M. Cousin. . . . 199
    — sa mort à l'âge de 79 ans, le 20 mars 1887. *En
      note.* 201
Federico Badoer, ambassadeur vénitien : portrait de Charles-
    Quint 81
Femmes blondes (Les), selon les peintres de l'école de
    Venise 152
Feuillet de Conches (Collaboration de M.) 152
    — sa mort à l'âge de 88 ans, le 5 février
      1887. *En note.* 152
Fiançailles de Marguerite avec le roi de Navarre 121
Florimond Robertet, baron d'Alluye, seigneur de Bury.
    En note. 180
Fortoul (M. de) charge Baschet d'une mission littéraire . 48
Fox, le grand orateur anglais, admis à travailler au Dépôt
    des Archives 192
France (Les premiers rapports de la Cour de) avec Venise. 60
Francesco Andreini et l'Isabella, comédiens italiens. . . 226
Francesco Capello, ambassadeur vénitien à Rome . . . 71
    — raconte l'assassinat du roi de Naples . 71
François Ier, son avènement au trône. 92
    — fait prisonnier. Considérations de Marin
      Sanudo 93
    — son portrait par les Ambassadeurs vénitiens 96
    — son panégyrique par Armand Baschet. . . 96
François II (Message de) à Madame de Valentinois . . . 115
Freycinet (M. de) réorganise le Dépôt des Archives diplo-
    matiques 201

Gabriel Dumon, pseudonyme d'Armand Baschet. . . . 27
Gachard (M.) de Belgique ; ses travaux aux Archives de
    Venise 63
Gardes (Les quinze) du Dépôt des Affaires étrangères. *En
    note* 187
Gasparo Contarini, ambassadeur vénitien : esquisse de
    Charles-Quint 81

	Pages
Giacomo Soranzo, ambassadeur vénitien en Angleterre	64
— dépeint la nation et les mœurs anglaises	65
— tableau de la France après ses défaites.	113
Giovanni Michieli : portrait de Marie Tudor	66
— portrait d'Elisabeth.	67
— récit de la Saint-Barthélemy	121
Gauthier (Théophile) : une découverte dans la bibliothèque de Balzac	39
Gœthe et Charlotte	43
Goncourt (de), au sujet de Mᵐᵉ de Pompadour	210
Grand Conseil (*Maggior consiglio*) de Venise.	58
Granville (Lord) et les Papiers d'Etat.	170
Grégoire XIII, pieuse nullité	76
Grégoire (l'abbé), évêque de Blois : ses œuvres	191
Grossesse (Une) durant dix-neuf ans.	151
Guise (de) ; son rôle dans la Saint-Barthélemy.	123
— (Meurtre du Duc Henri de)	127
Guizot : Documents inédits sur l'Histoire de France.	193
Hauterive (Maurice d'), Garde du Dépôt des Archives	192
Henri II, époux de Catherine, amant de Diane.	101
— son portrait par Lorenzo Contarini	102
Henri III, son évasion de Cracovie.	124
— sa réception fastueuse à Venise	125
— son portrait par l'ambassadeur vénitien	125
— sa femme, ses mignons ses chiens, ses perroquets	126
Henri IV, ses négociations avec Venise	129
Hérouard (Journal d'), premier médecin de Louis XIII.	136
Histoire du Dépôt des Archives des Affaires étrangères.	176
Influence des premières impressions	19
Inquisiteurs d'Etat à Venise	57
Inscription placée sur la tombe d'Andrea Navagero. *Annexe n° 11.*	283
Intervention du Nonce pour hâter la consommation du mariage.	145
Inventaire de la Correspondance politique	203
Inventaire des meubles de Catherine de Médicis	128
La Tour d'Auvergne (Le Prince de). Sa recommandation.	176
Leçon d'histoire naturelle — théorique	147
— pratique.	148
Le Dran (Nicolas). Garde du Dépôt des Archives	188
— ses manuscrits	190

Pages

Léon X cherche à pousser sa famille.   71
—   l'emploi de son temps . . . . ·   72
—   rétablit l'Université, fonde la Bibliothèque Lau-
       rentienne. *En note.*   73
Leonardo Dona, ambassadeur vénitien. Note sur Clé-
    ment VIII   78
Lettere Dominorum (Lettres des rois, princes, chefs d'État).   6o
Lettre de Baschet au Dʳ Dufay   15
Liste des Articles publiés par A. Baschet dans les Jour-
    naux et Revues. *Annexe n° 4.*   257
Lolotte et ses deux amoureux.   43
Lorenzo Contarini : La Sénéchalle et le Connétable. . .   104
Lorraine (Le Cardinal de) au Concile de Trente   163
Louis XII. Traité de paix signé au château de Blois . .   91
—   Ses trois femmes. *En note*   91
Louis XIII. Ses goûts enfantins.   133
—   Son voyage dans les provinces   137
—   Son mariage à Bordeaux   138
—   Son essai du rôle de mari   140
—   Sa froideur pour la reine.   144
—   Ses excursions à Chambord, Bury, Villesavin.   144
—   Son empressement d'annoncer la consom-
       mation de son mariage.   149
Louis XV (attitude de) au moment de la mort de Mᵐᵉ de
    Pompadour   213
Luigi Gradenigo, ambassadeur vénitien à Rome. . . .   72
Luigi Pasini découvre le *chiffre* des Dépêches secrètes.
    En note.   57
Luynes (Albert de). Sa liaison avec Louis XIII.   133

Magistratures (Les diverses) de Venise.   53
Manière de sauver une dynastie.   151
Marguerite (La reine), sœur de François Iʳ.   97
Mantoue (Les Archives de Monsieur de).   155
—   (Les Comédiens de Monsieur de)   218
Mariage de Christine de France avec le prince de Piémont.   149
—   (Dépêche de l'ambassadeur vénitien après la con-
       sommation du) de Louis XIII avec Anne d'Au-
       triche.   150
Mariages (Les) espagnols   136
—   Leur célébration à Bordeaux.   138
Marie d'Angleterre, troisième femme de Louis XII . . .   91
Marie de Médicis, régente   136

Pages

Marie de Médicis, son intervention près des jeunes époux.   141
    —   sa correspondance avec le prince de
        Mantoue et avec Arlequin.   227
    —   son exil au Château de Blois   144
Marigny (Marquis de), homme de précaution   211
Marin Cavalli, sa relation devant le Sénat de Venise. . .   97
Marin Sanudo (Les Diarii de). 5o
Mémoires du Cte Dufort de Cheverny, manuscrit de la bi-
    bliothèque de Blois. . . . . • . . .   212
Mémoire manuscrit d'Armand du Plessis de Richelieu. .   205
Mémoires de Saint-Simon. Premiers extraits publiés. . .   172
    —   Editions successives   172
Menars (Notice sur le Prytanée de). *Annexe* n° 2. . . .   25o
Mignet, Garde du Dépôt des Archives   194
Mirabeau. Ses œuvres . . . .
    —   (Manuscrits de) au Dépôt des Archives diplo-
        matiques. *En note*   204
Miramar, feuilleton de *La Liberté*, *Annexe* n° 5   262
Mission scientifique de Baschet en Allemagne et en Au-
    triche.   48
Monod (M. Gabriel). Son avis sur les Papiers d'Etat. . .   200
Montenegro (Excursion de Baschet au)   51
Montmorency (Le Connétable), ministre de François Ier. .   104
Morts (Les) de l'Esprit. Roman annoncé et non publié.
    En note.   43
Motteville (Mme de). Portrait de l'infante Dona Ana à
    quinze ans.   134
Musset (M. Paul de). Mission à Venise.   47

Nonce (Dépêche du), avant la consommation du mariage.   145
    —   après la consommation du mariage.   15o
Note sur les Archives de Florence au palais des Offices.
    Annexe n° 10.   281
Nuit (Une) de noce   141

Observation bibliographique relative à Lucrèce Borgia. .   245
Oncle *brumeux*.   43
Origines (Les) de Werther   43

Paolo Tiepolo. Portraits de Philippe II et d'Elisabeth,
    fille d'Henri II   84
Papes (Les). Observations préliminaires 7o

Pages

Papiers d'Etat (Dispersion des) dans les collections parti-
culières 179
— réunis comme propriété de l'Etat. . . . 182
Paul III succède à Clément VII, un Farnèse à un Médicis. 76
— son portrait par l'ambassadeur Antonio Suriano. 76
Paul IV, promoteur de l'Inquisition 76
Philippe II, roi d'Espagne. 82
— ses ministres Ruy Gornez et le duc d'Albe . 86
Pie IV, pape doux et tolérant. 76
Pie V ne fut qu'un grand inquisiteur. 76
Pie IX (Un projet libéral de) 163
Pompadour (Particularités relatives à l'histoire de Mme de). 209
— Simulacre de réconciliation avec son mari. . 210
— Sa conversion par le R. P. de Sacy 210
— Réponse qu'elle reçoit de M. Lenormant d'E-
tioles. 211
— nommée Dame du Palais. 211
— Attitude de Louis XV au moment de sa mort. 213
— Escamotage de ses papiers par le duc de Choi-
seul 215
Popelin (M. Claudius). Notice nécrologique sur A. Baschet. 233
— Ses œuvres artistiques et littéraires. *En note* . . 233
— Un sonnet promis. 236
Préface de l'ouvrage de M. Storelli sur les châteaux du
Blaisois. 22
Princes (Les) de l'Europe au XVIe siècle. 61
Protestantisme (Progrès du) en France 118
Publications d'A. Baschet dans les Journaux et Revues . 20
Publications diverses sur le Concile de Trente. 165

Quarantie criminelle (*Quarantia*), à Venise. *En note* . . 53

Rapport de M. Camille Doucet à l'Académie française.
Annexe n° 6. 274
Rawdon Brown (M.) aux Archives de Venise 47
— (Quatre années à la Cour de Henri VIII, par) 64
Re (Il) non val niente, suivant les Dames de la Cour . . 151
Relations (*Relazioni*) des ambassadeurs vénitiens . . . 62
— en Belgique et en Angleterre 63
— en Toscane. 68
— à Rome. 70
— en Turquie. 79
— en Espagne. 80

Pages

Relations en France   87
  —   près de Charles VIII   88
  —   près de Louis XII 9i
  —   près de François Iᵉʳ.   92
  —   près de Henri II et de Catherine de Médicis . . io5
Réorganisation du Dépôt des Archives diplomatiques.
  Note. *Annexe* n° 12 284
Répertoire général des dépêches et autres documents ap-
           partenant aux correspondances des
           ambassadeurs de France en Angle-
           terre de 15o9 à 17i4   23
  —   des documents historiques vénitiens
           appartenant à la collection de Baschet
           Annexe n° 3 252
Revue historique (La). Fragment d'article sur A. Baschet.   26
Ribier (Guillaume). Lettres et Mémoires d'Etat 183
  —   Sa mort à Blois en 1663. *En note.* . 185
Richelieu (Prescription de) relativement aux Papiers d'Etat 181
  —   sa conduite comme évêque 206
  —   son plan de conduite à la Cour. (*Manuscrit*) . 207
Roi (Le) chez la Reine 132
Rozière (M. de) et M. le Dʳ Th. Roussel en Italie   46
Ruccellaï (Monsignor Luigi), pourvoyeur des plaisirs du roi 229

Sages-grands, Sages de terre-ferme, Sages aux Ordres . .   6o
Saint-Barthélemy (La). Récit de Giovanni Michieli . . . 122
  —   (Impression produite par) sur Charles IX 123
Saint-Quentin (Siège de). 112
Saint-Simon (Le Duc de) ; son cabinet, ses manuscrits. . 167
  —   (Scellés apposés après la mort de) 168
  —   (Légataire universel de) 169
  —   (Manuscrit des Mémoires de) 170
  —   Manuscrits des correspondances et docu-
           ments divers . . . . , 173
  —   (Correspondance de) avec le Cardinal Gualterio 173
Sainte-Marie-Glorieuse des Frères mineurs, à Venise . .   46
Sénat (Le) de Venise. . . . . ,   58
Sigismondo Cavalli décrit les effets de la Saint-Barthélemy
  sur l'esprit de Charles IX 123
Sixte-Quint, fils d'un jardinier, grand homme et grand
  pontife   76
Sorel (M. Albert). Instructions aux ambassadeurs français
  en Autriche 203

	Pages
Soulavie édite des extraits des Mémoires de Saint-Simon.	172
Souvenirs d'une Mission, par A. Baschet.	52
Souvré (M. de), Gouverneur du jeune Louis XIII.	137
Spuller (M.). Eloge d'A. Baschet à la Commission des Archives diplomatiques	204
Stérilité (Une cause de). *En note*	109
Storelli (M.). Les châteaux du Blaisois, avec préface d'A. Baschet	22
Stuart (Marie), mariée à François II.	115
Suriano, ambassadeur vénitien. Portrait de Philippe II.	83
Table particulière des Annexes	291
Tesoro politico, recueil de Relazioni	63
Tommaseo Gar (Le Commandeur), guide précieux pour Baschet aux Archives de Venise	45
Topin (M. Marius). Son opinion sur Armand Baschet.	25
Trente (Pourquoi la ville de) convenait à la réunion d'un Concile	161
Valentine, fille de Jean Galéas Visconti, duc de Milan épouse le Duc d'Orléans. *En note*	92
Venise (Organisation politique de).	57
Villemain (Une opinion de)	170
Visite (Une) au Prince Danilo	51
Yriarte (M. Charles) prend, comme Baschet, la défense de Lucrèce Borgia. *En note*	16
— Henri III à Venise. *En note*	125

Grande Imprimerie de Blois, 2, Rue Haute.